KB098586

여성이 말한다

SHE SPEAKS

세계를 바꾼 여성의 연설

여성이 말한다

SHE SPEAKS

이베트 쿠퍼 엮음

홍정인 옮김

교유서가

증보판 서문

여성들의 목소리는 너무나 오랫동안 열외로 취급되어왔다. 이제는 저항할 때이다. 전 세대와 전 세계에 걸쳐 여성의 공적 언어를 장려 및 토론하고 기릴 때이다. 나는 이러한 취지로 매우 뛰어난 여성들의 이면에 숨겨진 이야기들을 전하기 위해, 그리하여 독자에게 영감을 주고 더 많은 여성이 목소리를 낼 수 있도록 격려하기 위해 이 여성 연설집을 출간했다.

2019년 11월에 출간된 초판에서 나는 음성화된 언어, 즉 연설이 중요하며 그것은 힘에 이르는 길이라고 주장했다. 여성의 목소리가 들리지 않으면 민주주의의 토대가 침식되고 우리는 모두 상처를 입는다. 나는 여전히 여성의 이야기를 거의 싣지 않는 연설집이나 공공행사 및 콘퍼런스 연사진을 비판하면서 여성을 침묵시키려는 오늘날과 역사상의 시도들을 시대순으로 정리했다.

초판이 나오고 몇 달이 채 지나지 않아 증보판 서문을 쓰는 지금 모든 것은 달라졌지만 한편으로는 아무것도 달라지지 않았다. 전 세계를 강타한 코로나19 팬데믹으로 세상이 발칵 뒤집혔다. 상상조차 할 수 없던 일들이 벌어졌다. 가족이 서로 떨어져 지내고, 서로의 안전을 위해 학교와 직장, 커뮤니티센터가 폐쇄되었다. 연설을 위한 공개 포럼은 몇 달째 침묵을 지키고 있다. 결혼식이나 장례식에서 사람들이 하지 못한 말들을 생각하면 가슴이 아프다. 스포츠 경기, 정치집회, 콘퍼런스, 졸업식 등이 취소되었고, 종교적 설교가 중단되었다. 우리는 현관과 난간에 서서 필수노동자들에게 박수를 보내고, 온라인상에서 함께 모여 이야기하며 손을 내밀어 서로를 연결할 수 있는 새로운 방법을 찾아야 했다. 심지어 의회도 임시 폐쇄되었다. 내가 우리집 위층 방에 앉아 줌Zoom 화면을 보며 하원 연설을 하게 될 것이라고는 단 한 번도 상상해보지 못했다.

하지만 코로나19의 위기는 우리에게 언어의 힘을 보여주었고, 다양한 목소리가 나올 수 있게 보장하는 것이 중요하다는 점을 부각시켰다. 2020년의 연설은 생사의 힘을 쥐고 있었다. 정치인, 과학자, 의사, 공직자들은 이 치명적인 바이러스의 확산으로부터 우리를 지켜줄 치료제나 백신이 없는 상황에서 우리가 서로를 보호하려면 개인의 희생이 필요하다는 점을 이해시키는 등 지금의 위험 수준을 설명하기 위해 오로지 설득의 힘에 기대야 했다. 말이 생명을 구한 것이다.

우리는 이러한 격변의 한가운데에서 세계 일부 지역에서는 여성의 리더십과 웅변이 사람들에게 영감을 주는 고무적인 사례를 볼 수 있었고, 다른 지역에서는 여성의 목소리가 부재한 우려스러운 사례도 목격할 수 있었다. 안타깝게도 이곳 영국의 경우 정부 핵심부의 언어에서 여성은 여전히 주변화되어 있다. 이번 위기의 제1차 유행이 정점에 이르렀을 때 각 부처의 장관은 매일 짤막한 연설로 새로운 상황을 알림과 동시에 온라인상에서 기자회견을 열어 대중에게 권고사항을 전달했다. 92번의 장관 연설 중 89번이 남성 연설이었다. 주요 과학 자문위원회 구성원 중 여성은 30퍼센트에 불과했다. 영국 정부는 의사결정과 대중적 의사소통 모두에서 투명성 및 공감 능력 부족으로 비판받아왔다. 다양한 관점과 목소리의 부재로 국가의 대응력이 취약해진 탓이다.

나는 이번 증보판을 준비하면서 영국에서 있었던 연설 중 이번 위기를 압축적으로 묘사한 사례를 찾아보았다. 그런데 정부의 연설에서는 그러한 연설을 찾을 수 없었다. 통합을 호소하는 가장 강력한 연설은 모든 것이 어둡게만 느껴졌던 4월 초 바로 여왕에게서 나왔다. 매우 이례적으로 텔레비전으로 중계된 이 연설에서 96세의 군주는 회복력과 온정을 이끌어내기 위해 영국 역사의 사례를 들며 영국 공동체를 특징짓는 '조용하고 유쾌한 결의, 동료애'를 칭송했다.

아울러 초판에 이미 자신의 연설이 실린 일부 여성은 지구적 비상사태에 직면해 그들이 구사한 언어와 리더십으로 다시 한번 박수갈채를 받았다. 뉴질랜드의 저신다 아던Jacinda Ardern

총리와 독일의 앙겔라 메르켈Angela Merkel 총리는 팬데믹 시기 내내 그들이 이번 위기에 접근한 방식과 각 나라와의 의사소통 방식으로 널리 찬사를 받았다. 그들은 공감과 정직 그리고 투명성을 통해 신뢰를 구축했고, 단호한 조치로 희생자 수를 줄였다. 아던 총리가 뉴질랜드 국민에게 연설할 때 구사한 언어는 전 세계의 남성 지도자들이 쓰는 '전투'나 '보이지 않는 적' 따위의 호전적인 언어와는 극명하게 달랐다. 아던 총리는 "서로에게 친절하십시오"라고 말하며 듣는 이에게 연대감과 책임감을 불러일으켰다.

초판에 수록된 35개의 연설 가운데 몇 편은 지금 그 어느 때보다 더 의미심장하다. 시민권 운동가이자 시인인 오드리 로드Audre Lorde의 1977년 시카고 연설은 '흑인의 목숨도 중요하다Black Lives Matter'는 저항운동의 구호에 더욱 선명히 아로새겨졌다. "당신의 침묵은 당신을 지켜주지 않습니다"라는 로드의 말은 전 세계 활동가들이 공명하고 있으며, 새로운 세대에게 특히 의미심장하고 큰 자극을 불러일으키고 있다. 2020년 미국에서 조지 플로이드George Floyd가 인종차별로 숨졌을 때 우리 모두 져야 할 의무에 대한 중요한 공적인 인정이 마침내 늦게나마 이루어지는 것을 보았다. 그것은 인종주의와 불공정을 어디에서든 맞닥뜨릴 때마다 이를 인정하고 이의를 제기할 의무, 과소대표된 목소리를 찾아낼 의무, 그 목소리를 증폭시키고 그로부터 배울 의무 등이다. 이 책에 수록된 루피타 뇽오Lupita Nyong'o의 연설은 남들이 나를 피부색으로 판단할 때의 느낌에 관한 감동적이고 개인적인 성찰이다. 역시 이 책에 수록된 인물로 수십 년 전 활동한 노동조합 운동가 조앤 오코넬Joan O'Connell과 영국 노동당의 든든한 대들보 바버라 캐슬Barbara Castle의 말과 실천은 2020년 영국의 동일임금법 시행 50주년이 도래하면서 그 중요성이 다시 한번 조명되었다. 코로나19의 위기를 맞아 여성이 새로운 일자리를 잃는 것과 임금 삭감, 육아 부담에 직면하고 있기에 더욱 그러했다. 한편 다이앤 애벗Diane Abbott의 윈드러시Windrush 스캔들 연설은 이번 스캔들 피해자들이 여전히 필요한 지원과 보상을 받지 못하고 있어서 그 반향이 더욱 크다. 이 힘든 시기를 맞아 내가 살고 있는 지역구인 캐슬퍼드 퀸스의 밀에서 지역 주민들에게 책과 음식을 나누어주고 활동을 지원하는 동안 나는 밀에서 자원 활동가들을 연결하는 지역 네트워크를 구축하기 위해 운동을 전개하고 연설을 했던 우리 지역의 대변자 앨리슨 드레이크Alison Drake를 자주 떠올렸다. 그리고 이 위기가 지나가고 우리가 우리 경제를 더 나은 방식으로 재구축하기 위해 노력할 때 우리는 기후 비상사태에 대처할 수 있는 행동을 촉구하는 그레타 툰베리Greta Thunberg를 반드시 기억해야 한다.

트랜스젠더 여성에게 가해지는 폭력에 관한 리릿 마르티로산Lilit Martirosyan의 연설은 단순히 그녀가 아르메니아에서 겪은 경험에 관한 것만은 아니다. 이 연설은 세계 곳곳에서 트랜스젠더에게 가해지는 폭력과 위협의 증거에 관한 성찰이다. 전 세계 여러 국가에서 불안과 분열이 가득한 이때 조 콕스Jo Cox의 연설은 여전히 우리에게 차이점보다 공통점이 훨씬 더 많다는 사실을 상기시킨다.

슬프게도 폭력과 위협 그리고 여성을 침묵시키려는 시도는 끊이지 않았다. 온라인 트롤*들의 성난 비난은 수그러들 기미가 전혀 보이지 않는다. 2020년 이탈리아와 오스트리아의 여성 장관들은 협박에 대처하기 위해 경찰의 보호를 요청해야 했다. 메건 마클Meghan Markle**은 영국을 떠나기 전까지 언론과 온라인에서 성차별과 인종주의의 표적이었다. 이 책의 초판 출간과 우연히 시기가 겹친 2019년 영국 총선에서 몇몇 여성 하원의원은 독설과 학대를 더이상은 참을 수 없다는 말과 함께 자리에서 물러났다. 그뒤 얼마 지나지 않아 내 지역구의 한 보수당 활동가는 나를 상대로 폭력적인 위협을 가한 죄로 투옥되었다.

이 책에 등장하는 여성들은 침묵을 거부했다. 그들의 결단력에서 영감을 얻은 나는 이번 페이퍼백판에 추가할 연설을

* 인터넷에 불쾌감을 유발하거나 자극적인 내용을 올리는 사람(옮긴이).
** 영국 왕세자비. 왕위 계승 서열 5위인 해리 왕자의 배우자(옮긴이).

더 찾아보았다. 여성의 분투는 끝나지 않았다. 마날 알샤리프 Manal al-Sharif는 사우디아라비아에서 여성이 운전할 수 있는 권리를 옹호하는 운동을 선두에서 이끌었으나 현재 망명생활을 하고 있으며, 사우디아라비아에 남아 있는 다른 여성 활동가들은 재판도 받지 않고 투옥되었다. 여성의 인권을 쟁취하기 위한 싸움이 여전히 끝나지 않았음을 극명히 보여주는 사례이다. 나는 가정폭력에 관한 로지 더필드Rosie Duffield의 감동적이고 개인적인 연설을 의회에서 직접 들을 수 있었다. 가정폭력이 날로 증가하고 있는 지금 나는 이 연설이 전국의 여성들에게 이미 위로와 자신감을 심어주었음을 알고 있다. 아울러 미국의 축구선수 메건 러피노Megan Rapinoe의 생동감 넘치는 격려사도 함께 실었다. 러피노는 우리에게 대담하라고, 용감하라고, 무엇보다 친절하라고 조언한다. 말이 큰 힘을 지니려면 믿음과 신뢰가 필요하다. 온라인으로 음모이론과 가짜 뉴스를 퍼뜨리는 사람들로 인해 사실 그 자체가 위협받는 지금 나는 마리 콜빈Marie Colvin의 연설을 이 책에 꼭 수록하고 싶었다. 진실을 추구하다 목숨을 잃은 용감하고 탁월한 종군기자 마리 콜빈의 2010년 연설은 증인으로서 저널리스트가 갖는 중요성에 대해 이야기한다.

나는 이 책을 쓰기 위해 연설문을 찾던 몇 달 동안 많은 위대한 여성들의 훌륭한 연설과 이에 얽힌 놀라운 사연들을 만

나게 되었기에 그중 40편만을 고르기가 쉽지 않았다. 이 목록은 결코 전 시대를 아우르는 여성들의 가장 위대한 연설의 최종판이라고 할 수 없다. 그보다는 나에게 영향을 미치고 자극을 주었으며, 사회운동을 일으키고 변화를 이끈 힘찬 목소리의 모음집이라고 할 수 있을 것이다. 이 지면을 채울 뻔한 수많은 다른 목소리가 있었다. 나는 독자 여러분이 그 목소리를 직접 찾아보기를, 여러분과 공명하고 여러분을 대변하는 목소리를 직접 발견하기를, 그리고 그것들을 다른 이들과 직접 공유하기를 바란다. 여성의 목소리가 지닌 힘이 여러 세대에 걸쳐 반향을 불러일으킬 수 있도록 하는 방법은 오로지 우리가 여성의 언어를 발견하고 증폭시키는 것뿐이다.

이 연설문들을 발견하고 깊이 음미한 작업이 나에게 그랬듯이 여러분에게도 의미심장한 자극이 되기를 소망한다.

2020년 7월 영국 캐슬퍼드에서

이베트 쿠퍼

“여성들이 자신의 말을 들어달라고 절규하는 곳이라면
어디에서든 우리는 그 말을 열심히 찾아내 읽고 서로 나누며,
그 말이 우리 삶과 어떻게 연관되는지 검토해야 할 의무가 있습니다.”

오드리 로드

차례

서문

수세기 동안 용감하고 대담한 여성들이 목소리를 내왔다. 이 여성들의 목소리는 지역사회와 군중을 결집 및 설득하고 가르쳤으며 변화를 불러일으켰다. 하지만 이 여성들의 말은 너무나 자주 사라지거나 묻혀버렸고, 그들이 이룬 강력한 사회개혁은 역사에서 빠져버렸다. 여성들을 침묵시키려는 자들에 맞서 자신의 목소리를 내기 위해 그들은 너무 자주 싸워야 했다.

지난 20년간 연설은 항상 내 일의 일부였다. 그런데 영감을 얻기 위해 연설문 모음집이나 인터넷을 찾아볼 때마다 좀처럼 여성을 만날 수 없어 나는 꽤나 많이 놀랐다. 대부분의 연설집에는 여성이 거의 등장하지 않는다. 그러므로 영국의 엘리자베스 1세 여왕이 역사상 유일하게 연설을 남긴 여성이었다고 생각하더라도, 심지어 그 연설조차 훗날 남성이 기록했다고 생각하더라도 그것은 당신 잘못이 아니다. 오늘날 정치계, 행정계, 재계에서 훨씬 더 많은 여성이 활동하고 있지만 여성이 공적 무대에서 연설을 하거나 경청될 가능성은 여전히 낮으며, 콘퍼런스나 회의에서 연설하거나 경청될 가능성 또한 낮다.

이 책은 이러한 현실에 반격을 가한다. 이 책은 전장의 함성,

열띤 격론, 심오한 성찰까지 전 세계 여성이 수세기 동안 남긴 연설을 기린다. 이 여성들은 여전사, 세계 지도자, 10대, 연금 생활자, 유명 활동가, 지역사회 개혁가 등으로 물리학에서 매춘, 전쟁 그리고 아름다움에 이르기까지 모든 것에 관해 이야기한다.

나는 몇 년 전부터 이 책을 쓰고 싶었다. 나에게 영감을 준 연설이 다른 여성과 남성에게도 영감을 주고 앞으로 더 많은 여성이 공적인 발언을 할 수 있도록 격려하기를 바란다. 어쨌든 리더십과 권위는 자주 공적인 연설에 의존한다. 정치에서도 직장에서도 지역사회 행사에서도 기업 프레젠테이션에서도 심지어 결혼식이나 장례식에서도 마찬가지이다. 따라서 여성이 연설을 하지 않거나 경청되지 않는다는 것은 그만큼 권력을 가진 위치에 있지 않다는 방증일 때가 많다.

지금은 과거 그 어느 때보다 여성의 연설을 장려하는 것이 중요한 일로 여겨진다. 첫째, 우리에게는 가능한 한 다양한 사람들의 보다 사려 깊고 창의적이며 열정적인 연설이 절실히 필요하기 때문이다. 지금 이 순간 우리의 공적 토론장에서는 고성이 난무할 뿐 연설과 경청은 찾아보기 힘들다. 정치는 혼돈에 빠졌고 온라인에서는 문화전쟁이 벌어지고 있으며, 기술과 인구, 기후의 변화 속도를 보고 있노라면 모든 답을 가진 사람은 아무도 없는 듯하다. 우리는 더 많은 목소리에 귀를 기울일 필요가 있다. 둘째, 이전보다 더 많은 여성이 무대를 요구하고 공적으로 발언하지만 동시에 많은 여성이 위협적인 반발에 직면하고 있으며 독설, 심지어 폭력의 대상이 되기도 하기 때문이다. 자기 목소리를 내려고 노력하는 이들이 경청되기는커녕 집요한 괴롭힘의 대상이 된다. 그들을 겁박해 침묵시키려는 계획적인 시도에 직면한다.

2018년 영국에서는 여성참정권 획득 100주년을 기념해 100개국 이상에서 참석한 여성의원들이 웨스트민스터에 모였다. 그들 대부분은 괴롭힘과 학대와 협박을 당한 경험이 있었다. 정치계 밖에서 운동을 주도하거나 공인이 된 여성들도 그들을 침묵시키려는 조직적인 트롤링과 학대의 피해자가 될 수 있다.

가장 충격적인 순간은 여성 혐오가 키보드 워리어가 아니라 세계 최강의 권력자에게서 나올 때이다. 미합중국 대통령은 대규모 군중이 여성 정치인을 적대시하는 구호를 외치도록 부추기고 있다. 힐러리 클린턴Hillary Clinton에게는 "그 여자를 감옥에 가두라"고 외쳤고, 여성의원 일한 오마Ilhan Omar에게는 "그 여자를 돌려보내라"라고 외쳤다. 그는 여성을 '개', '살찐 돼지', '게으름뱅이'라고 일컬었으며, 가장 높은 자리에서 여성 정치인뿐만 아니라 여성 전반을 상대로 위협과 학대를 일삼는 풍조를 조성했다.

이곳 영국에서도 여성 하원의원들은 일상적으로 살해나 강간 협박을 받는다. 이러한 학대는 흑인이나 이슬람교도, 유대인 여성에게 특히 더 심하다. 내가 아는 재능 있는 몇몇 여성은 이 때문에 정치를 포기하기까지 했다. 하원의 노동당 소속 여성의원들의 의석 위에는 동료 의원인 조 콕스를 기념하는 문장紋章이 새겨져 있다. 조 콕스는 3년 전 직무 수행중에 피살되었다.

불과 5년 전만 해도 나는 이러한 일이 벌어질 수 있을 것이라고, 그러한 폭력에 친구를 잃을 것이라고 상상조차 하지 못했다. 나는 처음으로 하원의원이 되었을 때 몇 주 동안 35번이나 협박을 당해 경찰에 신고할 일이 생길 것이라고는 꿈에서도 생각하지 못했다. 일부 사례는 심지어 가해자가 체포될 정도로 사태가 심각했다. 나와 일면식이 전혀 없는 시민이 그저 내가 한 말이 마음에 들지 않는다는 이유만으로 나를 때리든 총으로 쏘든 목을 매달든 하라고 소리친 일도 있었다. 이는 정상적인 행동이 아니다. 우리는 결코 이런 행동을 정상으로 취급해서는 안 된다.

그래서 이 책을 출간했다. 빛나는 여성들이 침묵을 강요당하지 않기를, 더 많은 사람이 그들의 목소리와 이야기를 듣기를 바랐다. 나는 연설을 찾아보다 어떻게 연설이 정신을 변화시키고 삶을 변화시킬 수 있는지 보여주는 놀랍고도 감동적인 이야기들을 만날 수 있었다. 아울러 여성이 극복해야 했던 장애물을 보여주는 이야기들을 찾아내기도 했다. 그리고 자기 목소리를 내는 여성이 반발에 직면하는 것이 새로운 일이 아니라는 놀라운 증거도 발견했다. 그러나 감사하게도 고난을 끈질기게 이겨내는 강한 여성들의 용기를 보여주는 놀라운 증거 역시 발견할 수 있었다.

연설의 힘

아버지는 나에게 연설하는 방법을 가르쳐주셨고 내 생각을 전할 수 있는 자신감을 갖게 해주셨다. 노동조합원이었던 아버지는 콘퍼런스와 작업 현장에서 조합원의 권리를 위해 목소리를 내셨다. 어느 때는 분노하고 싸우자며 설득했고, 어느 때는 지금의 조건이 최선이니 감정을 차분히 가라앉히자고 설득하기도 했다. 아버지는 당신이 한 연설에 관해 이야기해주셨다. 아버지는 주장하는 바를 처음에는 길게 적은 뒤 간단한 쪽지에 정리하는 방법과 실제 연설에서는 항상 원고를 보지 않고 외워서 이야기하는 것을 목표로 삼았던 자신의 경험을 들려주셨다. 나는 아버지의 이야기에 귀를 기울였다.

지난 20여 년간 대중 연설은 나의 일과 삶의 일부분을 차지했다. 잘한 연설도 있었고, 그렇지 못한 연설, 재미있는 연설,

속 빈 강정 같은 연설도 있었으며, 솔직히 지루하기 짝이 없는 연설도 있었다. 매번의 연설이 새롭고 긴장된 순간이 될 수도 있고, 난처한 순간이 될 수도 있다. 매우 당황스러운 상황에서 연설을 할 때도 있었는데, 한번은 내 아이가 내 치마를 잡아끌다가 회의실 뒤쪽을 뛰어다니거나 야유를 보내기도 했다. 수년간 나는 남편 에드 볼스Ed Balls와 노동당 전당대회에서 함께 주요 연설을 할 때가 있었다. 우리는 전당대회가 열리는 호텔에서 독서대 삼아 세워둔 다림판에 메모를 붙여두고 번갈아 연습을 하면서 상대방 연설에서 장황한 문장이나 농담 등을 수정해주곤 했다. 어느 해에는 남편이 연례 하원의원 대 언론인연맹 축구시합에 참여했다가 어느 기자의 눈을 팔꿈치로 치고 돌아와 나는 반사회적 행동을 엄히 단속해야 한다고 주장하는 구절을 원고에서 삭제하기도 했다.

최악의 순간들은 흔히 청중을 오판한 데서 비롯되었다. 한번은 학교의 신축 건물 완공을 축하하는 자리에서 내가 교육의 중요성에 대해 너무 오래 떠들어대자 참다못한 일곱 살 아이가 별안간 뛰쳐나와 내 뒤의 커튼을 열어젖혔다. 학부모들이 우레와 같은 박수갈채를 보냈고 안도의 한숨이 행사장 전체로 퍼져나갔다.

1997년 내가 노동당 하원의원이 될 수 있었던 것은 연설 덕분이었다. 우리는 지역 노동당 후보 선발대회가 열리는 캐슬퍼드고등학교 본관에 빽빽이 모여 있었다. 당시 나는 겨우 스물여덟 살이었고 다른 참가자들은 나보다 나이가 많은 남성들이었다. 아무도 그리고 나 자신조차 내가 후보로 선발될 것이라고는 예상하지 못했다. 하지만 나는 아버지가 가르쳐주신 대로 정리한 쪽지를 떠올리며 원고 없이 발표했다.

나는 그 본관 건물에서 곧 시험을 치를 캐슬퍼드고등학교 학생들에 관한 이야기로 연설을 시작했다. 이 학생들에게는 그들을 위해 싸울 준비가 된 하원의원이 필요하다고 주장하며, 그 본관 건물에 있던 다른 많은 사람처럼 광부였던 내 조부에 관해 이야기했다. 또 내가 노동당에 합류하도록 이끈 가치들, 그리고 노동당 정부가 가져올 더 나은 미래에 관해 진심을 다해 연설했다. 노동당 사람들은 나중에 나에게 내가 선발될 수 있었던 것은 연설 때문이었다고 이야기해주었다. 그들은 마음을 바꾸어 나를 지지하기로 결정했고, 그로부터 8주 뒤 나는 여전히 어안이 벙벙한 상태로 폰트프랙트와 캐슬퍼드 지역구 하원의원이 되어 의회에 입성했다.

이후 나는 연설이 사람들의 마음과 삶을 어떻게 바꿀 수 있는지 볼 수 있었다. 공개 토론은 민주주의의 생명선이다. 칼이 아닌 말을 사용해야 나라를 변화시킬 수 있다. 말은 공동체를 치유하고 통합할 수도 있고, 분노를 불러일으키고 독을 퍼뜨릴 수도 있다.

연설에는 힘이 있는데 이는 비단 정치에서만 그런 것이 아니다. 연설은 결혼 축사, 은퇴 축하연의 건배사, 추도사 등과 같은 우리 삶에서 중요한 순간의 이정표가 된다. 심지어 나는 '프롬스Proms*의 마지막 밤'에 지휘자가 하는 짧은 연설 — 문장들이 음악 사이에서 춤을 추고 청중에게로 움직여가는 장면 — 을 손꼽아 기다리곤 한다. 테드TED 연설은 새로운 청중을 끌어모았다. 보디랭귀지에서 우주여행까지 온갖 주제를 다루는 15분짜리 영상을 수백만 명이 시청했다. 스포츠팀 주장의 격려사에서 기업체 관리자의 파워포인트 프레젠테이션까지 우리는 말로 팀을 이끌고 지도하며, 권위를 드러내고 주도한다.

여성은 어디에 있을까?

연설에 이토록 큰 힘이 있다면 여성이 제외되는 것은 정말이지 중요한 문제이다. 나는 수년째 연설을 해왔고 점점 더 많은 여성이 지도층에서 자리를 차지하고 있지만, 공개 연설은 여전히 남자의 세계처럼 느껴질 때가 있다.

2020년이 목전에 다가온 지금도 여성은 여전히 공직을 맡

---

* 영국의 클래식 음악 축제(옮긴이).

을 가능성이 낮고 민간 콘퍼런스에서 연설할 수 있는 가능성도 낮으며, 전화 회의에서 길게 발언할 수 있는 가능성도 낮다. 최근에 나온 연설집이나 온라인 모음집에서도 여성의 부재는 뚜렷한 현상이다. 수록된 연설문이 5편이면 그중의 여성 연설은 고작 1편이거나 심한 경우 10편 중 1편도 되지 않는다.

전통적으로 남성 지배적인 분야에 새로 진입하는 여성에게 연설은 버거운 일일 수 있다. 청중의 관심을 끌기 위해서 연설자는 자기 권위에 대한 확신이 있어야 함과 동시에 자신의 말에 귀를 기울이는 사람들과 공통된 어떤 것을 느껴야 한다. 그런데 온통 남성뿐인 청중을 대상으로 이야기해야 한다면 이 모든 것은 더욱 힘들기만 하다. 해리엇 하먼Harriet Harman은 1980년대 여성이 거의 없던 시절 의회에서 용기를 내어 자리에서 일어나 아동복지에 관해 연설할 때 사방에서 불평하는 소리가 들리던 경험을 이야기했다. 1997년 나는 더 많은 여성들과 당선되었을 때에도 종종 투덜거리는 남성들로 가득찬 보수당의 야당 의석과 마주하곤 했다.

나는 2001년 총선 기간에 보건차관 자격으로 노동당 기자회견장에 참석해달라는 요청을 받았던 때를 기억한다. 토니 블레어Tony Blair 총리, 고든 브라운Gordon Brown 수상, 앨런 밀번Alan Milburn 보건장관 등이 참석하는 자리였다. 기자회견장에 남자들만 앉아 있는 모양새가 그리 좋아 보이지 않으리라는 것이 당의 판단이었고 그 판단은 옳았다. 나는 임신을 하여 몸이 무거웠지만 의무적으로 회견장에 참석하기 위해 요크셔에서 출발했다. 그런데 막상 도착해보니 아무도 내가 발언할 것이라고 기대하지 않았고, 나에게 논평이나 의견을 청하지도 않았다. 또 기자의 질문에 내가 답변하기를 기대하지도 않았다. 나는 발언 기회를 요구해야 했고, 나중에는 토니 블레어 총리의 말을 중간에 가로막아 간신히 발언 기회를 얻을 수 있었다. 그런 행동을 한 것이 나 스스로도 굉장히 당황스러웠지만 단상에서 침묵을 지키며 가만히 앉아 있는 것보다는 나았다.

1990년대 중반에 출간된 『펭귄북의 역사적인 연설집*Penguin Book of Historic Speeches*』에서는 이 책에 여성의 연설이 초라할 정도로 적게 수록된 이유를 이렇게 설명하고 있다.

> 세 가지 이유가 있다. 하나는…… 20세기 중반까지 중요한 무대에 등장한 여성이 거의 없었다. 다른 하나는 일부 페미니스트들의 주장인데 여성은 연설이 장악하는 마초 게임에 동참할 마음이 없었다는 것이다. 세번째는 신체와 관련이 있다. 여자의 목소리는 본래 웅변에 적합하지 않다는 것이다. 저음이 풍부하지 않기 때문이다.

터무니없는 이야기이다. 여성의 목소리가 연설을 할 만큼 남자답지 않다는 생각은 순환논법의 오류이다. 수백만 명이 시청하고 좋아하는 테드 연설—예를 들면 이 연설집에 실린 치마만다 응고지 아디치에Chimamanda Ngozi Adichie의 연설—을 한 여성들에게 그렇게 말해보라. 온라인 테드 연설에서 가장 인기 있는 25편 중 10편이 여성의 연설이다. 여성의 높은 음색 때문에 청중이 연설을 듣거나 그들의 말에 매료되는 데 방해를 받지는 않는다.

물론 여성 총리나 여성 대통령, 여성 노벨상 수상자가 최근까지도 적은 것이 사실이지만, 중요한 무대나 공직에만 집중하다보면 교회나 회의실, 생산 현장에서 여성이 해온 감동적인 연설의 의미를 놓치게 된다. 이러한 연설은 찾기가 어렵고 종종 녹취록이 작성되지 않는 것이 사실이다. 나 역시 초기 여성 노동조합원들과 심지어 더 최근의 여성 지역사회 운동가들의 연설문 녹취록을 찾는 데 오랜 시간이 걸렸다. 하지만 이들의 말이 기록되지 않았다고 해서 여성이 발언하지 않고 있는 것은 아니다.

이러한 연설이 왕이나 군주의 연설보다 덜 중요한 것도 아니다. 내가 선택한 상당수의 연설은 순간이 아닌 시대적 움직임을 포착하는 것이다. 노예제 폐지 운동가, 여성참정권 운동가, 반극단주의 운동가, 환경 운동가 등의 연설은 생각을 바꾸고 삶을 변화시켰다. 중요한 무대에 서는 총리나 대통령과 달리 그들 중 어느 누구도 국가의 진로를 바꿀 수 있는 권력을 가지고 있지 않았지만, 그들의 힘은 한데 모여 훨씬 더 어렵고 중요한 일을 해냈다. 그들은 연설하고 또 연설하고, 도시와 마을을 찾아다니고, 처음 보는 낯선 사람들을 설득하고, 자신의 말을 온라인으로 전파하며 시대적 움직임을 구축했다. 이러한 움직임은 어느 한 명의 지도자가 연설로 이룰 수 있었던 것보다 훨씬 더 강력했다.

새로운 길을 개척한 수많은 여성이 있다. 그들은 중요한 무대 위에서가 아니라 그 주변에서 또 그 뒤에서 공개적으로 큰 목소리를 내왔다. 나는 이러한 여성들을 발견해 이 책에 실었지만 우리가 아직 이야기를 듣지 못한 수백만 명의 여성이 더 있다. 그들은 더이상 잊히거나 주변부로 밀려나서는 안 된다. 이제 그들을 중앙 무대로 데려올 때이다.

연설이라는 남성적 전통에 합류할 수 있는 기회를 스스로 거부한 여성에게 잘못이 있다는 생각도 터무니없다. 이 펭귄북 연설집이 쓰인 해에 힐러리 클린턴은 유엔에서 "여권이 인권"이라고 선언했고, 베나지르 부토Benazir Bhutto는 유엔에서 이슬람교국 최초의 여성 수장 자격으로 연설을 했다. 여성들은 공개 연설 자리를 피하지 않았다. 수세기에 걸쳐 배제되어 왔을 뿐이다.

1970년대 영국에서 성장한 내가 유년시절에 들은 연설은 대부분 남성들에 의한 것이었다. 학교 조회에서 교장 선생님의 훈화를 듣고, 텔레비전으로 정치인의 연설을 듣고, 교회에서 목사님의 설교를 듣고, 하계 축제에서 시장님의 축사를 들었다. 수세기 동안 주요 구술 전통—정치 지도자와 시민 지도자가 지역구민들에게 하는 연설, 군 지도자가 군대에서 하는 연설, 종교 지도자가 신도들에게 하는 연설—은 대다수의 여성에게 폐쇄적이었다. 고대 그리스시대부터 여성은 공적 생활이나 권력이 부여되는 지위와 연설 무대에서 배제되었다. 권위 있는 고전학자 메리 비어드Mary Beard는 『여성과 권력*Women and Power*』*에 다음과 같이 적었다.

> 공적 연설과 웅변은 단순히 고대 여성이 **하지 않은** 어떤 것이 아니었다. 그것들은 남성성을 젠더로 규정하는 배타적인 관습이자 기술이었다.

이와 달리 수세대에 걸쳐 후손을 가르치고 이야기를 전승하는 여성의 구술 전통은 연설로 간주되지 않았다. 우리는 이러한 방식의 공적인 구술 전통에 큰 가치를 부여하지 않는다. 나의 어머니는 수학 선생님이셨다. 어머니는 매일 10대 청중 앞

* 한국어판은 오수원 옮김, 『여성, 전적으로 권력에 관한』, 글항아리, 2018.

에서 그들에게 주목을 받고 권위를 유지하며, 새로운 사고를 심어주고 열린 정신을 갖도록 그들을 설득하셨다. 어머니는 매일 효과적으로 — 그리고 아버지나 내가 우리 일에서 했던 것보다 훨씬 더 자주 — 연설했지만 아무도 교사의 수업을 그런 식으로 생각하지 않았다.

아울러 여성은 목소리뿐만 아니라 의상이나 머리 모양과 같은 겉모습으로 비판받는 것 때문에 큰 부담감을 느끼곤 한다. 심지어 부디카Boudica의 열렬한 전장의 호소를 기록한 로마의 역사가들마저도 부디카의 외모와 옷차림에 대해 논평했을 정도이다. 나는 내가 연설할 때 어떤 재킷을 입어야 할지 고민하느라 얼마나 많은 시간을 보냈는지 알고 있다. 사람들이 내가 한 말뿐만 아니라 내 이미지로 나를 판단할 것임을 알고 있기 때문이다.

외모든 목소리든 말이든 무언가로 비판을 받는다는 두려움은 사람을 마비시킨다. 어떤 종류의 토론장이든 무대가 크든 작든 공개 연설은 자신을 드러내는 행위이며, 이것은 언제나 위험하고 힘들게 느껴질 수 있다. 이 책에 실린 내가 좋아하는 연설문에서 시인이자 시민권 운동가 오드리 로드는 우리가 발언할 때는 "두려움이 없을 수 없다. 가시화에 대한 두려움, 누군가가 혹독하게 따지고 들까 싶고 누군가로부터 비판받을지도 모른다는 두려움"을 느낀다고 이야기한다. 하지만 로드는 우리를 가시화하는 것이 우리를 더욱 강하게 만든다고, 우리의 침묵은 우리를 지켜주지 않는다고 주장한다.

나는 수년째 연설을 해오고 있지만 여전히 연설로 스트레스를 많이 받으며, 여전히 어딘가로 도망가 숨어버리고 싶은 기분이 들곤 한다. 당신이 당신의 말을 세상에 내뱉으면 누군가는 그 말에 동의하지 않을 것이고, 누군가는 반박할 것이다. 하지만 어쩌면 당신의 말이 다른 사람들을 일으켜세울지도 모른다. 우리는 말로 소중한 개인적인 관계를 쌓고 강력한 공적 관계를 창출한다. 이렇게 우리는 공동체와 우리의 도시를 구축하고 우리의 아이들을 가르치며, 미래를 위해 희망을 불어넣고 비전을 창출한다.

당신이 말을 꼭 해야 한다고 느낀다면 절대 뒤로 물러서서 누군가 그 말을 대신 해주기를 바라서는 안 된다. 당신이 누구든 무엇을 입든 당신의 목소리는 중요하다.

여성이 말한다

이 책을 위해 나는 내가 감동한 연설을 고르며 이 연설들이 다른 사람에게도 자극이 되길 바랐다. 책에 수록된 연설은 전 세계와 2000년을 아우르는, 즉 부디카에서 그레타 툰베리에 이르기까지 거의 전 세대를 망라하고 있다. 이 책에는 여성들이 널리 공유하는 이야기와 경험이 담겨 있지만 동시에 여러 계층과 인종, 성적 지향, 장애에 뿌리를 둔 여성들의 다양한 경험, 그리고 그들이 살아온 여러 다른 나라와 문화, 시대가 반영되기를 바랐다.

이 책에 실린 모든 연설이 세상을 바꾸지는 않았지만—일부는 세상을 바꾸었고 지금도 여전히 바꾸고 있다—사람들을 고무시키고 격려하고 자극했다. 어떤 연설은 아름답고 시적이고 수사적이다. 어떤 연설은 소박하다. 또 어떤 연설—줄리아 길라드Julia Gillard의 연설—에는 강력히 동의하는 반면 어떤 연설—마거릿 대처의 연설—에는 사실 동의하지 않는다. 하지만 각 연설에는 힘과 목적의식이 담겨 있다. 그리고 수록을 고려했던 수많은 다른 연설이 있다. 수록할 연설을 고르는 것은 대단히 어려운 일이었다.

절반은 영국에서 한 연설이고 나머지는 세계의 다른 여러 지역에서 한 연설이다. 일부는 앙겔라 메르켈이나 베나지르 부토 같은 국가 지도자의 연설이다. 일부는 루피타 뇽오나 에마 왓슨Emma Watson, 엘런 디제너러스Ellen DeGeneres 같은 유명 연예인의 연설이다. 일부는 여러분이 아마 한 번도 들어본 적이 없는 풀뿌리 활동가의 연설이다. 영화 〈메이드 인 대거넘Made in Dagenham〉의 한 장면에 연설 내용의 일부가 등장하는 노동조합 운동가 조앤 오코넬과 탄전 도시에서 지역사회 재생사업을 훌륭히 이끈 나의 캐슬퍼드 친구 앨리슨 드레이크가 바로 그들이다. 말랄라 유사프자이Malala Yousafzai가 겨우 열여섯 살 때 한 연설과 바버라 캐슬이 구순이 되기 직전에 한 연설도 함께 실렸다.

어떤 연설은 읽기가 힘들다. 나는 나의 친구 조 콕스가 피살되기 1년 전에 했던 첫 의정 연설을 포함시켰다. 그리고 이 책에서 가장 중요한 연설은 아마도 홀로코스트의 생존자 에바 코르Eva Kor가 끔찍한 아우슈비츠에서의 경험을 증언한 연설일 것이다. 코르는 내가 이 연설집을 쓰는 동안 구순이 거의 다 된 나이로 영면했다.

이들 여성은 각자의 목적의식과 의지를 가지고 연설했다. 어려움 앞에서 각자의 리더십과 힘을 보여주었다. 또한 이들은 강력하고 설득력 있는 웅변이 분명 여성적일 수 있음을 보여주었다.

여성은 침묵하지 않는다

이 모든 이야기에는 어두운 측면이 있다. 나는 이 연설문들을 한데 모으면서 침묵하기를 원하는 자들로부터 협박과 학대, 폭력을 당해야 했던 용감한 여성의 수를 확인하고 충격을 받았고 솔직히 소름이 돋았다. 지난 수세기 동안 여성의 목소리를 두려워하는 이들은 자신의 뜻을 관철시키기 위해 너무나 자주 폭력과 협박을 일삼았다. 이 책에 등장하는 35명의 여성 대부분은 자신의 목소리를 낸 대가로 심각한 수준의 협박이나 학대, 폭력을 경험했다.

부디카는 감히 로마의 권력에 맞서 발언했기 때문에 공격을 받았고 딸들은 강간을 당했다. 빅토리아시대 여권 운동가 조지핀 버틀러Josephine Butler는 헛간에서 연설하다가 반대세력이 불을 지르는 바람에 창문으로 피신해야 했다. 노예제 폐지 운동가 소저너 트루스Sojourner Truth가 교회에서 연설할 때는 교회 밖에 폭도들이 몰려들었다. 여성참정권 운동가들은 고문과 강제 급식*을 당했다. 파키스탄의 첫 여성 총리 베나지르 부토는 탈레반에게 암살되었다. 또한 수십 년 뒤 말랄라 유사프자이가 여아 교육을 위해 목소리를 높이자 그들은 그녀의 머리에 총을 쏘았다.

케냐의 환경 운동가 왕가리 마타이Wangari Maathai는 평화 시위 도중 경찰에게 난폭하게 폭행당했다. 전 오스트리아 총리 줄리아 길라드에게는 여성 혐오 발언과 지독한 협박이 쏟아졌다. 엘런 디제너러스는 살해 협박과 폭탄 테러 위협을 받았고, 동성애자로 커밍아웃했을 때는 TV 쇼 방송이 취소되기도 했

* 당시 감옥에서 단식투쟁하는 이들에게 음식물을 강제로 먹였다(옮긴이).

다. 영국의 첫 흑인 하원의원 다이앤 애벗은 지난 총선 기간에 영국 하원의원 전체가 받은 폭력적인 학대의 절반 이상을 혼자서 받아야 했다. 그리고 영국 노동당 동료 하원의원 조 콕스는 2016년 극우 극단주의자에 의해 피살되었다.

2019년 리릿 마르티로샨은 아르메니아 의회에서 연설한 최초의 트랜스젠더 활동가라는 이유로 살해 협박을 받고 피신해야 했다. 미국 민주당의 떠오르는 스타 정치인 알렉산드리아 오카시오코르테스Alexandria Ocasio-Cortez는 미합중국 대통령으로부터 고향으로 돌아가라는 말을 들은 4명의 유색인종 의원 중 한 명이었으며, 열여섯 살의 기후 활동가 그레타 툰베리는 용기를 내어 발언한 대가로 온라인에서 폭력적인 괴롭힘의 대상이 되었다.

하지만 이 책은 여성은 침묵하지 않는다는 증거이다. 여성 참정권 운동가들은 침묵하지 않았다. 노예제 폐지 운동가들도 침묵하지 않았다. 오늘날의 운동가들도 단념하지 않는다. 이 여성들의 이야기는 온라인과 오프라인에서 소수의 사람들이 부추기는 증오와 여성 혐오의 물결에 저항할 수 있는 자극제가 될 것이다. 이제는 기꺼이 발언하고자 하는 더 많은 우리가 있기 때문이다. 목소리를 내는 여성과 그런 우리를 지지하는 남성이 여전히 더 많을 것이다.

이 책에 실린 여성들은 조용히 있지 않을 것이다. 그들의 언어는 연설이 끝난 뒤에도 살아 있으며, 그들이 떠난 뒤에도 살아 있을 것이다. 왜냐하면 조 콕스가 말한 대로 "우리는 차이점보다 공통점이 훨씬 더 많기" 때문에, 왜냐하면 미셸 오바마Michelle Obama가 말한 대로 "저들이 낮아질수록 우리는 높아질" 것이기 때문에. 그리고 오드리 로드가 말한 대로 "깨져야 할 침묵은 너무나 많기" 때문에

하지만 우리에게 가장 큰 영감을 주는 메시지는 이 웅변가들이 극복해야만 했던 암울한 현실에 관한 메시지가 아닌 그들의 앞을 비춰주었던 밝은 빛과 더 나은 미래가 다가올 것이라는 그들의 낙관주의에 관한 메시지이다. 가장 어두운 벽에서도 문을 찾을 수 있다는 앙겔라 메르켈의 믿음부터 맥박이 고동치는 새로운 하루에 관한 희망찬 시를 전하는 마야 안젤루Maya Angelou까지 이 여성들은 말의 힘으로 더 나은 세계를 건설할 수 있음을, 자신들에게 동참하도록 다른 이들을 설득할 수 있음을 믿는다. 그들은 경이로운 일을 하는, 평범한 일을 하는 여성들이다. 우리 모두와 같은 여성들이다.

그들은 내가 생각해온 모든 여성이다. 여성이 말한다. 나는 반드시 들어야 한다.

1
BOUDICA

부디카

'한 여자의 결단'

고대 브리타니아
워틀링가 전투

타키투스의 기록,
서기 60년

2000년 전 고대 영국의 전사 여왕은 이 놀라운 연설을 남겼다. 여성이 공개 석상에서 한 연설 중 가장 오래된 기록으로 손꼽히는 이 연설은 외세의 침략에 맞서는 맹렬한 포효이다.

나는 이 연설문을 읽을 때마다 이 연설이 그토록 아득히 오래된 일이라는 사실에 놀라곤 한다. 부디카Boudica에서 유래한 수많은 이미지와 생각이 수세기에 걸쳐 이 책에 실린 다른 여성들의 연설 등 다양한 분야에서 반향을 일으키고 있기 때문이다.

서기 60년 부디카의 남편이 세상을 떠났을 때 로마인들은 이케니족의 영토 및 통치 계승권이 부디카와 그녀의 딸들에게 있음을 인정하지 않았다. 오히려 부디카는 채찍을 맞고 딸들은 강간을 당했으며 다른 부족 원로들은 살해되었다. 켈트족들은 로마인의 잔혹함에 분개해 봉기를 일으켰다. 켈트족 연합군은 부디카의 지휘 아래 건물을 불태우고 수천 명의 적군을 죽이며 콜체스터와 런던을 장악했지만 결국에는 미들랜드 어딘가에서 치른 워틀링가 전투에서 패배하고 말았다.

로마의 역사가 타키투스Tacitus에 따르면 부디카는 최후의 전투에 출정하기 전 부족들을 상대로 이 연설을 했다.

우리가 부디카에 대해 알고 있는 모든 것은 그로부터 몇 년 뒤 남자들이 그녀에 관해 전해준 이야기를 통해서이다. 카시우스 디오Cassius Dio는 부디카를 "키가 매우 컸으며, 무시무시한 외모와 매서운 눈빛, 거친 목소리의 소유자"였다고 묘사하고 있다. 타키투스는 부디카가 전차를 타고 켈트족 연합군 사이를 누비는 모습을 묘사하면서 그녀의 연설은 사기를 드높이는 전장의 함성과 같았다고 기술했다.

부디카의 연설은 듣는 이의 마음을 뒤흔든다. 여자와 나라를 유린한 자들을 상대로 '정당한 복수'를 하자는 부디카의 강렬한 외침은 그로부터 1500년 뒤 엘리자베스 1세 여왕이 틸버리에서 자국의 군대를 상대로 한 연설에서 그대로 재연되었다. 승리가 아니면 죽음을 맞이할 준비가 되어 있다는 '한 여자의 결단'이 담긴 이 호소는 여성참정권 운동가들에게 계승되었고, 이들은 부디카의 이미지를 플래카드에 담았다.

이 연설의 미사여구는 상당 부분 타키투스에게 빚을 졌을지 모른다. 하지만 딸들과 영토를 수호하기 위해 인민의 사기를 고취하는 여성 장수의 전설은 영국 민담의 역사에서 중요한 자리를 차지하고 있다. 부디카가 호전적인 주전론자였고, 두려움을 모르는 어머니이자 군주였기에 그녀의 이야기와 이미지는 수세기 동안 반복적으로 사용되었다. 특히 엘리자베스 여왕과 빅토리아 여왕 시대에 부디카를 기념하는 상징물이 많이 세워졌다.

이 부디카의 상징물 중 하나는 부디카와 그녀의 딸들을 형상화한 거대한 청동상으로 런던 웨스트민트터교橋 옆에 세워졌다. 하늘을 향해 치켜든 두 팔, 힘차게 내달리는 말들, 나부끼는 머리길, 빅벤을 향해 청동 전차를 몰고 있는 세 여자의 청동상을 보고 있노라면 오늘날의 운동가들과 활동가들이 떠오르곤 한다. 불의에 항거해 거세게 포효하고, 개인적으로 감내해온 고통과 모욕을 앞으로의 행동을 촉구하는 세찬 구호로 승화시켜온 여성들의 오랜 전통에 따라 의회 주변에 군집한 그들이.

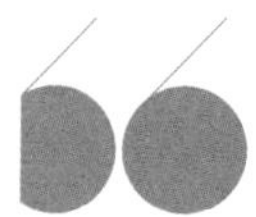

그러나 지금,
나는 귀족 혈통을 물려받은 여자로서가 아닌
인민의 한 사람으로서 잃어버린 자유와
매질당한 나의 육신과
정조를 유린당한 내 딸들을 위해 복수하리라.
로마인의 탐욕은 그 정도가 극심해 우리의 인격과 우리의 시대와 우리의 순결까지 모조리 더럽혔다.
하지만 하늘은 우리의 정당한 복수 편에 있다.
감히 우리와 맞서겠다고 나섰던 로마군단은 이미 괴멸되었다.
나머지는 주둔지에 숨었거나 초조해하며 꽁무니 뺄 궁리나 하고 있다.
놈들은 우리의 진격과 공격은 물론이요, 수천 군사의 소음과 함성조차 견디지 못하리라.
그대들이 우리 군의 힘을, 그리고 이 전쟁의 대의를 잘 가늠하고 있다면 이 전투에서 그대들은 정복이 아니면 죽음뿐임을 알리라.
이것은 한 여자의 결단이다. 남자들은 살아남아도 노예가 되리라.

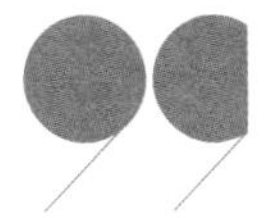

2

QUEEN ELIZABETH I

엘리자베스 1세 여왕

‘군주의 심장과 뱃심’

영국 틸버리 출정 연설

1588년

엘리자베스 1세Elizabeth I 여왕의 틸버리 출정 연설은 내가 읽은 첫번째 연설문이다. 엘리자베스 2세 여왕 취임 25주년에 당시 내가 다니던 소도시의 초등학교에서는 16세기부터 20세기까지 엘리자베스 여왕의 통치시대와 관련된 모든 것을 기념했다. 나는 학교 도서관에서 레이디버드출판사가 펴낸 엘리자베스 여왕에 관한 낡은 책을 빌렸고, 그 책에서 이 연설문을 발견했다. 이 연설문이 너무 마음에 들어서—정취와 이야기는 물론이고 운율과 시적 감흥까지—통째로 외우기까지 했다.

1588년 엘리자베스 1세가 이 연설을 했을 당시 그는 왕위에 오른 지 벌써 30년이 되는 해였지만 영국은 여전히 분열 상태였고 어려움이 많았으며, 막강한 스페인 무적함대의 침략을 두려워하고 있었다. 여왕이 틸버리에 도착했을 때는 스페인의 무적함대가 영국 해군과 전투를 치르고 물러난 상태였으므로 침략의 위협은 점차 사그라든 뒤였다. 그렇지만 몸소 말을 타고 와 그 자리에 집결한 수천 명의 군사 앞에서 연설하겠다는 엘리자베스의 결정은 영리하고도 탁월했다.

스페인의 무적함대를 무찌른 사건은 영국에 중요한 전환점이 되어 이때부터 영국은 떠오르는 군사 강국으로서의 자긍심과 자아상을 갖게 되었다. 이 연설의 힘 — 시기의 적절함, 행사의 화려함, 사용된 문구 — 은 이후 줄곧 엘리자베스와 영국의 승리를 하나로 묶고, 엘리자베스와 영국의 막강함을 하나로 엮었다.

이 연설문에는 1500년 앞선 부디카 연설의 반향이 매우 크다. 침략자들로부터 영토와 백성을 지키기 위해 군의 사기를 드높이는 여왕, 남자들로 구성된 군사를 상대로 권위를 세워야 하는 여성, 수세기 동안 살아남은 연설문, 정신, 우상화된 이미지, 우리에게 전해지는 이 문장들이 수년 뒤 남성이 남긴 기록에 의존한다는 사실까지.

부디카와 마찬가지로 엘리자베스도 자신이 군사를 위해, 군사와 함께 대화하고 있다고 설득하기 위해 애썼다. 부디카는 자신을 "인민의 한 사람"으로 칭하고, 엘리자베스는 "그대들 모두와 더불어 살고 죽으리라"라고 맹세하고 있다. 부디카와 마찬가지로 엘리자베스는 침해와 불명예의 이미지를 환기시킨다. 부디카는 "매질당한 나의 육신, 정조를 유린당한 내 딸들"에 대한 복수를, 엘리자베스는 "불명예"와 "감히 내 영토의 경계를 침범할 생각"으로 여왕을 조롱하는 모든 군주에 대한 복수를 촉구한다.

부디카에게 여왕에 대한 모독은 곧 이케니족에 대한 침략 행위이고, 엘리자베스에게 영국에 대한 침략 행위는 '처녀 여왕'*에 대한 모독이다. 부디카는 '이것은 한 여자의 결단'이라며 여성성을 곧장 강점으로 이용했지만, 엘리자베스는 자신의 여성성을 부인하는 능력을 보이고 나서야 비로소 그것을 강점으로 바꿀 수 있었다. 엘리자베스 연설의 가장 유명한 문구가 이를 잘 보여준다. "나는 그저 약하고 가냘픈 여자의 육체를 가졌지만, 나에게는 군주의 심장과 뱃심이 있다."

이 책에 실린 연설문의 출처는 연설을 한 날로부터 65년이 지난 뒤 레오넬 샤프Leonel Sharp가 버킹엄 공작에게 보낸 서한이다. 샤프는 이것이 여왕이 직접 한 말이며, 당시 자신은 지시에 따라 군인들에게 여왕의 말을 그대로 반복했다고 주장한다. 비록 문구 자체는 믿을 만한 것이 아닐지라도 연설의 극적인 효과와 이를 둘러싼 신화들은 엘리자베스 1세가 얼마나 탁월한 지도자였는지를 알 수 있게 해준다.

* 엘리자베스 1세의 별칭(옮긴이).

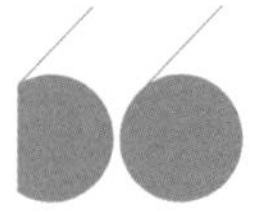

나의 사랑하는 백성들이여,

우리의 안전을 염려하는 일부 사람들은 배신을 두려워하며, 무장한 군중에게 우리 자신을 내맡기는 것을 신중히 생각해야 한다고 우리를 설득해왔나.

그러나 나는 사랑하는 충직한 나의 백성을 불신하고 살 마음이 없음을 분명히 밝힌다.

폭군들은 두려워하라. 나는 언제나 바르게 처신해왔기에 하느님 다음으로 내 백성의 충직한 마음과 선의에 내 최고의 힘과 호위를 맡겨왔노라.

그리하여 나는 지금 이렇게 그대들에게 왔다. 유흥이나 오락을 위해서가 아니라 전장의 심장부에서 그대들 모두와 더불어 살고 죽으리라 결심했기에,

비록 죽어서라도 나의 하느님을 위해, 나의 왕국을 위해, 나의 백성을 위해, 나의 명예와 나의 혈통을 위해 모든 것을 내려놓으리라 결심했기에.

나는 그저 약하고 가냘픈 여자의 육체를 가졌지만,

나에게는 군주의, 더욱이 잉글랜드 군주의 심장과 뱃심이 있다.

파르마든 스페인이든 유럽의 어느 군주든 감히 내 영토의 경계를 침범할 생각을 품는다는 것은 나에 대한 치명적인 조롱이다.

나의 불명예가 크기를 더해가도록 내버려두느니, 내 몸소 무기를 집어들고,

내 몸소 지휘관이, 판관이, 전장에서 미덕을 발휘하는 모든 이를 포상하는 이가 되리라.

나는 그대들이 지금까지 보여준 진취성만으로도 이미 보상과 화관을 받을 자격이 있음을 안다. 우리는 그대들이 군주의 명령 아래 적절한 상을 받을 것임을 분명히 하노라.

그동안 내 부지휘관이 나를 대신할 것이다. 그대들은 군주의 명령을 받드는 그 어떤 백성보다 고귀하고 훌륭하다.

나에게는 한 치의 의심도 없다. 내 지휘관에 대한 그대들의 복종이 있으니,

병영에서 그대들의 조화가 있으니,

전장에서 그대들의 용맹함이 있으니,

조만간 우리는 나의 하느님의, 나의 왕국의, 나의 백성의 적을 물리치고 이름 높은 승리를 거두리라.

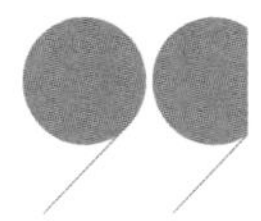

3
SOJOURNER
TRUTH

소저너 트루스

'나에게는 한 여자의 권리가 있습니다'

미국 오하이오주
애크론

1851년 5월

소저너 트루스Sojourner Truth는 글을 읽을 줄도 쓸 줄도 몰랐다. 하지만 트루스는 명연설가였다.

미국 뉴욕주에서 이저벨라 바움프리Isabella Baumfree라는 노예로 태어난 그녀는 겨우 아홉 살 때 노예시장에서 경매에 부쳐졌다. 그녀는 태어나서 서른 해 동안 줄곧 매를 맞고 팔려다니다 비로소 자유를 얻어 가장 어린 딸을 데리고 나왔지만 다른 자식들은 남겨두어야 했다.

소저너 트루스*는 자신이 직접 선택한 이름이었다. 트루스는 열렬한 기독교도가 되어 노예제 폐지 운동가들과 함께 전국을 순회하기 시작했고, 가장 용감하고 열렬한 연설가가 되었다. 트루스는 노예제 폐지와 더불어 여성의 권리를 옹호했다. 그 시대에 정치적 변화를 위해 싸운다는 것은 곧 여러 도시를 돌아다니며 연단에 올라 대의에 동참해달라고 낯선 사람들을 설득하는 것을 의미했다.

쉽지 않은 일이었을 것이다. 트루스는 이미 고문과 폭력, 착

* '진실에 머무는 자'라는 뜻(옮긴이).

취, 노예살이를 견뎌낸 터였다. 그러다 다른 사람들을 돕기 위해 목소리를 냈을 때 그는 인종주의와 차별대우뿐만 아니라 폭력과 분노, 겁박의 위협에 직면해야 했다. 하지만 트루스는 끈기 있었다. 성난 폭도가 트루스를 침묵시키려고 교회와 관공서로 몰려갔다는 이야기가 전해지기도 한다. 한번은 트루스가 그들을 진정시키기 위해 노래를 부르기까지 했다.

1851년 오하이오 여성인권대회에서 한 이 연설은 트루스의 연설 중 가장 유명하다. 하지만 이 책에 실린 연설문은 가장 널리 알려진 버전은 아니다. 여기 실린 글은 한 달 뒤 트루스의 친구 매리어스 로빈슨Marius Robinson 기자가 『반反노예제의 나팔*Anti-Slavery Bugle*』[1]에 실은 것이다. 로빈슨은 "그녀의 강한 형체와 마음에서 우러나오는 간절한 몸짓을 직접 보고, 그녀의 강렬하고 진실한 음색을 직접 들은 사람만이 이 글을 온전히 음미할 수 있을 것"이라고 평했다. 미리 준비된 원고 없이 진행한 이 연설은 설교나 다른 사람들이 트루스에게 읽어주었을 성경 이야기에서처럼 운율이 풍부하다.

지난 수십 년간 학교에서 가르치고 여러 선집에도 수록된 더 유명한 버전은 트루스와 노예제 폐지운동을 함께한 프랜시스 게이지Frances Gage가 13년 뒤에 기록한 것이다. 게이지 버전에는 남부지방 특유의 느린 말투가 추가되었는데 트루스는 사실 뉴욕에서 네덜란드어를 사용하며 자랐다. 또한 이 버전에서 트루스는 우리가 아는 것보다 자식이 8명이 더 많은 것으로 나오며 새로운 수사가 덧붙여졌다. 어쩌면 남부 억양은 사람들이 남부 노예제에 대해 가질 법한 추측과 더 잘 맞아떨어졌을지도 모른다. 아니면 게이지 자신도 연설가이자 운동가였으므로 이 버전은 그녀의 탁월한 수사에 힘입은 것이었을지도 모른다. 게이지 버전에는 유명한 다음의 문구가 실려 있다.

그러면 나는 여자가 아닙니까?
나는 땅을 갈고 씨를 뿌리고 거둬 곳간을 채웠고, 그 어떤 남자보다도 잘했습니다!
그러면 나는 여자가 아닙니까?

게이지의 언어는 매우 강렬하지만 나는 앞서 발표된 소박한 로빈슨 버전을 선택했다. 소저너 트루스는 비범한 여성이었다. 그녀의 연설에는 특별한 장식이 필요하지 않다.

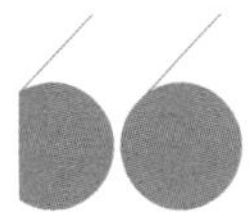

이 문제에 관해 제가 몇 마디 하겠습니다.

저에게는 한 여자의 권리가 있습니다.

저는 어떤 남자보다도 힘이 세고, 어떤 남자보다도 일을 많이 할 수 있습니다.

저는 땅을 갈고 곡식을 거둬 훑고 썰고 벱니다. 어느 남자가 이렇게 일을 많이 하겠습니까?

남녀평등이라는 말을 많이 들었습니다.

저는 어떤 남자보다도 많이 나를 수 있고, 양껏 먹을 수만 있다면 어떤 남자보다도 많이 먹을 수 있습니다.

지금도 저는 어떤 남자보다도 힘이 셉니다.

지력에 관해 이야기하자면, 제가 할 수 있는 말은 여자한테 지력이 1파인트가 있으면 남자에게는 2파인트가 있다는 것입니다. 그런데 여자가 그 작은 1파인트를 좀 꽉 채우면 안 됩니까?

당신들은 우리 지력이 너무 늘어날까봐 무서워서 우리에게 권리를 주지 않을 이유가 없습니다. 우리는 애초 그 1파인트보다 더 채울 수도 없으니까요. 저 불쌍한 남자들이 당최 헷갈리나 봅니다. 그저 어쩔 줄 몰라 하네요.

이 어린애 같은 사람들아, 여자의 권리를 가지고 있다면 그걸 여자에게 돌려주면 마음이 편해질 것입니다. 당신들한테는 당신네 권리가 있을 것이고, 그것으로 별문제 없을 것입니다.

저는 글을 읽지 못하지만 들을 수는 있습니다. 성경 말씀을 들으니 이브가 남자로 하여금 죄를 짓게 했다는군요.

자, 여자가 세상을 망쳤으면 그것을 다시 바로잡을 기회를 여자에게 주세요.

성모님은 예수님에 대해 이렇게 말씀하셨습니다. 예수님은 여자를 내쫓은 일이 없다고요. 그리고 성모님 말씀이 맞습니다. 라자로가 죽었을 때 마리아와 마르타는 신심과 사랑으로 예수님께 달려와 오라버니를 살려달라고 간청했지요.

그리하여 예수님께서 눈물을 흘리시자 라자로가 무덤에서 걸어나왔습니다. 게다가 예수님이 어떻게 세상에 오셨습니까?

그분을 창조하신 하느님과 그분을 수태하신 여성을 통해 오셨습니다. 남자여, 당신은 무슨 일을 했습니까?

하지만 여자들은 축복받았고 하느님과 소수의 남자가 우리 여자와 함께합니다. 하지만 남자는 곤경에 처했지요. 불쌍한 노예가 남자를 지켜보고, 여자가 남자에게 달려드니 분명 매와 독수리 사이에 있습니다.

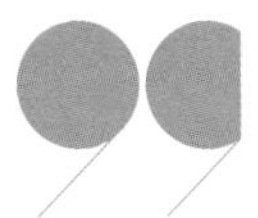

4

JOSEPHINE BUTLER

조지핀 버틀러

‘광야의 목소리’

1874년

몇 해 전 나는 부끄럽게도 폰티프랙트박물관에서 우연히 나눈 대화로 조지핀 버틀러Josephine Butler에 관해 처음 알게 되었다. 그날 나는 사상 최초로 무기명 투표가 시행된 1871년 폰티프랙트 보궐선거 기간에 조지핀 버틀러가 전개한 사회운동에 관한 이야기를 들었다. 여성이 참정권을 얻기 약 50년 전이었고, 내가 1997년 폰티프랙트에서 최초로 여성 하원의원으로 선출되기 100년도 더 전의 일이었다.

1871년 폰티프랙트 보궐선거에서 자유당 소속 후보는 휴 차일더스Hugh Childers였다. 재선을 노리는 현직 하원의원이었던 그는 '감염질환법Contagious Diseases Act'을 지지했고, 조지핀 버틀러는 이 법을 철폐시키려고 단단히 벼르고 있었다. 이 법에 따르면 여성이 매춘 혐의를 받기만 해도 강제로 의료 검진을 받아야 했으며, 이를 통해 성행위로 전파되는 질병에 걸렸다는 사실이 확인되면 구금되었다.

버틀러는 이 의료 검진을 '스틸 강간steel rape'*이라 평했으며,

* 의료용 금속 도구가 주로 스틸 재질인 것에서 온 표현(옮긴이).

여성을 통제하고 매춘부를 괴롭히는 데 이 법이 사용되는 현실에 경악했다. 반면 남성이 성을 사고 여성을 착취하며 질병을 퍼뜨린다는 사실은 쉽게 무시되었다. 버틀러는 이 법에 맞서 전국여성연합을 설립했고, 전국을 순회하며 공공 회의와 집회 장소 99곳을 찾아가 연설함으로써 수천 명에게서 청원 서명을 받을 수 있도록 도왔다.

바다 건너 소저너 트루스와 노예제 폐지 운동가들, 그리고 버틀러의 뒤를 따른 여성참정권 운동가들처럼 버틀러도 여전히 투표권을 거부당하고 있는 이들의 발언권을 위해 싸웠다. 변화를 일으키기 위해 새로운 청중을 만날 수 있는 곳이라면 어디든 용감하게 찾아다니며 여행을 하고 낯선 사람들 앞에서 이야기했다. 버틀러를 반대하는 자들은 그녀를 저지하기 위해 폭력, 협박, 괴롭힘 등을 동원했다. 어느 날은 버틀러가 묵고 있는 호텔 방 창문을 깨뜨렸고, 어느 집회에서는 누군가 던진 소똥에 맞기도 했다. 버틀러는 보궐선거를 치르게 되자 이를 의회에 더 큰 대중적 압력을 가할 수 있는 기회로 생각하고 폰티프랙트 여성들을 결집하고 차일더스를 공개 토론의 장으로 불러들였다. 그러나 버틀러는 이렇게 행동함으로써 목숨의 위협을 받게 되었다. 인근의 노팅리에서 열린 공개 회의장에서 버틀러의 입을 틀어막기로 결심한 차일더스 지지자들이 건물에 불을 지르는 바람에 버틀러는 창문으로 탈출해야만 했다.

그러나 버틀러는 이에 굴하지 않았다. 여섯 살배기 어린 딸을 갑작스레 잃은 비극적인 사건이 벌어진 뒤에도 그녀는 "나가서 나 자신의 고통보다 더 큰 고통으로 신음하는 이를 찾겠다는 충동"[2]에 이끌려 정치운동을 시작했다.

지금 버틀러의 연설을 읽어보면 그녀의 연설의 힘은 매우 직접적이고 현실적인 문제를 복음주의적 수사와 열정에 연결하는 그녀의 능력에 있다. 소저너 트루스처럼 버틀러도 청중을 설득하기 위해 종교와 설교자의 웅변을 이용했다.

1871년 왕립위원회에서 버틀러의 발표를 듣고 감동한 한 회원은 다음과 같이 말했다. "나는 종교적 어법에 익숙한 사람이 아닙니다만, 신의 정신이 거기에 있었다는 말 이외에는 이 느낌을 달리 표현할 방법을 모르겠군요."

이 책에 소개하는 1874년의 연설은 버틀러가 매춘을 주제로 이야기한 여러 연설 중 하나이다. 버틀러가 개진한 오랜 캠페인 덕분에 취약한 여성들의 삶이 개선되었고, 이는 훗날 참정권운동의 길을 열어주었다.

1885년 버틀러는 아동학대 및 여아 납치 근절 캠페인을 이끌었고, 그 결과 의제강간 연령이 16세로 상향되었다. 그리고 1886년 폰티프랙트 보궐선거가 치러진 지 15년이 되던 해 '감염질환법'은 마침내 폐지되었다. 이때 휴 차일더스 폰티프랙트 하원의원도 이를 지지하고 찬성표를 던졌다.

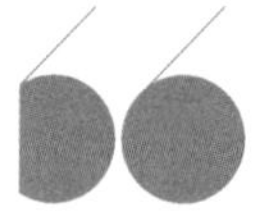

광야에서 부르짖는 목소리! 그것은 한 여성의 목소리입니다. '남자들로 가득한 이 드넓은 광야'에서 그녀는 수많은 군중 사이로 외칩니다.

많은 이가 멈춰 듣다 이내 가던 길을 갑니다. 여자들은 공중도덕 문제에 초연해야 한다고 그들은 말하지요. 그런 문제는 의사와 생리학자에게 맡기라고요.

다른 이들은 유심히 듣습니다. 하지만 자기 일로 돌아갈 때는 이렇게 말합니다. "그래, 하지만 우리는 가슴에만 호소하는 말에 지나친 영향을 받지 않도록 주의해야 해. 여자는 감정에 호소함으로써 청중의 마음을 쉽게 사로잡지. 여자가 의논하자고 덤벼드는 주제는 모든 면에서 검토가 필요해."

반드시 그렇게 하십시오. 하지만 결국 감정은 진실을 위해 복무할 때 진정한 힘을 발휘합니다. 그리하여 저는 차가운 이성의 권리를 옹호하는 저의 적들에게 이야기합니다. 여러분 영혼의 동요에 관심을 기울이고 양심의 목소리를 들으십시오.

오랫동안 매춘은 단순한 물질적 사실인 양, 심각한 위생 문제를 야기하지만 특별한 지식이 있는 남자만이 차분하고 분별력 있게 이 문제를 다룰 수 있는 것처럼 여겨왔습니다.

이 전문가들은 과학적·행정적 관점에서 매춘을 연구했고 의학 논문,

통계자료, 문헌 등을 양산했지만 이 문제를 철저히 다룬 것과는 거리가 매우 멉니다. 하지만 대중은 이 모든 노동이 내놓은 결론에 관해 질문하지 않습니다. 대중은 말한 것을 받아들이는 데 만족하며, 새로운 제약이나 규제가 수립될 때 어떠한 관심이나 걱정 없이 방관할 뿐입니다. 물질주의적 대처가 이렇듯 전반적인 무관심을 초래하면서 사람들은 자연스레 매춘을 이전과 다른 관점에서 바라보게 되었습니다.

우리 세대 남성들은 우리 세기가 사회악을 심판에 부친 것이 이번이 처음이 아니라는 사실을 잊어버린 듯합니다. 그런 그들에게 흑인 노예제 폐지를 상기시키는 것은 무의미합니다. 우리는 그들 앞에 우리가 앞서 가졌던 대의명분과 너무나 유사한 새로운 대의명분을 제시했습니다. 매춘에는 흑인 노예제 못지않은 시장과 피해자가 존재하지 않습니까?

우리는 온 인류에 영향을 미치는 중요한 문제에 관한 진실을 다루고 있습니다. 한 성性뿐만 아니라 다른 성과도 연관된 문제이며, 그래서 여러분이 경멸하는 그 감정에, 영혼에, 도덕 감정에, 의지에 호소해야 하는 문제입니다. 달리 어떤 방법이 있겠습니까?

그리고 지금 이렇듯 새로운 관점에서 매춘 문제를 대할 때, 모든 여성의 이름으로 한 여성이 외칠 두 단어가 그 대답이 될 것입니다.

그 두 단어는 이것입니다. 우리는 저항한다!

저는 이것이 과학의 언어가 아님을 인정합니다. 이것은 통계식이나 위생학적 추론이 아닙니다. 아니요, 이것은 그저 합법화된 악덕의 굴레 속에서 수백 년 동안 침묵당한 규탄이 마침내 터져나온 것입니다. 이것은 모든 여성의 항거이며, 공포의 외침이며, 정의의 호소이며, 하느님의 법으로 돌아가자는 호소, 불결하고 악랄한 남성들의 규정을 폐기하자는 호소입니다.

이 선언의 형식에 반대하는 말들이 분명히 많을 것입니다. 이 형식은 완벽하지 않지만 도움이 될 것입니다. 전쟁터의 나팔소리는 완벽하지 않습니다. 나팔소리가 필요한 이유는 전사의 마음에 깊이 파고들어 그의 발길을 재촉할 것이기 때문입니다. 머지않아 전사들이 그곳에 도착하자마자 전면적인 전투가 시작될 것입니다.

그리하여 중포병대와 대대가 적의 기지를 파괴하고 적을 최후의 참호까지 밀어붙여 모든 퇴로를 차단할 순간이 올 것입니다.

우리 앞에 놓인 과업이 중대하기에 그 무엇도 우리의 신념을 깨뜨릴 수 없습니다. 우리의 정의로운 대의가 우리의 성공을 보장합니다. 우리의 과업이 시작된 바로 그 순간 우리는 확실한 결말을 맞이할 것입니다. 분명히 그날은 아마도 머지않았을 것이며, 분명히 최소 우리가 우리의 아이들을 위해 꿈꾸는 바로 그 미래에 있을 것입니다.

그리하여 이 짧은 말들은 그저 호소일 뿐입니다. 하지만 노예가 더이상 가만히 있지 못하고 사슬을 끊어낼 방법을 모색하는 그 순간, 자유의 시간은 가까이 있습니다. 지금까지 필요했던 것은 그저 신호탄이 될 목소리였습니다. 억압받는 여성들은 자기 자신의 성에서 이 목소리를 찾아야 했습니다.

그녀가 여기 있습니다. 반란과 해방을 선언하고자 그녀가 왔습니다. 그녀는 자신의 묵중한 임무를 받아듭니다. 그녀는 그녀가 보아온 숱한 괴로움의 무거운 짐을 알고 있습니다. 그 기나긴 준비의 시간 동안 그녀가 견뎌온 그 고통들—말로 표현할 수 없는 그 고통들—로 인한 무거운 짐을 알고 있습니다. 그리고 이제 행동할 때가 왔습니다.

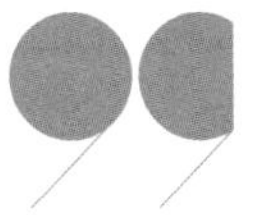

5
EMMELINE
PANKHURST

에멀라인 팽크허스트

‘자유가 아니면 죽음을’

미국 코네티컷주
하트퍼드

1913년 11월

영국의회 위원실과 복도에는 크고 화려한 남성 초상화가 많이 걸려 있다. 하지만 여성의 초상화는 거의 찾아보기 어렵고, 의회에 여성의 목소리를 전하기 위해 그토록 힘들게 싸웠던 여성참정권 운동가들의 초상화는 단 한 점도 걸려 있지 않다.

그래서 나는 2013년에 여성참정권운동 지도자 에멀라인 팽크허스트Emmeline Pankhurst의 거대한 초상화를 내 의원실의 오래된 벽난로 위에 걸었다. 이 초상화는 화가 샬럿 뉴슨Charlotte Newson의 독특한 작품의 복사본으로 전 세계의 사람들이 자신에게 영감을 준 '당신과 같은 여성들Women Like You'이라는 주제로 보내온 아주 작은 사진 1만 장으로 제작된 포토 모자이크이다.[3]

그러므로 이 작품은 팽크허스트뿐만 아니라 뉴슨이 이 그림에 들어간 수많은 어머니, 딸, 자매, 이웃, 친구, 영웅—팽크허스트가 100여 년 전 시민으로서 권리를 찾아주기 위해 싸운 그 여성들—모두에게 바치는 크나큰 찬사이다.

팽크허스트는 1858년 영국 맨체스터의 모스 사이드에서 태어나 여성참정권운동의 지도자가 되어 여성사회정치동맹

WSPU을 설립하고 투표할 권리를 찾기 위한 운동을 펼쳤다. 하지만 의회의 엄청난 저항으로 진척이 더뎌지자 여성사회정치동맹은 점점 인내심을 잃고 전투적이 되어갔다. 참정권 운동가들은 창문을 부수거나 기물을 파손하고 감옥에서 단식투쟁을 벌였다. 많은 사람이 팽크허스트처럼 다중 혐의로 체포되었다.[4]

팽크허스트는 탁월한 웅변가였다. 열정적으로 연설했고 연설 중간에 원고를 보는 일이 없었다. 하지만 이 책에 수록된 연설은 미리 준비한 원고가 없었다고 생각하기 힘들 정도로 논증이 매우 탁월하고 치밀하다. 팽크허스트는 감옥에서 풀려나 기금 모금 및 지지 호소를 하기 위해 미국을 순회하던 중 이 연설을 하게 되었고 이후 다시 투옥되었다. 이 위대한 연설은 참정권 운동가들의 전략과 경험을 꿰뚫어보게 해주는 통찰력 때문에 더욱 매혹적이다.

팽크허스트의 연설은 소저너 트루스의 연설과 달리 청중에게 평등한 참정권의 원칙을 지지해달라고 설득하지 않는다. 그보다는 참정권 운동가들이 '혁명적인 방법을 채택하게' 된 이유를 설명하는 데 초점을 맞추고 있다. 팽크허스트는 미국 정치사부터 우는 아기에 이르기까지 다양한 이미지와 이야기로 청중과의 공감대를 형성한다.

정치의 전체 역사가 그러했습니다. 그 누구보다 큰 소음을 내야 합니다.

그런 다음 여성의 투표권을 옹호하는 도덕적 주장 대신 정치적 주장을 펼친다. 이것은 여성이 일으킨 내전이다. 우리 여성은 어디에나 있으며 정부는 국민의 동의에 근거하기에 우리는 결국 이길 수밖에 없다.

팽크허스트는 영국 정부가 여성참정권 운동가들을 무너뜨리기 위해 그들에게 가한 경악스러운 고문과 강제 급식의 실상을 고발할 뿐만 아니라 자유와 건강을 잃으면서도 절대 굴하지 않는 여성들의 놀라운 힘과 결단력을 생생하게 묘사하고 있다. 팽크허스트가 이 연설을 한 지 5년 뒤인 1918년 '국민대표법Representation of the People Act'이 통과되어 마침내 일부 여성이 투표권을 획득했고, 1928년에는 모든 여성이 완전한 참정권을 얻게 되었다.[5] 오늘날 영국의회는 여전히 남성이 다수를 차지하고 있지만 하원의원의 3분의 1에 가까운 수가 여성들이다. 우리가 일군 이 진전은 오로지 100여 년 전에 여성들이 용맹스럽게 승리한 전투가 있었기 때문에 가능했다.

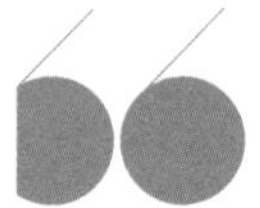

저는 잠시 전장을 떠난 군인으로서 이 자리에 서 있습니다. 저는 이런 것이 설명되어야 한다는 게 이상합니다만 여자가 내전을 일으키면 어떤 양상을 띠는지를 설명하기 위해 왔습니다. 저는 잠시 전장을 떠나온 군인으로서만 이 자리에 서지 않았습니다. 저는—사실 이것이 제가 이곳에 온 이유 중 가장 이상한 부분 같습니다만—우리 나라의 법정에 따르면 우리 지역사회에 아무 가치가 없는 사람으로서 이 자리에 서 있습니다. 그리고 제가 살아온 삶 때문에 위험한 사람이라고 판결이 내려져 감옥에서 징역을 살아야 합니다. [……]

하트퍼드 남자들에게 고충이 있다고 합시다. 그래서 입법부에 불만을 제기했지만 입법부는 고집스럽게도 그들의 말을 듣지 않으며 고충을 해결해주길 거부한다고 합시다. 그들이 고충을 해결할 수 있는 올바르고 합법적이며 실질적인 방법은 무엇일까요? 네, 하트퍼드 남자들은 다음 총선에서 현 입법부에 등을 돌리고 새 입법부를 선출하리라는 것은 더없이 분명합니다.

그런데 하트퍼드 남자들에게 투표권이 전혀 없다고 가정해봅시다. 정부는 그들의 동의를 구하지 않은 채 그들을 통치하고, 입법부가 그들의 요구에 완전히 귀를 막고 있다고 가정해봅시다. 그러면 하트퍼드 남자들은 어떻게 할까요? 그들은 투표로 현 입법부를 퇴출시킬 수 없습니다. 그들은 선택해야 할 것입니다. 두 가지 악 중에 하나를 선택해야 하겠지요. 국가의 부당한 일 처리에 한없이 굴복하거나 아니면 자리를 박차고 일어나 불만을 해결하기 위해

과거에 남자들이 기대온 오래된 수단을 채택해야 할 것입니다. [……]

우리가 하는 일에 전투적이라는 표현이 처음 사용된 지 약 8년이 지났습니다. 우리가 하는 일은 전혀 전투적이지 않았습니다. 우리 일에 반대하는 쪽의 전투성을 자극했다는 점을 제외한다면 말입니다. …… 우리는 정치인들이 더는 우리를 무시하지 못하도록 여성의 참정권 문제를 압박해 들어가기로 결심했습니다.

배가 몹시 고파 젖을 먹고 싶은 두 아기가 있습니다. 한 아기는 참을성이 많아서 어머니가 젖을 줄 준비를 마칠 때까지 한없이 기다립니다. 다른 아기는 좀처럼 참지 못하고 젖을 줄 때까지 앵앵 울며 소리지르고 발길질하면서 주변 사람들을 짜증스럽게 만듭니다. 자, 과연 어머니가 누구에게 먼저 젖을 줄지 우리는 너무나도 잘 알고 있습니다. 정치의 전체 역사가 그러했습니다. 그 누구보다 큰 소음을 내야 합니다. 그 누구보다 눈에 띄어야 합니다. 그 누구보다 청원서를 많이 내야 합니다. 다른 일에 우선순위가 밀리지 않도록 언제나 자리를 지키고 있어야 합니다. [……]

만일 여러분이 다루는 문제가 산업 노동자의 혁명이라면, 한 계급에 속한 남녀가 다른 계급에 속한 남녀에 맞서 분기하는 것이라면 문제의 소재를 찾는 것이 가능합니다. 만일 총파업이 벌어졌다면 폭력사태가 어디에서 벌어지는지, 이 싸움이 어떤 방식으로 벌어질지 정확히 알 수 있습니다. 하지만 정부에 맞서는 우리의 전쟁에서는 소재 파악이 불가능합니다. 우리에게는 별다른 표식이 없습니다. 우리는 어느 계급에나 속해 있습니다. 가장 높은 곳에서 가장 낮은 곳까지 우리 지역사회의 모든 계층에 속해 있습니다. 따라서 여성이 일으킨 이 내전에서 내 나라의 친애하는 남성들은 이 문제를 다루는 것이 절대적으로 불가능함을 깨닫고 있습니다. 소재 파악이 불가능합니다. 절대 저지하지 못합니다.

"그들을 투옥시키시오. 그러면 저지될 거요"라고 그들은 말합니다. 그러나 우리는 결코 저지되지 않았습니다. 포기하기는커녕 더 많은 여성이 동참했고, 더 많은, 더 많은, 더 많은 여성이 동참해 결국에는 동시에 모인 여성의 수가 300명에 이르렀습니다. 이 여성들은 단 한 가지의 법도 위반하지 않았습니다. 그저 정치인들이 말하듯 "스스로를 골칫거리로 만들었을" 뿐입니다.

그러자 정치인들은 새로운 법을 만들기 시작했습니다. 영국 정부는 이번 시위사태를 다루기 위해 우리나라의 정치 시위의 역사에서 가장 엄격한 법을 통과시켰습니다. 기존의 법은 차티스트 혁명가들을, 노동조합 시위자들을, 훗날 선거법 개정안이 통과될 때 혁명가들을 상대한 법입니다. 하지만 그런 평범한 법으로는 반항하는 여성들을 저지할 수 없었습니다. 그들은 반항하는 여성들을 억압할 수 있는 수단을 찾기 위해 저 멀리 중세까지 거슬러올라가야 했습니다.

그들은 우리에게 말했습니다. 정부는 힘에 근거한다고, 여성은 힘이 없다고, 그러므로 여성은 정부에 항복해야 한다고요. 하지만 우리는 정부는 힘에 근거하지 않음을 보여주고 있습니다. 정부는 동의에 근거합니다. 만일 여성들이 정부로부터 부당한 통치를 받겠다고 동의한다면 그들은 여성을 부당하게 통치할 수 있습니다.

하지만 여성들은 단도직입적으로 말합니다. "우리는 우리의 동의를 보류한다. 우리는 부당한 정부의 통치를 더는 받지 않겠다." 가장 연약한 여성이라도 무력으로는 통치할 수 없습니다. 당신은 그 여성을 죽일 수도 있지만 그러면 그 여성은 당신에게서 벗어납니다. 당신은 그 여성을 통치할 수 없습니다. 아무리 연약한 인간이라도 그가 동의를 보류한다면 지구상 그 어떤 권력도 그를 통치할 수 없습니다.

단지 청원서를 모은다는 이유만으로 그들이 우리를 투옥했을 때 우리는 복종했습니다. 우리에게 죄수복을 입히도록 허락했습니다. 우리를 독방에 감금하도록 허락했습니다. 우리를 가장 저열한 범죄자들 사이에 두도록 허락했습니다. 우리는 소위 우리의 문명이라는 것이 저지르고 있는 경악스러운 악행들을 알게 되었습니다. 다른 방식으로는 알 수 없었겠지요. 그것은 소중한 경험이었고 그 경험을 얻게 되어 기뻤습니다.

저는 남자들이 '단식투쟁'이라는 말을 비웃는 것을 보았습니다. 사실 그 어떤 대의명분을 위해서든 '단식투쟁'을 할 수 있는 남자는 별로 없을 것입니다. 도저히 참을 수 없는 억압을 느끼는 사람만이 그 같은 수단을 택합니다. 단식투쟁을 한다는 것은 죽음의 문턱에 이를 때까지 음식을 거부한다는 뜻입니다. 그리하여 당국은 당신이 죽게 내버려둘지 석방시킬지 선택해야 합니다. 그리고 그들은 여성들을 석방시켰습니다.

정부는 단식투쟁이 너무 길어지자 상황을 해결할 수 없다고 느꼈습니다. [그러자] 영국 정부는 전 세계의 권력기관이 보는 앞에서 수치스럽게도 온전한 정신으로 저항하는 인간에게 음식을 강제로 먹이는 선례를 남겼습니다. 오늘 집회에는 의사분들도 오셨을 것입니다. 의사분들은 정신이 온전치 않은 사람에게 강제로 음식을 먹일 때가 있다는 것을 아실 것입니다. 하지만 온전한 정신으로 그 치욕적이고 난폭한 행위에 온 신경을 곤두세우고 온 힘을 다해 저항하는 사람에게 억지로 음식을 먹이는 것은 완전히 다른 일입니다. 그러한 행위가 영국에서 자행되었습니다. 그리고 영국 정부는 그들이 우리를 마침내 진압했다고 생각했습니다. 하지만 정부는 그것으로도 소요를 진정시키지 못했음을 깨달았습니다. 갈수록 더 많은 여성이 동참했고, 심지어 그 끔찍한 고통을 겪었습니다. 정부는 이 여성들을 석방시킬 수밖에 없다는 사실을 깨달았습니다. [……]

그러니까 그들은 여성에 대해 잘 모르는 것입니다. 여성은 일어나기까지 시간이 꽤 걸리지만 한번 분기하면, 한번 결심하면 지구상의 그 어느 것도, 천상의 그 어느 것도 그들을 굴복시키지 못합니다. 그것은 불가능합니다. …… 사선을 넘나들며 겨우 수술받을 힘밖에 남아 있지 않아도 여전히 굴하지 않고 앞으로도 결코 굴하지 않을 여성들, 병상에서 일어나자마자 예전처럼 행동할 여성들이 있습니다. 병상에 누워 있다가 들것에 실려서라도 집회에 참가하는 여성들이 있습니다. 연설할 힘은 없지만 그들의 정신이 꺾이지 않았음을 동료 노동자들에게 보여주려는 것이지요. 그들의 정신은 살아 있으며, 삶이 지속되는 한 그들은 앞으로도 계속 행동하리라는 것을요.

이제, 여성들이 성공할 수 없다고 생각하는 사람들에게 저는 이렇게 말하고 싶습니다. 우리는 영국 정부를 양자택일의 상황으로 끌고 왔다고요. 여성들이 죽임을 당하든, 투표권을 부여받든 영국 정부는 한 가지를 선택해야 합니다. 이 집회에 참가한 미국인 남성들에게 묻습니다. 여러분의 국가에서 이러한 선택에 직면했다면 여러분은 어떻게 하시겠습니까? 그들을 죽이든가, 그들에게 시민권을 부여하든가 둘 중 하나를 선택해야 한다면요? 여기서 선택할 수 있는 답은 하나뿐입니다. 가야 할 길은 단 하나뿐입니다. 여성에게 투표권을 부여해야 합니다. [……]

여러분의 국가에서는 여성에게 투표권을 부여했습니다. 모든 문명국가의 남성은 여성이 자신들 스스로를 구제할 수 있도록 여성에게 투표권을 부여했습니다. 영국 여성들이 요구하는 것이 바로 그것입니다. 인간의 생명은 신성한 것이지만 만일 어떤 생명이 희생되어야 한다면 그것은 우리의 생명이 될 것입니다. 우리 스스로는 그렇게 하지 않습니다. 다만 우리는 적이 우리에게 자유가 아니면 죽음을 줄 수밖에 없는 상황으로 내몰 것입니다.

그래서 저는 이 자리에 섰습니다. 저는 수감 상태로 이곳에 왔습니다. …… 아마도 저는 영국 땅에 발을 내딛자마자 다시 체포될 것입니다. 저는 여러분에게 우리가 이 싸움에서 이길 수 있게 도와달라고 부탁하려고 왔습니다. 우리가 이기면, 가장 힘든 이 싸움에서 우리가 이기면 전 세계의 다른 여성들에게도 때가 왔을 때 분명 이 일이 조금은 더 수월해질 것입니다.

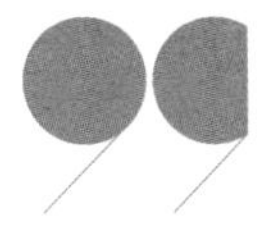

6
ELEANOR
RATHBONE

엘리너 래스본

'어머니들에 대한 모욕'

영국 하원

1945년 3월

1945년 3월 엘리너 래스본Eleanor Rathbone이 영국 하원의 복지 토론장에서 연설을 하기 위해 일어났을 때 여성의 경제적 독립 및 아동 빈곤 퇴치를 위한 기나긴 캠페인이 어렵사리 승리를 거두는 순간이었다. 이날 래스본은 성공적으로 주장을 개진했고, 그녀의 이날 연설은 이후 나를 포함한 영국의 여성 하원의원들이 각기 다른 정부를 상대로 벌이게 될 비슷한 투쟁들을 위한 길을 닦아주었다.

래스본을 비롯한 여성 하원의원들은 제1차세계대전이 종식된 이후 가정에서의 여성의 노동과 돌봄의 가치를 국가가 인정해야 하며, 가정 내 경제력 분배가 중요하고 남자가 집안의 가장이라는 전통적인 시각은 더이상 강화되어서는 안 되며 도전을 받아야 한다고 주장했다. 따라서 영국 정부가 새로 도입된 가족수당을 어머니가 아닌 아버지에게 지급하겠다는 계획안을 제시했을 때 래스본은 이 계획안의 수정을 위해 맹렬한 캠페인에 나섰다.

당시 여성 하원의원은 14명에 불과했다. 무소속 의원이었던 래스본은 노동당의 이디스 서머스킬Edith Summerskill, 토리당의 낸시 애스터Nancy Astor와 힘을 합쳐 초당파적 저항에 나섰다. 그들은 대중집회, 각종 대회, 의회에서 열정적으로 연설하며 압박을 가했고, 마침내 1945년 3월 정부는 이 계획안을 자유투표에 부치는 데 동의했다.

이날 엘리너 래스본의 연설은 재치 있고 강력한 논거로 능숙하게 상대의 주장에 담긴 오류를 하나하나 반박해나갔다. 평소 그녀가 연설에서 보여준 전형적인 모습이었다. 래스본은 정부측 주장—남성이 '보통 집안의 가장이다', 이 법은 남성에게 자녀 양육비를 담당할 책임을 지운다, 이것이 세상이 돌아가는 보통 이치다 등—을 하나씩 열거하고 재치, 유머, 절제된 분노 및 법리적 근거 등을 제시하며 이를 무너뜨린다.

하지만 래스본 연설의 중요성은 설득력이나 수사적 장치가 아니라 래스본이 한 말과 그녀가 펼친 캠페인이 이후로도 수차례 되풀이되었다는 사실에 있다. 그로부터 반세기 이상이 흘렀지만 나와 다른 여성 하원의원들은 역대 정부와 비슷한 논쟁을 벌여왔다. 여성의 경제적 독립 및 아동 빈곤 퇴치를 위한 똑같은 캠페인에서 똑같은 돈주머니 문제를 제기하고 있다.

1998년 노동당 정부가 양육수당 제도를 도입했을 때 재무성은 이 보조금을 주 양육자가 아닌 주 소득자에게 지급하는 안을 제시했다. 나는 여기 개입해 수정안을 도출해낸 노동당의 초선 여성 평의원들 중 한 명이었다.

2010년 연립정부는 '보편수당Universal Credit' 제도를 도입하면서 수당을 각 가정당 한차례만 지급하겠다고 고집했다. 이 역시 특히 폭력이나 강압적 통제가 자행되는 가정에서는 여성의 경제적 독립과 안전을 침해할 여지가 있었다. 우리는 수당을 주 양육자에게 지급하는 안을 정부가 수용하게 만들기까지 9년 동안 캠페인을 벌여야 했다.

이 연설을 한 날 래스본은 영국 하원 가족수당 투표에서 승리를 거두었다. 이로써 많은 어머니에게 처음으로 독립된 기본적인 소득이 지급되었고, 이는 여성의 독립과 아동 빈곤 감소에 지대한 영향을 미쳤다. 래스본이 제기한 주장들을 지금도 여전히 다시 제기해야 하는 현실이 좌절스럽지만, 이것은 래스본이 그만큼 우리에게 많은 영향을 끼쳤으며 이후 여러 세대에 걸쳐 벌어질 토론의 틀을 마련했다는 증거이기도 하다.

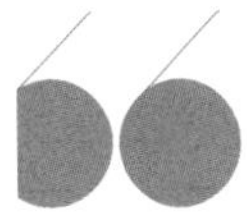

이 법안에 명시된 대로라면 이 발의안은 모성의 위상을 높이는 것이 아니라 사실상 떨어뜨릴 것입니다.

사람들이 무엇이라 하든 그렇게 됩니다. 왜냐하면 이 발의안은 아내를 한낱 부속물로 취급하기 때문이지요. 이 말인즉슨 문자 그대로 아내는 남편에게 식객이라는 것입니다. 이 발의안은 자녀가 어머니의 돌봄을 아무리 많이 필요로 하더라도 어머니가 계속 집에 머물며 자녀를 더 갖기보다는 밖으로 나가 일하게 만들 아주 강력한 동기를 제공합니다. 그래야만 법적으로 온전히 자기 소유인 임금을 받을 수 있기 때문입니다.

이 법안에 따르면 부부가 함께 사는 경우 이 수당은 남자에게 귀속됩니다. 심지어 아내가 벌이를 전담해도 마찬가지입니다.

남자가 건달이거나 무능력자이고 아내가 유일한 소득원이어도 이 수당은 남자에게 귀속됩니다. 아내의 첫번째 결혼으로 얻은 자녀이어도 이 수당은 남자에게 귀속됩니다. 자녀가 혼인 이외의 출생자이어도 이 수당은 남자에게 귀속됩니다.

자녀가 어느 다른 친척과 살고 있어도, 부모 중 한 명이 자녀 양육비를 지원해도 남자는 이 아이들을 자기 자녀로 간주해 수당을 청구할 수 있다고 보는 게 맞을 것입니다. 그가 아이들을 전혀 만나지 않아도, 심지어 아이들의 세례명조차 몰라도 말입니다.

더욱이 이 기이한 지급방식은 오로지 법원에 진정서를 제출해야지만 변경할 수 있습니다. 하지만 법원에 진정서까지 낼 여성이 과연 몇 명이나 되겠습니까? 남편이 나쁜 사람일수록 아내는 더욱 엄두를 내지 못할 것입니다. [……]

이 법안으로 아내가 수당을 받을 수도 있기는 하지만 반드시 남자의 동의가 있어야만 가능합니다. 남자가 원하면 그가 직접 수령할 수 있도록 수급 통지서가 그에게 전달되며 수당이 그에게 귀속되기 때문입니다.

참으로 놀라운 발의안이 아닙니까? 여기에 어떤 해명이 있을까요? 대체 근거가 무엇일까요?

이 백서에 제시된 설명은 보통 남자가 집안의 가장이라는 것입니다. 네, 보통은 그렇지요. 하지만 이 법안은 아내가 유일한 소득원일 경우에도 수당은 남자에게 귀속됩니다.

또다른 경우, 그러니까 남편이 생활비를 벌어올 경우 아내는 무엇을 합니까? 아내는 목숨을 걸고 엄청난 고통 속에서 자식을 낳고, 대다수 노동자층의 가정에서는 매일 매시간 흔히 말하듯 '하느님이 만드신 모든 시간'에 자식을 위해 빨래와 청소를 하고, 옷을 입히고, 밥을 먹입니다. 밤낮으로요.

학교가 쉬는 날이나 주말에도 아내는 전혀 쉴 수가 없습니다. 쉬는 날이 없지요. 휴일이면 노동자층의 어머니의 일은 사실 더 많아집니다. 이 모든 것이 아무런 대가가 없는 노동입니다. 왜냐하면 법은 남자가 보통 임금 노동자라고 말하니까요. [……]

백서에 제시된 마지막 변론은 이 법안대로 하든 그렇지 않든 사실상 별 차이가 없다는 주장입니다. 탐욕스럽거나 이기적인 남자라면 어떻게 해서든 돈을 독차지할 것이며, 만일 수당이 자기에게 지급되지 않으면 아내에게 주는 생활비에서 그만큼을 제할 것이라고요.

이 주장은 인간 본성에 관한 몰이해를 보여줍니다. 정말로 탐욕스럽고 부도덕한 남자가 한 명이면, 그저 약하고 타성에 젖어 자기 손아귀에 들어온 것을 놓지 않는 남자가 여섯입니다. 만일 수당이 어머니에게 지급된다면, 만일 법이 이 수당을 아동을 위해 쓰여야 할 아동의 재산으로 여긴다는 사실을 어머니들이 안다면, 또는 법이 이 수당을 아동을 위해 쓰여야 할 어머니의 재산으로 여긴다는 것을 어머니들이 안다면 어머니들은 국가가 모성의 지위를 인정한다는 사실을 깨닫게 될 것입니다.

이러한 선례가 전혀 없었던 것도 아닙니다. 출산수당은 남자가 수입원인 경우에도 여성에게 지급됩니다. ‘노령연금법’에서 노령연금은 아내가 요청하면 아내에게 지급됩니다. 그리고 이재민 자녀에게 지급되는 수당은 언제나 집안의 남자인 가장이 아닌 어머니에게 지급됩니다.

오스트레일리아 뉴사우스웨일스주州에는 20년 넘게 유지되어온 법이 있고, 뉴질랜드에도 비슷한 기간 동안 이어져온 법이 있으며, 시행된 지 3, 4년 정도밖에 되지 않은 오스트레일리아법도 있습니다. 이러한 법들에서 이러한 수당은 행정 당국이 지명한 자가 해당 어머니를 부적격자로 판단한 경우가 아니라면 모두 어머니에게 지급됩니다. [……]

하원에서 이 발의안을 변경하지 않고 그대로 통과시킨다면 무슨 일이 벌어질까요?

정부는 이 사안을 하원에서의 자유투표에 맡기기로 결정했습니다. 이 결정을 환영하지만 그보다 정부에서 바로 결정을 내리는 것이

어땠을까 싶습니다. 정부가 실책을 거듭하다 이 결정에 이르렀음을 너무 잘 알고 있기 때문입니다. 모성의 지위를 격하시키는 것은 결코 영리한 정책이 아니니까요.

하지만 내각은 남성들로 구성되어 있고, 여성들이 이 문제를 어떻게 생각하는지 그들이 체감할 것이라고 기대하기는 어렵습니다. 저는 그들에게 이 일에 관한 여성들의 감정이 실로 어느 정도인지에 관해 경각심을 느끼게 해주고 싶습니다.

그들 모두가 편지를 많이 받지는 않았을 수 있습니다. 이 발의안 내용이 서서히 퍼지고 있으니까요. 그리고 분명 상상력이 부족하고 이기적인 상당수의 여성들은 이렇게 이야기할 것입니다. 그들은 남편이 돈을 주니까요. "그런 것이 왜 중요하지요? 나는 괜찮은데요." 그들은 자신들만큼 운이 좋지 못한 다른 자매들을 생각해야 합니다.

하지만 벌써 여성단체들은 정치의식이 높은 모든 여성에게 다음 선거에서 자신을 대표하는 정치인이 이 자유투표에서 어느 쪽에 찬성표를 던졌는지 알리고자 하는 계획을 하고 있습니다.

저는 전쟁 전에 여성의 참정권을 쟁취하기 위한 길고 쓰라린 싸움에 동참했습니다. 그 일이 우리에게 요구한 희생에 대해 불평하지 않습니다. 그럴 만한 가치가 있었기 때문입니다. 우리는 그 희생을 통해 여성의 완전한 시민권을 획득했습니다. 하지만 저는 그 모든 과정을 다시 겪고 싶지 않습니다. 그것은 쓰라린 투쟁이었고, 매우 추한 결과를 초래했습니다.

그 몇 년 동안, 특히 전쟁이 지속된 몇 년 동안 여성은 남성과 함께 일하고 함께 놀며 고통을 함께 겪어야 한다고 배웠습니다.

다음 총선에서 이 남녀 문제가 그 추한 고개를 또다시 들기를 바랍니까? 우리나라에는 중요한 다른 문제들이 산적해 있습니다. 지금 전쟁으로 극심한 고통을 겪고 있는 다른 나라들이 어떻게 해야 세계에 평화를 정착시킬 수 있을지 온 나라가 고민해야 할 때가 아닙니까?

이제는 모두 끝났다고 생각했던 시대, 남녀 반목의 시대로 되돌아가게 만들지 마십시오.

이 법안이 이대로 통과되면 이 법안을 위해 25년 넘게 노력해온 저조차도 제3독회에 찬성표를 던질 수 없습니다. 이 법안이 통과되지 않는다면 저는 정치 인생에서 가장 쓰라린 실망을 안게 될 것입니다.

하지만 이 법안이 이대로 통과되었을 때 과연 어떤 일이 벌어질지 저는 충분히 예견할 수 있습니다. 이 법안은 사실상 어머니들을 면전에서 모욕하고 있습니다. 이 나라가 가장 많은 빚을 졌고, 이류 국가로 추락하지 않으려면 우리에게 꼭 필요한 사실상 또는 잠재적인 어머니들을 말입니다.

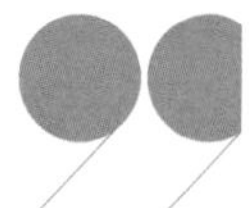

7
JOAN
O'CONNELL

조앤
오코넬

'한낱 꿈일 뿐인
약속'

영국 블랙풀,
영국노동조합회의

1968년

1968년 조앤 오코넬Joan O'connell의 영국노동조합회의TUC 연설은 행동을 촉구하고 있다. 이 연설은 동일노동 동일임금의 운동에서 중요했던 시기에 남성들, 노동조합운동, 고용주와 정부가 보인 끝없는 방임에 직접 일침을 가하는 감성적이면서도 도덕적인 도전이었다. 하지만 내가 이 연설을 사랑하는 이유는 또 있다. 오늘날에도 계속되는 동일한 임금의 현실화운동에서 우리는 여전히 오코넬 연설의 반향을 느끼기 때문이다.

당시 포드의 대거넘 공장에서 여성 기술자들이 일으킨 파업은 여성이 맞닥뜨린 부당한 임금 차별에 대한 저항의 강력한 상징이었다. 똑같은 일을 하는 남성에 비해 여성은 더 적은 임금을 받는 것이 아직 법적으로 아무 문제가 없던 때였다. 오코넬은 제도사 및 관련 기능공연맹DATA의 더블린 지부 회원으로 아일랜드의 노동운동에 활발히 참여하고 있었다. 오코넬은 그해 영국노동조합회의 블랙풀 지부에서 소수에 지나지 않는 여성 대표 중 한 명이 되었다. 그해는 오코넬이 영국노동조합회의에서 활동한 첫해였는데, 그녀는 동료 노동조합원들에게 그동안 행동이 충분하지 않았다고 질타하면서 개정법 제안서를 제출하며 따뜻한 말 몇 마디가 아닌 행동을 촉구했다.

오코넬의 연설은 효과적이고 리드미컬하며 좌절감으로 가득차 있다.

> 바바라 캐슬은 동일노동에 동일임금을 받습니다. 어째서 나머지 여성들은 그러지 못하죠?

오코넬의 명문장들은 연설 중간에 등장하는데 아마 박수갈채로 연설이 이따금 중단되었을 것이라고 짐작된다. 오코넬은 대단한 호응을 얻었다. 일간지에서는 오코넬이 이날 회의에서 찬사를 가장 많이 받았다고 치켜세우면서 오코넬의 머리 모양, 의상, 목소리에 대해서도 언급했다. 조합 대표들은 영국노동조합회의위원회가 반대 의견을 냈음에도 오코넬의 개정안에 찬성표를 던졌다. 오코넬의 연설과 포드의 대거넘 공장 파업이 있은 지 2년 뒤 노동당 소속 바바라 캐슬Barbara Castle 장관은 영국의회에 새 동일임금법을 상정했다. 1975년경 이 법은 개정되었다.

동일임금을 현실화하기란 훨씬 더 어려워서 여성은 여전히 남성보다 적은 임금을 받았다. 하지만 우리는 수십 년이 흐른 지금도 오코넬 연설의 반향을 느낄 수 있다. 몇 년 뒤 포드 공장의 파업사건을 다룬 영화 〈메이드 인 대거넘〉이 상영되었고 나중에는 뮤지컬로도 제작되었다. 뮤지컬 후반부에 등장하는 노래는 대거넘의 파업 노동자들을 지지해달라고 영국노동조합회의에 촉구하는 한 여성 조합원의 감동적인 연설이다. 조앤 오코넬의 연설에서 영감을 받았을 것이 분명하다(고백하건대 나는 이 뮤지컬을 3번 보았는데 매번 굉장히 좋았다).

이 뮤지컬이 런던의 웨스트엔드에서 상연된 직후 출연진은 영국의회를 방문해 여성 하원의원들과 함께 여전히 9.4퍼센트에 달하는 남녀의 임금 격차 해소 방안을 내놓으라고 정부를 압박했다.[6] 활동가들은 새로운 지지를 구축하고 정부에 압력을 가하기 위해 의회 안팎에서 연설하며 포드의 파업 사례를 언급했다. 그 결과 한층 더 강력한 조치들이 도입되었고, 고용주들에게 남녀 임금 차이를 공개할 것을 요구했다. 고용주들이 외부의 비난을 의식해 행동을 취할 수밖에 없게 만든 것이다. 오코넬의 연설과 대거넘 여성 노동자들의 이야기가 오늘날에도 여전히 양성평등을 위한 싸움에서 도움이 되고 있음을 보여주는 사례이다.

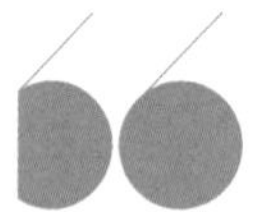

우리의 개정안은 의심할 바 없이 임금과 관련해 노동조합운동이 가장

오랫동안 요구해온 원칙을 다루고 있습니다. 바로 동일노동 동일임금 원칙입니다.

대략 800만 명에서 900만 명에 이르는 여성에게 영향을 미치는 이 요구는 1888년 영국노동조합회의가 최초의 동일임금 결의안을 통과시킨 이래 무려 80년간 미해결 상태로 머물러 있습니다. 이후 비슷한 결의가 그저 실현되기 힘든 소망처럼 지겹도록 되풀이되었습니다.

가장 지긋지긋한 것은 해마다 영국노동조합회의의 여성 대표들이 남성 조합원들의 지지를 구걸하기 위해 연단에 오르며 빚어내는 진풍경입니다. 이것은 이제 재미없습니다. 포드 공장의 여성들이 보인 행동이 이를 증명합니다. 그들은 동일임금에 관해 설교하지 않고 행동으로 보여주었습니다.

100주년을 기념하는 올해는 우리의 지난 80년을 돌아보기 좋은 때입니다. 우리의 위대한 노동조합운동의 역사가 기록될 때 그리 영예롭지 못한 역사의 한 장은 남성 조합원들이 보여준 실망스러운 태도를 다루는 부분일 것입니다. 남성 조합원들은 행동 부족으로 모든 여성 조합원들을 산업적 아파르트헤이트로 몰아넣었고, 그렇게 이 나라 고용주들이 여성 노동자들을 이류 시민으로 취급하고 연간 100억 파운드에 달하는 돈을 그들로부터 강탈하도록 방치했습니다.

일각에서는 국가는 이를 감당할 수 없다고 주장합니다. 저는 여성 노동자들은 이를 감당할 수 없다고 말합니다.

우리는 우리의 정당한 임금의 40퍼센트에 달하는 돈을 빼앗기는 현실을 감당할 수 없습니다. 이제 더이상 우리 노동조합운동은 단순히 이 관행이 불공정하다고 말하는 데 그쳐서는 안 됩니다. 이 관행은 불공정하며 지독히 부당하고 우리의 산업적 힘을 사용해 우리가 이 관행을 바꿀 준비가 될 때까지 언제까지나 계속될 것입니다.

제임스 코널리James Connolly는 이렇게 말한 바 있습니다.
"모든 노동자는 노예이다. 그런데 여성 노동자는 노예의 노예이다."
그가 이 말을 남겼을 때와 마찬가지로 이 말은 오늘날에도 여전히 진실입니다. [……]

사회 불평등은 경제 불평등에 의존합니다. 전투적인 말이나 도덕적인 주장만으로 고용주들의 마음이 움직인다면 여성들은 이미 수세대 전에 동일임금을 받았을 것입니다.

고통스러운 현실은 영국 여성 노동자의 10퍼센트만이 동료 남성과 동일한 임금을 받는다는 것입니다. 이 현실은 전국에 있는 수천 명의 여성 노동자들이 포드 공장의 여성들과 함께하기 전에는 바뀌지 않으리라는 것이 우리의 생각입니다. 이 수천 명의 여성 노동자들은 산업적으로 행동을 취해 노동에 대한 정당한 대가를 요구하고 남성 노동자들의 지지를 받아야 합니다.

이 나라의 여성 노동자들은 너무나 오랫동안 한낱 희망뿐인 결의안에, 하원에서 차를 마시며 나눈 느긋한 대화에 기만당했습니다. 바버라 캐슬은 동일노동에 동일임금을 받습니다. 어째서 나머지 여성들은 그러지 못하죠?

우리는 한낱 꿈일 뿐인 약속 이상을 원합니다.

제도사 및 관련 기능공연맹의 여성 조합원은 소수입니다. 대다수가 트레이싱 기능공이지만 제도사인 경우 우리는 그들이 동일임금을 받아야 한다고 주장합니다. 그렇지 않으면 우리는 우리 조합원들에게 공식적인 행동을 취하라고 권하겠습니다. 그래야 우리는 정당한 대우를 받습니다. 안타깝지만 이것만이 고용주들이 존중하는 유일한 언어이기 때문입니다.

80년이 지났습니다. 이제는 행동할 때입니다.

어제 제니 리Jennie Lee는 동일임금 문제를 활발한 의제로 만들어주어 감사하다고 우리에게 인사를 전해왔습니다.

수백만 단위의 수익을 거두는 전국 고용주들이 이 논쟁을 예의 주시하고 있습니다. 여성 노동자들이 받는 그 한심한 임금에서 부당이득을 취하게 해주는 면허증이 한 번 더 갱신될지 지켜보려는 것이지요.

영국노동조합회의 100주년을 기념할 가장 좋은 방법은 총회에서 동일임금을 위해 싸우는 조합원들에 대한 지지를 촉구하는 것이 아닐까요?

이 개정안에 대한 지지를 통해 이제는 한걸음 더 나아가달라는 것이 우리의 요청입니다. 그리하여 너무나 오랫동안 단지 우리 노동조합의 도덕적이고 이론적인 입장이었던 것에 대해 확실한 산업적 의사 표현을 해달라는 것이 우리의 요청입니다.

8
AUDRE
LORDE

오드리 로드

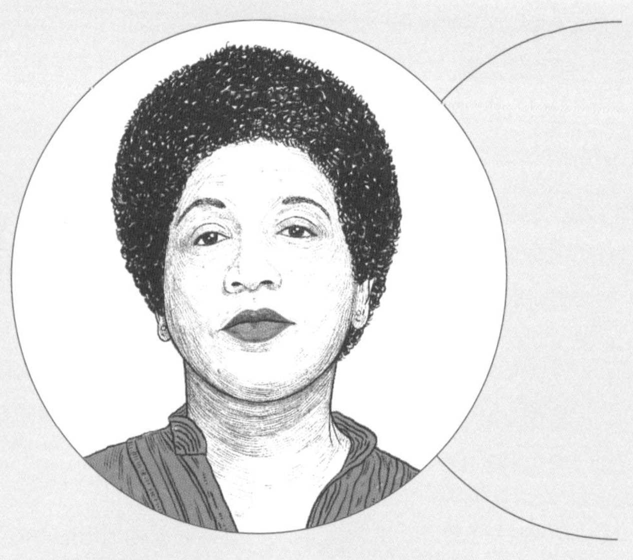

‘깨져야 할 침묵은 너무나 많습니다’

미국 일리노이주
시카고

1977년 12월

1977년 오드리 로드Audre Lorde의 연설은 내가 이 책을 쓴 목적을 다른 어떤 연설보다 잘 요약하고 있다. 이 연설에서 로드는 침묵의 무력함과 말의 힘에 관해 이야기하고 있는데, 우리는 남의 눈에 띄고 취약해지는 것이 두려워 자주 침묵해버리지만 언어에 강력한 힘이 있음을 반드시 알아야 한다고 역설한다.

"흑인이고 레즈비언이며, 어머니이고 투사이자 시인"이라고 자신을 소개하는 로드는 페미니즘과 시민권운동의 열렬한 옹호자였다.[7] 로드는 1934년 뉴욕에서 태어나 사서, 작가, 교수로 일했으며, 1968년 첫 시집을 출간했다. 로드의 글은 상당 부분 개인적인 경험에 기반하고 있으며, 그녀는 주로 흑인 여성의 정체성과 그들이 삶에서 맞닥뜨리는 경험에 관해 강렬한 글을 써왔다. 로드는 『시스터 아웃사이더*Sister Outsider*』에서 다음과 같이 이야기했다.

이 사회가 여성으로 받아들이는 경계선 밖에 있는 우리, 다름의 도가니에서 벼려진 우리—가난한 우리, 레즈비언인 우리, 흑인인 우리, 나이든 우리—는 생존이 학문적 기술이 아님을 알고 있습니다. 생존은 우리의 다름을 받아들이고 이 다름을 우리의 힘으로 만드는 법을 배우는 일입니다. 주인의 도구는 결코 주인의 집을 허물지 않습니다.[8]

이 책에 수록된 연설은 로드가 현대언어협회에서 발표한 소논문이다. 로드는 유방암에 대한 두려움에서 이제 막 벗어난 상태였다. 로드는 자신이 언젠가는 죽는다는 사실을 고찰하며 "당신의 침묵은 당신을 보호해주지 않는다"고 경고하면서 우리를 분리하는 다름 사이에 다리를 놓아 '침묵의 폭압'에 함께 맞서 싸우는 여성들에 관해 이야기한다.

이 연설에서 가장 흥미로운 점은 자기 목소리를 내는 것이 때로는 얼마나 어려운가에 대해, 그리고 타인의 검열이나 냉소를 무릅쓰고라도 자신의 생각과 언어를 드러내는 것에서 오는 불안감에 대해 로드가 보여주는 이해와 솔직함이다. 로드는 연설을 하거나 글을 쓰거나 심지어 트위터에 짧은 글을 남길 때조차 우리가 느끼곤 하는 취약함, 또 자기 언어를 세상에 내놓을 때 느끼는 불안감을 생생히 포착하고 있다. 하지만 로드는 이 취약함이야말로 우리의 인간성을 이루는 일부라고, 우리는 "상처 입고 오해받을 수 있는 위험을 감수하고서라도" 우리에게 가장 중요한 것을 공유해야 한다고 역설한다.

이 연설은 우리가 가진 두려움에 직면하여 목소리를 내라고 여성들에게 촉구한다. 부당함을 보고도 못 본 척 외면하면 우리는 여전히 두려움을 느낄 것이기 때문이다. 한편 로드는 침묵을 말과 행동으로 바꾸는 것을 개인적인 해방으로 보고 있다. 로드의 언어는 시적이고 인용할 만한 구절이 매우 많지만 내가 가장 좋아하는 부분은 로드의 딸이 한 말이다.

> 침묵을 지키면 결코 온전한 사람이 될 수 없다고 그분들에게 말해 주세요. 누구나 마음속에 꼭 하고 싶은 말이 한가지쯤은 있기 마련이잖아요. 그런데 그것을 계속 무시하면 그 말은 미친 듯이 뜨겁게 달아오를 것이고 어느 날 갑자기 위로 치밀어 입을 세게 때리고 말 것이라고요.

이 책에서 로드와 그녀의 딸은 모든 여성을 대변한다. 미친 듯이 뜨겁게 달아오르다가 마침내 용기를 내어 침묵을 깨고 다른 사람들에게도 영감을 준 모든 여성을 위해서.

저는 상처 입고 오해받을 수 있는 위험을 감수하고서라도 저에게 가장 중요한 것을 반드시 이야기해야 한다고, 반드시 언어화하고 공유해야

한다고 거듭 확신하게 되었습니다. [……]

저는 흑인 레즈비언 시인으로서 이 자리에 섰지만 이 모든 것의 의미보다 앞서는 것은 제가 지금도 살아 있다는 사실 그리고 어쩌면 지금 살아 있지 못했을 수도 있다는 사실입니다.

지금으로부터 두 달 여 전 저는 2명의 의사에게—한 명은 남자 의사이고, 한 명은 여자 의사였지요—유방암 수술을 받아야 하고 악성종양일 가능성이 60에서 80퍼센트라는 말을 들었습니다.

그 말을 들은 뒤 실제로 수술을 받기까지 3주 동안 의도치 않게 그때까지 살아온 모든 삶을 다시 정리하며 힘든 시간을 보냈습니다. 수술을 마쳤고 종양은 양성이었습니다. 하지만 그 3주 동안 저는 혹독하고 다급하게 제 자신과 저의 삶을 명료하게 응시할 수밖에 없었습니다. 충격이 여전히 남아 있지만 저는 전보다 훨씬 더 강해졌습니다. 많은 여성이 이런 상황에 맞닥뜨려보았을 것이고 오늘 이 자리에 계신 몇몇 분도 그랬을 것입니다.

저는 그때 경험한 것들 덕분에 침묵을 말과 행동으로 변화시키는 것에 대해 제가 예전에 어떻게 느꼈는지를 제 자신에게 스스로 설명할 수 있게 되었습니다. 제가 언젠가는 죽는다는 사실, 아울러 제가 삶에서 소망하고 바라온 것이 무엇이었는지를 강렬하고도 근본적으로 깨닫고 나니, 비록 짧은 삶이었지만 지금까지 제가 가장 우선시한 것과 놓친 것이 무엇이었는지가 무자비할 정도로 또렷하게 드러났습니다. 가장 후회되는 것은 침묵의 순간들이었습니다. [……]

저는 제 안에 자리한 힘의 원천을 인지하게 되었습니다. 그것은 애초에 두려움이 아예 없으면 가장 좋겠지만, 만일 그렇지 못하다면 두려움을 한걸음 뒤에서 바라볼 때 더욱 강해질 수 있다는 것을 아는 데에서 나오는 힘이었습니다.

저는 목소리를 내든 내지 않든, 조만간이든 나중에든 결국에는 죽습니다. 저의 침묵은 지금까지 저를 보호해주지 않았습니다. 당신의 침묵은 당신을 보호해주지 않습니다.

하지만 제가 실제로 목소리를 낼 때마다, 그리고 지금도 여전히 탐색하고 있는 그 진실들을 이야기하려고 시도할 때마다 저는 다른 여성들을 만났습니다. 그 말이 우리 모두가 믿는 세상에 과연 어울리는 말인지, 우리의 다름에 다리를 놓아줄 말인지 우리는 함께 깊이 생각했습니다. 이 모든 여성의 걱정과 보살핌이 있었기에 저는 더욱 강해졌으며, 저의 삶에서 가장 본질적인 것들을 꼼꼼히 살필 수 있었습니다.

그 시기에 저에게 버팀목이 되어준 여성들 중에는 흑인도 있었고 백인도 있었으며, 노인과 청년, 레즈비언, 양성애자, 이성애자도 있었습니다. 우리는 모두 침묵의 폭압에 맞서 전쟁을 치렀습니다. 이 여성들이 저에게 준 힘과 관심이 없었다면 저는 지금 이렇게 온전히 살아남지 못했을 것입니다. [……]

당신이 아직 갖지 못한 말은 무엇입니까? 당신이 해야 할 말은 무엇입니까? 날마다 속으로 집어삼키며 당신 것으로 만들려고 하는 그 폭압은 무엇입니까? 아파서 죽을 지경이 되도록 여전히 침묵하면서요. 어쩌면 오늘 이 자리에 계신 어떤 분들에게 저는 그분들 마음속에 자리한 두려움의 얼굴일 것입니다. 저는 여성이기에, 흑인이기에, 제 자신이기에 그러니까 내 할일을 하는 흑인 여성 시인 전사이기에 이렇게 여러분에게 와서 묻습니다. 당신은 당신의 할일을 하고 있습니까?

물론 제 목소리에서 이미 느끼셨겠지만 저도 두렵습니다. 침묵을 말과 행동으로 변화시키는 것은 자기 자신을 드러내는 행위이고, 이러한 행위는 늘 위험해 보이기 때문입니다.

하지만 제 딸아이에게 우리가 오늘 다룰 주제와 여기에 따르는 어려움에 관해 이야기하니 그 아이는 이렇게 대꾸하더군요. "침묵을 지키면 결코 온전한 사람이 될 수 없다고 그분들에게 말해주세요. 누구나 마음속에 꼭 하고 싶은 말이 한가지쯤은 있기 마련이잖아요. 그런데 그것을 계속 무시하면 그 말은 미친 듯이 뜨겁게 달아오를 것이고 어느 날 갑자기 위로 치밀어 입을 세게 때리고 말 것이라고요."

우리는 침묵하는 이유를 이야기할 때 각자 가진 두려움에 의지합니다. 경멸을 받을까 두렵고, 검열이나 비판의 대상이 될까 또는 인정받지 못할까 두렵고, 이의제기가 있을까 두렵고, 내가 아무것도 아닌 존재가 될까 두렵습니다. 하지만 저는 우리가 가장 두려워하는 것은 우리 자신을 가시화하는 일이라고 생각합니다. 하지만 우리는 우리 스스로를 가시화하지 않고서는 진정한 삶을 살 수 없습니다.

인종 차이가, 설사 말로 표현되지 않아도 끊임없이 우리의 시각을 왜곡하는 이 나라에서 흑인 여성은 한편으로는 매우 가시적인 존재였지만, 한편으로는 인종주의라는 탈인격화 과정에 의해 비가시적인 존재이기도 했습니다. 심지어 여성운동 안에서도 우리는 가시적이 되기 위해 싸워야 했고 지금도 여전히 싸우고 있습니다. 그리고 동시에 바로 이 가시성은, 우리의 검은 피부는 우리를 가장 취약한 존재로 만들기도 합니다.

우리가 미국이라는 용의 아가리에서 살아남기 위해 깨달아야 했던 중요한 첫번째 교훈은 아무도 우리가 살아남을 것이라고 기대하지 않았다는 것입니다. 우리가 인간으로서 살아남을 것이라고 아무도 기대하지 않았습니다. 오늘 이 자리에 계신 분들도 대부분 마찬가지입니다. 흑인이든 아니든 상관없습니다. 여러분이 인간으로서 살아남을 것이라고 아무도 기대하지 않았습니다.

우리를 가장 취약하게 만드는 바로 그 가시성은 우리의 가장 큰 힘이기도 합니다. 우리가 말을 하든 하지 않든 이 기계는 우리를 갈아 가루로 만듭니다. 우리는 말없이 구석에 앉아 있을 수도 있습니다. 우리 자매들과 우리 자신이 쓰레기처럼 버려져도, 우리 아이들이 비틀리고 말살되어도, 우리 지구에 독이 퍼져도 우리는 우리의 안전한 구석에 빈병처럼 가만히 있을 수 있겠지만 여전히 두려움은 조금도 가시지 않을 것입니다. [……]

침묵을 말과 행동으로 변화시키려면 우리는 반드시 이해를 초월해 믿고 있는 진실, 이해를 초월해 알고 있는 진실에 따라 살며 이야기해야 합니다. 그래야만 우리는 살아남을 수 있습니다. 우리는 창조적이고 연속적인 삶의 과정에 참여해야 합니다. 그것이

성장입니다.

여기에는 두려움이 없을 수 없습니다. 가시화에 대한 두려움이, 누군가가 혹독하게 따지고 들까 싶고 누군가로부터 비판받을지도 모른다는 두려움이, 고통의 두려움이, 죽음의 두려움이 있습니다. 하지만 우리는 이 모든 것을 죽음 이외에는 이미 다 침묵하며 경험해보았습니다. 혹여 제가 말을 하지 못하는 사람으로 태어났더라도 또는 안전을 위해 평생 침묵을 맹세했다고 하더라도 저는 변함없이 고통받았을 것이며, 변함없이 언젠가는 죽을 운명이라는 사실을 항상 제 자신에게 상기시킵니다. 이것은 사태를 한걸음 물러서서 바라보기에 아주 좋은 방법입니다.

여성들이 자신의 말을 들어달라고 절규하는 곳이라면 어디에서든 우리는 그 말을 열심히 찾아내 읽고 서로 나누며, 그 말이 우리 삶과 어떻게 연관되는지 검토해야 할 의무가 있습니다. 우리에게 강요되어왔고 너무나 자주 스스로 우리 것으로 받아들이고 마는 분리의 조롱 뒤에 숨지 말아야 할 의무가 있습니다. 이를테면 사람들은 "나는 흑인 여성의 글을 가르칠 수 없어. 그들의 경험은 내 경험과 아주 다르니까"라고 말하곤 합니다. 하지만 여러분은 플라톤과 셰익스피어와 프루스트를 수년째 가르쳐오지 않았습니까?

누군가는 이렇게 말하기도 합니다. "저 여자는 백인이면서 나한테 무슨 할 말이 있겠어?" 또는 이렇게도 말하지요. "그 여자는 레즈비언이야. 우리 남편이나 학과장이 알면 뭐라고 할까?" 이렇게도 말합니다. "이 여자는 자기 아들들의 이야기를 썼지만 나에게는 자식이 없는걸." 이 밖에도 수없이 많습니다. 이렇게 우리는 자기 자신에게서 자기 자신을 박탈하거나 서로에게서 서로를 박탈합니다.

우리는 지쳤을 때도 일하고 말하는 법을 배운 것처럼 두려울 때도 일하고 말하는 법을 배울 수 있습니다. 우리는 언어를 사용하고 사태를 규정할 우리 자신의 필요보다 두려움을 더 중시하도록 사회화되었습니다. 우리가 두려움에서 벗어날 수 있는 마지막 사치의 순간을 기다리며 침묵하는 동안 침묵의 무게는 마침내 우리를 질식시키고 말 것입니다.

우리가 이 자리에 있고, 제가 이 말을 하고 있다는 것 자체가 그 침묵을 깨고 우리의 다름에 다리를 놓으려는 시도입니다. 우리를 꼼짝하지 못하게 만드는 것은 바로 침묵입니다.

그리고 깨져야 할 침묵은 너무나 많습니다.

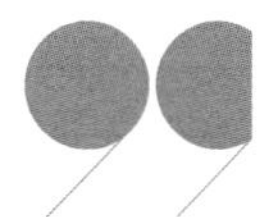

9
MARGARET
THATCHER

마거릿 대처

'이 여자에게
유턴은 안 됩니다'

영국 브라이턴,
보수당 전당대회

1980년 10월

1980년 가을 보수당 전당대회에서 마거릿 대처Margaret Thatcher가 이 연설을 할 때는 영국의 첫 여성 총리로 취임한 지 겨우 18개월째였다. 대처는 이미 그동안의 경제정책과 매정한 태도 때문에 맹비난을 받고 있었고, 200만 명이 넘은 실업자 수는 여전히 증가 추세였다.

어쩌면 연설에서 대처는 보상하려고 했을 수도 있고, 방어적이었을 수도 있고, 그저 당의 평소 입장에 의존했을 수도 있었다. 하지만 전혀 그렇지 않았다. 이제는 명언이 된 "유턴하고 싶으면 당신이나 하십시오. 이 여자에게 유턴은 안 됩니다You turn if you want to, the lady's not for turning"*라는 선언과 함께 대처는 자신의 경제 및 도덕 철학을 마치 전도하는 듯한 완강한 태도로 광범위하게 설명했다. 바로 '대처리즘'이다.

전당대회의 연설치고 내용이 상당히 진지하며 주장이 명료하고 단순하다. 대처는 장관들에게 의례적인 헌사를 바친 뒤(이 부분은 이 책에 수록되지 않았다) 실직자가 발생하더라도

* 정부의 재정 지출 증대로 불황에 대처하는 케인스주의로 '유턴', 즉 복귀해야 한다는 당시 여론에 대한 직접적인 반대의 표명이었다(옮긴이).

통화공급을 억제하고 인플레이션을 막는 통화주의가 필요하다는 자신의 신념을 약술한다.

하지만 이 연설의 진정한 핵심은 공공부문에 대한 이데올로기적인 공격이다.

> 정부는 사회로부터 재산만 빼가는 것이 아닙니다. 진취성을, 활기를, 사회의 가장 좋은 것을 보존하고 향상시키고 혁신할 의지까지 빼갑니다.

대처의 연설문을 지금 다시 읽으려니 글에 대고 크게 소리치고 싶다. 나는 다음 세대에게 기술과 더불어 혁신의 의지를 전해주는 교사들을 떠올린다. 아픈 사람들이 활기를 되찾을 수 있도록 돕는 의사와 간호사를 떠올린다. 국가의 자금으로 도로와 건물을 건설하는 노동자들은 어떤가. 아동 돌봄 노동자, 간병 노동자, 경찰관은 우리 사회를 튼튼하게 하고 우리나라가 부를 쌓을 수 있도록 돕는다.

대처가 이 연설을 한 지 9개월 뒤 나는 아버지와 함께 "일자리를 위한 국민의 행진"이라고 쓰인 노동조합 펼침막을 들고 난생처음 정치집회에 참가해 행진했다. 그때 나는 열두 살이었고, 실업자 수가 300만 명을 돌파하기 직전이었다. 장기간 실업 상태인 청년의 수가 급증했다. 우리 가족과—현재 내가

20년 넘게 대표자를 역임하고 있는—탄광 노동자 공동체는 대처의 정책으로 인해 입은 피해에 가슴 깊이 분노했다.

하지만 그것이 마거릿 대처의 방식이었다. 대처는 반발이 있어도 합의를 구하지 않았다. 그리고 그녀는 기존의 틀을 깨부수었다. 그랜섬Grantham*의 식료품점 딸이었던 대처는 여학생으로는 드물게 화학을 전공했고, 오늘날보다 더 남성들만의 영역이었던 정치계에 입문했다. 대처가 자기 목소리의 음역대를 낮추기 위해 웅변 수업을 들었다는 일화는 그녀가 야심차게 뛰어든 남성들의 세계에 관해 우리에게 시사하는 바가 있다.

대처가 이야기한 인상적인 문구들은 대부분 다른 사람이 써준 것이다. "이 여자에게 유턴은 안 된다"라는 문구는 오랫동안 대처의 연설문 작성가로 일한 로널드 밀러Ronald Miller 경이 크리스토퍼 프라이Christopher Fry의 1948년 희곡 〈이 여자에게 화형은 안 된다The Lady's Not for Burning〉에서 가져온 말이다. 하지만 출처와 상관없이 이 문구는 대처라는 사람을 잘 담고 있다. 신념과 결단에 찬 그녀의 목소리를 들어보면 마거릿 대처는 이 문구를 완벽히 자신의 것으로 만들었음에 의심의 여지가 없다.

---

* 영국 중부 링컨셔주의 소도시(옮긴이).

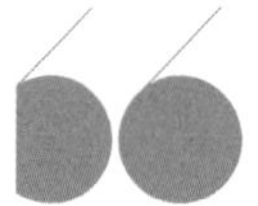

이 나라가 회복의 길로 들어서기 위해서는 여러 가지 선결조건이 따릅니다. 비단 경제 회복만이 아니라 새로운 자립정신과 성취를 향한 열정까지 아울러 이야기하는 것입니다.

이따금 우리 영국 국민은 우리의 과거 때문에 지나치게 기대가 크고 목표를 높이 잡는다는 말을 듣곤 합니다. 하지만 저는 그렇게 생각하지 않습니다. 오히려 제가 정치계에 몸담았던 동안 우리의 포부는 줄곧 쪼그라든 것 같습니다. 실망스러운 현실에 대한 우리의 반응은 보폭을 넓히는 것이 아니라 갈 길을 단축하는 것이었습니다. 하지만 우리 자신과 우리 미래에 대한 신뢰가 있다면 우리는 얼마나 위대한 나라를 만들 수 있겠습니까!

우리 정부는 첫 17개월 동안 회복의 토대를 마련했습니다. 우리는 과중한 입법 과제를 떠맡아 수행했는데, 그 일을 다시 반복하고 싶지는 않습니다. 우리는 통과된 법안의 개수로 성과가 측정된다고 믿는 사회주의적 환상에 공감하지 않으니까요. [……]

제프리 [하우]Geoffrey Howe 장관의 관리하에 영국은 우리 전임자들에 의해 증가한 부채 3억 6000만 달러를 상환했습니다. …… 마이클 헤슬타인Michael Heseltine은 수백만 명의—네, 수백만입니다—국가 임대주택 세입자들에게 자기 소유의 주택을 직접 매입할 수 있는 권리를 주었습니다. [……]

여전히 단꿈에 젖어 있는 좌파는 자본주의의 종말을 이야기합니다. 음, 이것이 정말 자본주의의 종말이라고 해도 아직은 한참 멀었다고 말해야겠군요.

하지만 우리의 가장 중요한 경제 목표인 인플레이션 안정화를 달성하지 못하면 이 모든 것은 물거품이 되고 맙니다. 인플레이션은 침략군처럼 나라와 사회를 파괴합니다. 인플레이션은 실업을 초래합니다. 인플레이션은 예금자의 보이지 않는 도둑입니다. 인플레이션 안정화를 방해하는 정책은 그 정책이 단기적으로 아무리 매력적으로 보여도 옳은 정책일 수 없습니다. [……]

그런데도 일각에서는 통화공급 억제가 마치 대단히 혁명적인 정책이라도 되는 양 이야기합니다. 사실 이 정책은 유럽대륙의 대다수 지역에서 회복에 필수불가결한 조건이었습니다. 그 국가들은 경제 안정을 위해 필요한 것이 무엇인지 알고 있었던 것입니다.

그 국가들은 앞서 요동치는 인플레이션을 경험했기 때문에 인플레이션이 뇌물 수수와 대량 실업, 사회 붕괴를 초래하리란 것을 알고 있었지요. 그들은 같은 길을 걷지 않겠다고 결심했습니다. 그리고 수년간 긴축통화정책을 실시한 결과 세계 경기 침체에 좀처럼 흔들리지 않으며, 영국 경제보다 잘 기능하는 안정되고 번영하는 경제를 일구었습니다. [……]

반면 우리는 인플레이션 정복에 수반되는 고난과 우려에 초연하지 못합니다. 무엇보다 실업이 있습니다. 오늘날 우리나라의 실업자 수는 200만 명이 넘습니다. [……]

오늘날 우리나라의 실업 규모는 인간적인 비극입니다. 저는 입장을 분명하게 밝힙니다. 저는 실업 문제를 대단히 우려스럽게 생각합니다. 인간이 일할 수 없을 때 인간적 존엄과 자긍심은 좀먹습니다. 한 나라의 가장 귀한 자산—국민의 재능과 활기—이 낭비될 때 정부는 현실적이고 지속력 있는 해결책을 모색할 의무가 있습니다.

버튼 하나만 눌러서 실업 문제가 정말로 해결된다면 제가 지금이라도 그 버튼을 누르지 않겠습니까?

이 실업사태를 방치하는 것이 저에게 조금이라도 정치적 이득이 있겠습니까? 아니면 실업사태를 의식처럼 모시라고 요구하는 무슨 모종의 경제 종교라도 있는 것일까요?

현 정부는 국민 여러분에게 현실적이고 지속력 있는 일자리의 희망이 보이는 유일한 정책을 추진하고 있습니다. 앞서 언급한 국가들이 낮은 수준의 인플레이션과 실업률을 기록해온 것은 절대 우연이 아닙니다.

많은 국민들에게 영향을 미치는 또다른 우려가 있다는 것을 알고 있습니다. 많은 분이 정부의 정책이 옳다고 생각하지만 이 정책으로 인한 부담이 공공부문보다 민간부문에 훨씬 더 집중되어 있다고 느낍니다. 공공부문은 이득을 누리는 반면 민간부문은 재정적으로 타격을 입고 있으며, 공공부문은 민간부문보다 더 높은 보수와 연금을 받고 있다고 그분들은 이야기합니다.

분명히 말씀드리건대 저는 이 우려에 공감하며 그분들의 분노를 이해합니다. 저와 제 동료들이 공공부문에 자금을 늘리면 산업이 제대로 돌아가기 위해 필요한 돈과 자원이 늘기는커녕 오히려 준다고 말하는 이유가 바로 여기에 있습니다. 공공 지출 증대는 실업 문제의 개선이 아닌 확대의 견인차 노릇을 하고 무역과 상업에서 파산을 초래합니다.

이런 이유로 우리는 현재 재계에서 감당해야 하는 세율이 최대치에 이를 때가 빈번하고, 이러한 증세는 지역경제를 파괴할 수 있다고 지역 당국에 경고했습니다. 지방정부는 기업과 마찬가지로 비용을 절감할 수 있는 방법을 찾아야 합니다. [……]

돈을 물 쓰듯 쓰는 것이 우리나라가 당면한 문제의 해결책이라면 우리는 지금 아무런 문제도 없어야 합니다. 돈을 쓰고 쓰고 쓰고 또 쓴 나라가 있다면 그것이 바로 우리나라였습니다.

이제 그 꿈은 지나갔습니다. 그 모든 돈이 아무 결과를 내지 못했는데 아직도 그 돈이 어디선가 나와야 합니다.

긴축정책 완화를 촉구하는 사람들, 실업자와 소상공인을 도울 수 있다며 돈을 무차별하게 더 쓰라는 사람들은 친절한 것도 온정적인 것도 국민을 보살피는 것도 아닙니다. 그들은 실업자나 소상공인의 친구가 아닙니다. 그들은 애초에 이 문제를 일으킨 정책을 다시 시행하라는 것입니다. [……]

건강한 사회를 창출하는 것은 국가가 아닙니다. 국가권력이 비대해지면 국민은 점점 스스로가 덜 중요하다고 느끼게 됩니다. 정부는 사회로부터 재산만 빼가는 것이 아닙니다. 진취성을, 활기를,

사회의 가장 좋은 것을 보존하고 향상시키고 혁신할 의지까지 빼갑니다. 우리의 목표는 국민이 점점 더 스스로가 중요하다고 느끼게 만드는 것입니다. 우리 국민들의 내면 깊은 곳에 자리한 본능을 우리가 신뢰하지 못한다면 정치를 하지 말아야 합니다. 오늘날 우리 사회의 일부는 그러한 본능을 방해합니다.

품위 있는 사람들은 제대로 된 일을 원합니다. 그들은 돈에 가치를 부여하길 자제하거나 겁내지 않습니다. 그들은 정직은 존중받아야지 비웃음을 사서는 안 된다고 믿습니다. 그들은 범죄와 폭력은 사회뿐만 아니라 자기 자신의 삶의 질서에도 위협이 된다고 여깁니다. 저는 그들이 이러한 믿음 속에 자녀를 키울 수 있기를 바랍니다. 진보나 표현의 자유라는 이름으로 그들의 노력이 매일같이 좌절될 것이라는 걱정 없이 말입니다. 실로 이러한 것이 가정생활의 전부이니까요. [……]

위대한 국가는 국민이 자발적으로 창출한 것입니다. 국가를 구성하는 국민은 스스로 자긍심을 느끼는 어떤 것을 공동체에 줄 수 있다는 사실에서 자긍심을 느낍니다. 우리 국민이 자신이 위대한 국가의 일부라고 느끼고, 이 국가를 계속 위대하게 만들 의지가 있다면 우리는 위대한 국가일 것이고 앞으로도 그러할 것입니다.

그렇다면 우리의 성취를 방해하는 장애물은 무엇입니까? 무엇이 우리를 가로막습니까? 또다시 불만의 겨울이 우리를 기다린다는 전망일까요?

아마도 그럴 것이라고 생각합니다. 하지만 저는 우리가 지난 경험에서 교훈을 얻었을 것이라고 믿는 쪽을 택하겠습니다. 느리고 고통스럽더라도 이해의 가을이 올 것이라고 믿는 쪽을 택하겠습니다. 그리고 그 가을이 지나 상식의 겨울이 도래하기를 소망합니다. 그렇지 않으면 우리는 지금의 경로에서 벗어나지 못할 테니까요.

언론에서 좋아하는 그 '유턴'이라는 구호를 숨죽여 기다리는 자들에게 제가 해줄 수 있는 말은 이것뿐입니다. "유턴하고 싶으면 당신이나 하십시오. 이 여자에게 유턴은 안 됩니다."

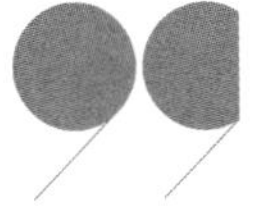

10
MAYA
ANGELOU

마야 안젤루

'맥박이 고동치는 이 아침에'

미국 워싱턴주,
빌 클린턴 대통령
취임식

1993년 1월

날씨가 맵고 햇빛이 쨍했던 어느 일요일 아침, 나는 미국 의사당 앞에 밀집한 군중 사이에 서서 이 아름다운 연설문을 읽는 마야 안젤루Maya Angelou를 보았다.

이것은 시詩이다. 하지만 좋은 연설문은 모두 시이다. 특별히 미국의 제42대 대통령 빌 클린턴의 취임식을 기념해 쓴 이 시는 미국의 풍광을 이루는 오래된 강과 바위, 나무로 시작해 어둠에서 빛을 향해 나아가는 수많은 민족을 하나로 엮고 마침내 완전히 새로운 하루가 시작되는, 맥박이 고동치는 아침의 희망으로 끝나는 아름다운 이야기를 담고 있다.

이 시의 주제는 클린턴 대통령이 불과 몇 분 전에 했던 희망과 낙관주의 그리고 재건을 위한 하나됨에 관한 취임사와 잘 공명했다.

지난해 여름 나는 아칸소주에서 클린턴의 선거운동을 도왔다. 클린턴이 '희망에서 온 사람man from Hope'이라는 것이 중요한 선거 메시지였다. 하지만 내가 기억하는 것은 안젤루의 언어와 그에 못지않게 깊은 인상을 남긴 그녀의 목소리였다. 그 날의 낙관주의, 온정, 설렘을 제대로 포착한 것도 안젤루의 언어와 목소리였다. 깊고 느리고 노래처럼 메아리치는 목소리. 시 그 자체도 아름다웠지만 그날 이 시를 날아오르게 한 것은 이 시가 지닌 정서적 힘과 그 힘을 전달하는 시인의 위엄이었다.

안젤루 역시 한때 침묵했다가 자신의 언어를 되찾은 사람이다. 그녀는 회고록에서 어릴 적 겪은 강간과 뒤이어 발생한 강간범 피살사건은 자신에게 트라우마를 남겼고, 이로 인해 수년간 침묵했지만 문학과 시에 대한 사랑으로 자신의 목소리를 되찾았다고 밝혔다.[9] 당시 안젤루는 자신이 시를 쓰는 목적을 다음과 같이 요약했다.

> 내 작품과 내가 하는 모든 일에서 나는 우리 인간이 서로 다른 점보다 닮은 점이 더 많다고 말하고 싶습니다.[10]

이 말은 약 25년 뒤 영국 런던에서 노동당의 조 콕스Jo Cox 하원의원이 첫번째 의정 연설에서 전달하고자 했던 메시지와 공명한다. 조 콕스의 연설도 이 책에 실려 있다.

안젤루의 이 연설은 1992년 미국의 낙관적인 한순간을 포착하고 있다. 그리하여 이 연설의 진정한 힘은 새로운 매시간이 새로운 기회이며, 우리는 늘 희망을 품고 눈을 떠야 함을 시간을 초월해 우리에게 상기시킨다는 데 있다.

'바위', '강', '나무'
오래전에 떠난 종種들을 품은 그들은
마스토돈을 새기었다.
우리 행성의 표면에
여기 한때 머물렀다는
마른 표시를 남긴 공룡,
그들의 이른 운명에 대한 너른 놀라움은
흙먼지와 세월의 어둠 속에 유실되었다.
하지만 오늘, '바위'는 분명하고도 거세게 우리에게 소리친다.
오거라, 내 등에 올라서서
너희의 아득한 운명을 마주보라.
다만 내 그늘에서 천상을 찾지 말라.
내 더는 여기서 너희에게 은신처를 주지 않으리.
너희, 천사보다 아주 조금 낮은 자리에서 창조된 너희는
저 불편한 암흑 속에
너무나도 오래 웅크려 있었고,
무지 속에
너무나도 오래 엎드려 있었다.
너희의 입은 살육을 위해
무장된 언어를 쏟아낸다.
오늘 '바위'는 외친다. 나를 올라서도 좋다,
다만 너희의 얼굴을 숨기지 말라.

세계의 벽을 넘어
'강'은 아름다운 노래를 부른다.
오거라, 내 곁에서 쉬어라.
경계선이 둘러쳐진 너희 각각의 나라여,
섬약하고 기이하게 당당하지만
끝없이 서로를 포위하고 찌르는구나.
이익을 좇는 너희의 무장전투는
내 해변에 쓰레기의 훈장을,
내 가슴에 쓰레기의 조류를 남기었다.
그러나 너희가 더는 전쟁을 생각하지 않겠다면
오늘 나는 너희를 내 강변으로 부르리. 오거라,
평화를 차려입고. 나는 나와 나무와 돌이 하나였을 때
'창조주'가 내게 준 노래를 부르리라.
냉소가 네 눈썹에 남은 시든 핏자국이 되기 전에,
네가 여전히 아무것도 알지 못함을 스스로 알고 있었을 때.
'강'은 노래하고 또 노래한다.
노래하는 '강'과 지혜로운 '바위'에
응답하고 싶은 진정한 갈망이 있다.
그러므로 아시아인에게, 히스패닉에게, 유대인에게,
아프리카인에게, 미국 원주민에게, 수족에게,
가톨릭교도에게, 이슬람교도에게, 프랑스인에게, 그리스인에게,
아일랜드인에게, 랍비에게, 신부에게, 셰이크*에게,
동성애자에게, 이성애자에게, 전도사에게,

---

* 이슬람교 교주(옮긴이).

특권층에게, 노숙자에게, 교사에게 말하라.
그들은 듣는다. 그들 모두는
'나무'의 말을 듣는다.
오늘, 첫번째부터 마지막까지 이르는 모든 '나무'가
인류에게 말한다. 나에게 오거라, 여기 '강' 곁으로 오라.
너 자신을 나의 곁에, 여기 '강' 곁에 심어라.
어느 작고한 여행자의 후손인 너희들 각각은,
대가가 치러졌다.
너희, 나에게 첫 이름을 주었던
너희 포니족, 아파치족, 세네카족,
너희 체로키족은 나와 함께 머물렀다가
피에 젖은 발로 나에게 다른 탐험가들 – 이익을 좇고 황금에 굶주린
탐험가들을
강제로 받아들이게 했다.
너희 터키인, 스웨덴인, 독일인, 스코틀랜드인……
너희 아샨티족, 요루바족, 크루족은
사고, 팔고, 훔치고, 악몽을 꾸며 여기 왔고
꿈을 위해 기도했다.
여기, 내 곁에 너희의 뿌리를 내려라.
나는 '강' 곁에 선 '나무'이다,
나는 옮겨지지 않는다.
나 '바위', 나 '강', 나 '나무',
나는 너희 것이다 – 너희의 통행권은 대가가 치러졌다.
너희의 얼굴을 들어라. 너희는 너희 앞에 동트는 이 밝은 아침이

간절히 필요하다.
역사는, 그 애끊는 고통에도 불구하고,
없었던 것이 될 수 없으며,
용기 있게 마주한다면 반복될 필요가 없다.
너희의 눈을 들어
너희 앞에 동트는 날을 바라보라.
그 꿈에
다시 생명을 선사하라.
여성이여, 어린이여, 남성이여,
너희의 두 손에 그 꿈을 받아들어라.
너희의 가장 사적인 필요에 맞추어
그 꿈의 모양을 빚어라. 너희의 가장
공적인 자아의 이미지로 그 꿈을 조각하라.
너희의 심장을 뛰게 하라.
새로운 매시간이 새로운 시작을 위한
새로운 기회이다.
두려움에 영원히 붙들리지 말고,
야수성의 멍에에
항구히 매이지 말라.
지평선이 몸을 숙여
너희에게 새로운 변화의 걸음을 내디딜 공간을 내어준다.
여기, 맥박이 고동치는 이 좋은 날에
너희는 용기를 내어
고개를 들고 나를,

‘바위’를, ‘강’을, ‘나무’를, 너희의 나라를 바라보리라.
탁발승뿐 아니라 미다스에게도.
과거의 마스토돈뿐 아니라 현재의 너희에게도.
여기, 맥박이 고동치는 이 새로운 날에
너희는 품위 있게 고개를 들고
너희 누이의 눈을,
너희 형제의 눈을, 너희의 나라를 바라보리라.
그리고 소박하게
아주 소박하게
희망을 품고 말하리라.
좋은 아침이라고.

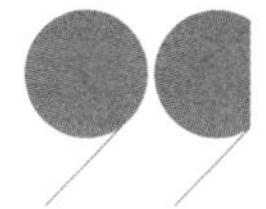

11
BENAZIR
BHUTTO

베나지르 부토

‘이슬람의 에토스는 양성평등입니다’

중국 베이징

1995년 9월

1988년 베나지르 부토Benazir Bhutto가 파키스탄 총리로 선출되기 전 하비브 잘리브Habib Jalib가 부토를 위해 쓴 시는 다음과 같다.

"다르타이 하인 반두콘 아이크 니하티 라르키 세."
총을 든 남자들이 무기 없는 이 소녀를 두려워한다.

총을 든 남자들은 부토가 얼마나 두려웠는지 수차례에 걸쳐 그녀를 침묵시키려고 했다. 그들은 부토를 추방하고 투옥하고 정부를 실각시키고 무력으로 위협한 끝에 결국 그녀를 암살했다. 하지만 그들은 궁극적으로 부토를 침묵시키지는 못했다. 부토가 남긴 연설이 이렇게 계속 이어지기 때문만은 아니다. 부토는 파키스탄을 비롯한 여러 지역의 젊은 여성 세대에게 영감을 주었고, 이들이 부토처럼 자기 목소리를 내고 있기 때문이다.

베나지르 부토는 이슬람국가 최초의 여성 총리였다. 1990년 부토는 재임중에 출산한 첫 총리가 되었다. 30여 년이 지나 뉴질랜드의 저신다 아던Jacinda Ardern 총리가 그녀의 뒤를 이었다.

부토의 아버지가 군부독재자 지아Zia 장군에 의해 처형된 뒤 부토는 20대에 파키스탄 인민당의 대표가 되었다. 이어 수 년에 걸친 망명, 가택 연금, 투옥 끝에 지아가 죽은 뒤 치러진 1988년 선거에서 승리했을 때 부토의 나이는 겨우 서른다섯 살이었다.

민주주의 기반이 허약한 파키스탄에서 자유주의적인 사회, 정치, 경제개혁을 약속하는 여성이 총리에 당선된 것은 놀라운 일이었다. 그러나 부토는 그녀를 침묵시키려고 하는 우파와 군부의 연합으로 국내에서 엄청난 반대에 직면했다.

부토는 총리가 된 지 1년이 조금 지나 둘째 아이를 임신했다. 그녀는 이 사실을 아무에게도 알리지 않았다. 부토는 아들을 낳고 곧바로 업무에 복귀했으나 부토의 정적들이 그녀가 엄마 역할을 하는 것까지 공격의 대상으로 삼으며 광범위하게 부패 및 정치적 부정 혐의를 씌우는 것을 막기에는 역부족이었다.

이 연설은 1995년 중국 베이징에서 개최된 제4차 유엔세계여성 콘퍼런스에서 한 것이다. 부토의 연설에 앞서 당시 미국 영부인이던 힐러리 클린턴은 훗날 자주 인용된 강렬한 연설을 마친 상태였다. 부토의 연설은 그 정도로 큰 관심을 받지는 않았지만 여성의 역량 강화에 있어서 그만큼 중요한 연설이었다.

힐러리 클린턴은 "인권이 여권이고, 여권이 인권입니다"라고 말하며, 여성이 평등을 누리는 것은 국제 자유주의 전통에서 본질적인 부분이라고 주장했다. 부토도 "이슬람의 에토스는 평등, 양성평등입니다"라며 여성의 평등과 역량 강화가 이슬람의 중심이라는 유사한 주장을 펼쳤다.

부토의 연설은 언제나 그렇듯이 사회적 보수주의, 이슬람 극단주의, 이슬람에 대한 국제적인 인식에 도전하는 용감한 연설이었다. 부토의 수사는 강하다. 정의에 관한 구절을 되풀이하고, 빈곤 타파를 외치고, 평등을 위한 싸움에서 중립지대란 있을 수 없다고 주장한다.

이 연설을 한 뒤 1년이 조금 지나 당시 대통령은 부토를 총리직에서 해임했고 부토는 얼마 지나지 않아 다시 망명길에 올랐다. 하지만 그녀는 포기하지 않았다.

거의 10년이 다 되어 부토는 파키스탄으로 돌아와 선거운동을 시작했다. 부토는 다시 대중의 지지를 등에 업었지만 또 다시 공격을 받았다. 특히 파키스탄 탈레반으로부터였다. 폭력적인 이슬람 극단주의, 그리고 부토가 타파하고자 노력해온 여성 억압을 주도해온 이들이었다. 두려움과 파괴를 조장하는 끔찍한 탈레반운동은 급기야 부토의 선거 집회장에 극악무도한 폭탄 테러를 가해 150여 명이 사망했다.

그뒤 2007년 12월 27일 부토의 승리가 예상되는 선거가 채

2주도 남지 않았을 때 베나지르 부토는 집회장에서 암살되었다.

탈레반운동은 부토를 침묵시키는 데 실패했다. 부토가 유엔에서 연설한 지 18년 뒤 탈레반의 공격을 받은 적이 있는 파키스탄 출신의 14세 소녀가 부토의 숄을 두르고 뉴욕의 유엔 청중 앞에 서서 부토가 자신의 정치적 스승이라고 선언했다. 말랄라 유사프자이Malala yousafzay는 여아 교육과 여성의 역량 강화를 강력히 지지하는 연설을 했다. 많은 영향을 끼친 말랄라의 말들 역시 이 책에 수록되어 있다.

탈레반은 무기를 동원해 부토와 말랄라를 침묵시키려고 했다. 그러나 부토와 말랄라의 말들이 새로운 여성 세대에게 계속해서 영감을 주는 한 '총을 든 남자들'은 결코 성공하지 못할 것이다.

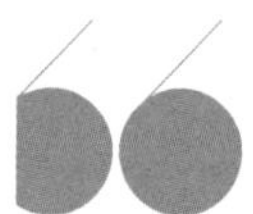

이슬람국가 지도자로 선출된 최초의 여성으로서 저는 여성 관련 문제에 특별한 책임감을 느낍니다.

새로운 세기의 새로운 사태를 다룰 때는 역동적인 종교를 살아 있는 현실로 바꾸어야 합니다. 우리는 이슬람의 의례가 아니라 이슬람의 진정한 정신에 따라 살아야 합니다.

그리고 이슬람을 잘 모르는 분들에게 말씀드리건대 우리 종교에서 여성이 하는 역할에 관한 선입견에서 벗어나십시오. 많은 분의 생각과 달리 이슬람은 다양한 정치적·사회적·문화적 전통을 수용합니다. 이슬람의 근본적인 에토스는 관용, 대화, 민주주의입니다.

기독교와 유대교에서와 마찬가지로 우리는 성전Holy Book을 편협한 정치적 목적을 위해 이용하고 조작하는 자들을 늘 경계해야 합니다. 이들은 자신들의 극단주의적 어젠다를 위해 다원주의와 관용의 본질을 왜곡합니다.

오늘 이 자리에 제가 위대한 이슬람국가에서 선출된 여성 총리로서 서 있다는 것 자체가 이슬람이 여성의 사회적 역할을 확고히 옹호한다는 증거입니다.

바로 이러한 이슬람 전통이 저를 더욱 강하게 키우고 저에게 힘을 주고 용기를 북돋워주었습니다.

바로 이러한 유산이 살면서 가장 어려운 시기에 저를 지탱해주었습니다. 이슬람은 불의—사람들에 대한 불의, 나라에 대한 불의, 여성에 대한 불의—를 허락하지 않습니다.

이슬람은 불평등을 가장 중대한 형태의 불의로 폄합니다.

이슬람은 억압과 압제에 맞서라고 신도에게 명합니다.

이슬람은 독실함을 인간을 판단하는 유일한 기준으로 귀히 여깁니다.

이슬람은 인종, 색깔, 성별을 동료 인간을 차별하는 근거로 삼는 것을 금합니다.

이슬람은 인간의 정신이 중세라는 암흑에 묻혀 있을 때 남녀평등을 주장했습니다. 이슬람은 여성이 인류의 열등한 구성원으로 간주될 때 여성에게 존중과 위엄을 부여했습니다. 이슬람의 선지자(그분에게 알라의 평화가 깃들기를 빕니다)는 여성이 소유물로 취급될 때 여성을 동등한 파트너로 받아들였습니다.

이슬람은 여성의 권리를 성문화했습니다. 코란은 여성의 지위를 남성과 동등하게 두었습니다. 이슬람은 여성의 시민적·경제적·정치적 권리를 보장합니다. 국가 건설에서 여성의 참여적 역할을 인정했습니다.

슬프게도 여성과 관련한 이슬람 교리는 곧 폐기되었습니다. 세계의 다른 지역과 마찬가지로 이슬람 사회에서도 여성의 권리는 부정되었습니다. 여성은 부당하게 취급되고, 차별받고, 폭력과 억압에 시달리고, 존엄성이 손상되고, 역할이 부정되었습니다.

여성은 배제와 남성 우월적인 문화의 피해자가 되었습니다. 오늘날 여성은 남성보다 더 많이 가난과 궁핍과 차별로 고통을 받습니다. 5억 명의 여성이 문맹입니다. 초등교육을 받지 못하는 아동의 70퍼센트가 여자아이입니다.

개발도상국에서 여성이 겪는 고난은 이루 다 말할 수 없습니다. 기아와 질병과 끝없는 노동이 그들의 숙명입니다. 여성은 미약한 경제성장과 결핍된 사회지원체제의 영향을 가장 심각하고 직접적으로 받습니다. 구조조정 절차에서는 보건, 교육, 의료, 영양 공급에 투입되는 국가의 자금이 필연적으로 축소되고 이로 인한 일차적인 피해는 여성에게 돌아갑니다. 이러한 필수 영역의 부족한 자금 흐름은 취약계층, 특히 여성과 아동에게 가장 심대한 영향을 미칩니다.

의장님, 이것은 용인될 수 없습니다. 이것은 저의 종교와 어긋납니다. 이것은 정의와 평등에 관한 저의 상식과 어긋납니다. 무엇보다 이것은 일반 상식에 어긋납니다.

그래서 파키스탄은, 파키스탄의 여성들은, 그리고 개인으로서 저는 여성의 권리를 옹호하는 최근의 국제적인 노력에 오롯이 함께해왔습니다. 세계인권선언은 여성에 대한 차별 철폐를 천명합니다. [……]

여성은 차별과 착취를 일삼는 세력에 홀로 맞서서는 안 됩니다. 저는 단테의 말을 떠올립니다. 단테는 "지옥에서 가장 뜨거운 자리는 도덕적 위기의 시대에 중립을 지키는 자를 위해 남겨져 있다"고 했습니다.

오늘날 이 세계에서, 여성 해방을 위한 싸움에서 중립이란 있을 수 없습니다.

독재와 압제에 대항해온 길고 외로운 전투는 저의 정신에 많은 상처를 남겼습니다. 저는 어린 나이에 민주주의의 전복을 목격했고, 국민의 손에 선출된 총리의 암살을 목격했으며, 자유 사회의 근간에 대한 조직적인 공격을 목격했습니다.

그럼에도 민주주의에 대한 우리의 신념은 무너지지 않았습니다. 위대한 파키스탄의 시인이자 철학자 알라마 익발Allama Iqbal 박사는 "압제는 영원할 수 없다"고 했습니다. 압제는 영원하지 않았습니다. 우리 국민의 의지는 독재 세력을 물리쳤습니다. 그러나 저의 사랑하는 자매들은 민주주의만으로는 충분하지 않다는 것을 알게 되었습니다. 정의는 선택의 자유로만 보장되지 않습니다. 평등한 권리는 정치적인 가치로만 정의되지 않습니다.

사회정의는 자유의 세 기둥으로 이루어집니다. 이것이 자유의 방정식입니다. 정의는 정치적 자유입니다. 정의는 경제적 독립입니다. 정의는 사회적 평등입니다.

대표 여러분, 자매 여러분 굶주린 아이에게는 인권이 없습니다. 문맹인 여자아이에게는 미래가 없습니다. 삶을 계획하지 못하고 가족을 계획하지 못하며 경력을 계획하지 못하는 여성은 근본적으로 자유롭지 못합니다…….

저는 우리나라에서 여성이 겪는 고난을 변화시키기로 결심했습니다. 지금 우리나라 여성 6000만 명 이상이 뒤로 물러나 있습니다. 그들에게는 개인적인 비극입니다. 우리나라에는 국가적 손실입니다. 저는 여성의 잠재력을 국가 건설이라는 어마어마한 임무에 활용하겠다는 결심을 했습니다…….

저는 여성이 자신의 잠재력을 온전히 발휘해 기여하는 파키스탄을 꿈꿉니다. 저는 제 앞에 놓인 투쟁을 의식하고 있습니다. 하지만 여러분의 도움이 있다면 우리는 목적을 관철할 것입니다. 알라의 뜻이 있기에 우리는 성공할 것입니다.

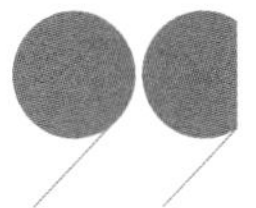

12
BARBARA
CASTLE

바버라 캐슬

'빨간불이 켜졌습니다'

영국 브라이턴,
노동당 전당대회

2000년 9월

바바라 캐슬Barbara Castle은 20세기 가장 주목받은 여성 노동당 정치인으로서 맹렬하고 멋졌다. 바바라는 전투를 즐겼으며 목숨을 구했다. 그녀는 사람들을 당황스럽게 만드는 것을 두려워하지 않았다. 본인은 비운전자였지만 교통장관 시절 자동차 안전띠와 음주측정기를 상용화했다. 좌파이면서도 노동조합을 자주 비판했다. 1973년 유럽공동체 가입 여부를 묻는 국민투표에서는 유럽 통합에 회의적인 입장이었지만, 훗날 1980년대 유럽의회의 노동당 대표가 되고 나서는 유럽에 더 긍정적인 접근방식을 취할 것을 당에 요구하기도 했다. 그즈음 바바라는 90세 생일을 몇 달 앞두고 그 어느 때보다 맹렬했던 이 책에 실린 연설을 했다.

바바라는 지금 나의 지역구인 폰티프랙트에서 자랐다. 그녀는 1920년대 광산 노동자 파업 때 목격한 가난과 굶주림으로부터 많은 정치적 영향을 받았다. 바바라가 1945년 페나인산맥 너머 블랙번에서 당선되었을 때 당시 여성 하원의원의 수는 바바라를 포함해 총 24명밖에 되지 않았다.[11]

바바라는 멋진 연설가였는데 위엄 있고 용감하며 재치 있고 눈에 총기가 반짝이며, 논거가 탄탄하고 상대를 서슴없이 공격했다. 바바라는 노동당이 배출한 첫번째 여성 총리가 되었어야 했다. 그랬다면 정치판에 그야말로 불꽃이 튀었으리라. 바바라가 퇴임하고 수년 뒤 그녀를 만났는데 나는 바바라가 지나갈 때 성인인 영국 장관들이 벌벌 떨던 모습을 기억한다.

가장 잘 알려진 성과는 1970년 동일임금법을 도입해 여성에게 남성보다 적은 임금을 지급하는 행위를 법으로 금지한 일이다. 동일임금운동은 포드의 대거넘 공장에서 여성 기술자들이 파업을 일으키면서 전개되었다. 바바라는 이 운동에 동참해 포드 공장에서 일하는 여성 기술자들의 임금이 인상되도록 도왔는데, 법 개정에 협력하지 않는 노동당과 노동조합 사람들과도 싸워야 했다.

나는 애초 바바라가 의회에서 동일임금 법안을 상정하며 했던 1969년 연설을 이 책에 수록하려고 생각했다. 이 연설에서 바바라는 특유의 기백과 재치로 동일임금을 반대하는 세력을 공격했다.

버스에서, 컴퓨터 프로그래머로, 승무원으로, 호텔에서, 음식을 나르며, 야간근무를 하느라 여념 없는 여성들이 있습니다.

우리 여성의원들은 우리가 체력이 약해서 철야 회의는 하지 못한다는 말에 코웃음을 칠 것입니다. 사실 밤을 새우고 나면 여성의원들이 남성의원들보다 항상 훨씬 활기차 보입니다.

하지만 솔직히 연설 내용은 이 연설이 지니는 역사적 중요성에도 불구하고 대부분 바버라를 제대로 보여주지 못한다. 법 조항을 설명하는 데 지나치게 많은 부분이 할애되어 바버라가 다른 연설에서 보여준 위트나 열정, 격론이 이 연설에서는 너무 적다. 바버라가 한 최고의 연설들은 날카롭고 논쟁적이며 유머러스하고 매서운 태도로 상대를 산산이 부수어놓는다.

1975년 국민투표 때 옥스퍼드 노동조합을 상대로 한 연설에서 자유당 대표 제러미 소프Jeremy Thorpe는 바버라의 연설 도중에 끼어들어 바버라가 유럽 통합에 강하게 반대하는 이유가 혹시 국민투표 결과 '찬성'이 나오면 — 그래서 영국이 유럽에 남게 되면 — 바버라가 장관직에서 물러나야 하기 때문이냐고 물었다. 바버라는 잠시 침묵하더니 미소를 띤 얼굴로 이렇게 받아쳤다. "만일 우리나라가 찬성으로 결정했다면 우리나라를 구하기 위해서라도 이 나라에 내가 필요하겠군요."

바버라의 연설 중에서는 고르고 싶은 것이 많았지만 특히 이 2000년 연설은 바버라의 투지를 잘 보여준다. 구순의 나이에도 여전히 강성한 모습이 놀랍다. 아무도 바버라를 제지하지 못한다. 그녀는 여전히 현역이었고, 어떻게 해야 전당대회에서 가장 사랑받는지 여전히 잘 알고 있었다.

바버라는 이 연설을 할 때 노동당 정부가 모든 연금생활자를 대상으로 연금과 소득의 연동을 되살려야 한다고 주장하는 운동을 주도하고 있었다. 당시 고든 브라운 내각은 최빈민층 원조를 목표로 삼고 있었다.

연실은 짧고 간단하며 반정부적이다. 노동당 각료들의 바람과 반대되는 제안을 지지해달라고 설득해야 하는 상황에서 바버라에게 주어진 시간은 단 3분이었다. 바버라는 단박에 급소를 찔러 장관들의 주장에 구체적으로 이의를 제기하면서 이 사안을 조용히 잠재우고자 하는 모든 시도를 무력화시켰다. 의장이 3분의 연설 시간이 거의 다 끝나간다며 바버라를 중단시키려고 했지만 어림없는 일이었다. 이 연설은 바버라가 가진 최고의 웅변술을 보여주지는 않지만 바버라라는 인물의 기백을 잘 보여주고 있다.

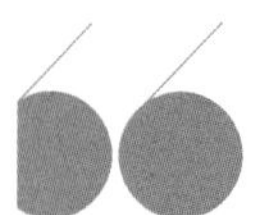

감사합니다, 여러분. 할말이 많은데 주어진 시간은 짧군요.

동지 여러분, 토니 블레어가 낭랑한 목소리로 "듣고 있습니다, 잘

들립니다. 행동으로 옮기겠습니다"라고 말할 때 우리 모두는 분명 기뻐했습니다.

1996년 블레어 총리가 그렇게 말하고 정말로 그렇게 행동했더라면 얼마나 좋았겠느냐는 생각을 지울 수가 없습니다. 당시 정부는 소득 연동을 요구하는 결의안에 대한 지지표를 분산시키기 위해 검토기구를 설립하지 않았습니다. 그 검토기구에 속한 모든 연금생활자는 전 가입자를 대상으로 소득 연동을 복구시킬 것을 요구했습니다.

연금생활자들은 이제 재정과 관련한 피할 수 없는 삶의 진실을 알고 있습니다. 앨리스터 달링Alistair Darling이 매우 인상적으로 설명해주셨지요. 네, 그들도 당연히 알고 있습니다. 우리처럼 현실세계에 살고 있으니까요. 그런데도 그들은 국가 연금보험이 소중하고 보험률이 소득에 맞춰 해마다 인상되지 않으면 위험해질 것이라는 믿음에 사로잡혀 있습니다.

그것이 의미하는 바는 이렇습니다. 우리가 이 정책을 유지한다면 국가 연금액은 다음 세기 중반 즈음 평균 소득의 9퍼센트로 줄어듭니다. 사실상 국가 연금은 붕괴되는 것입니다. 저는 도저히 이해할 수 없습니다.

정부는 줄곧 우리의 모든 주장에 귀를 기울였고—듣지 못했을 리가 없습니다—저는 오늘도 귀를 기울였기를 바랍니다. 저는 이 결의안이 통과되기를 소망합니다. 이 결의안이 완벽하지는 않지만, 이번 전당대회가 낭랑한 목소리로 우리 당은 소득 연동의 복구를 원한다고 선언하지 않는다면 우리는 이 결의안을 다시는 보지 못할 것입니다. 아무튼 제가 살아 있는 동안은 절대 볼 수 없을 것입니다.

앨리스터 달링은 아주 똑똑한 연설을 통해 소득 연동은 무엇을 할 수 있었고, 무엇을 할 수 없었는지, 소득 연동정책이 없다면 사람들이 얼마나 연금을 더 받을 수 있는지 우리에게 설명해주었습니다. 그가 설명하지 못한 것은 마거릿 대처가 1979년 정권을 잡았을 때 소득 연동정책을 폐지하지 않았다면 오늘날 국가 연금액은 1인당 97파운드에 달했을 것이라는 사실입니다. 국가 연금액은 점진적으로 증가했을 것이며, 그 비용을 감당할 수 있는 수준이었을 것입니다. 저는 정부가 어째서 여기에 반대하는지 이해할 수 없습니다. 정부는 국민연금 재정이 흑자 상태이고 앞으로 5년간은 자금이 충분할 것이라고 인정합니다.

최근 하원에서 질문이 제기되었고 정부의 대답은 재정이 이렇게 흑자 상태이니 2010년까지 5000억 파운드에 도달하리라는 것이었습니다. 소득 연동에 드는 비용은 75억 파운드이지만 수입은 110억 파운드 이상입니다. 첫 10년간 말입니다.

국민연금 재정에 무슨 일이 일어나고 있는 것입니까? 제가 고든 브라운에게 드리는 요구 중 하나는 국민연금 재정을 이제 그만 훔쳐 쓰라는 것입니다. 그는 지금껏 그래왔습니다. 역대 정부들이 그래왔던 것처럼 말입니다.

의장: 발언을 차차 정리해주십시오.

바버라 캐슬: 정부가 국민연금 재정에서 훔쳐 쓰지 않았다면 연금으로 지급할 수 있는 돈 90억 파운드가 남아 있었을 것입니다.

빨간불이 켜졌습니다. 저도 앨리스터 달링처럼 발언 시간이 많으면 좋겠군요.

동지 여러분, 이 결의안을 오늘 통과시킵시다. 이 나라는 지금 연금을 감당하지 못합니다. 소득 연동 비용이 증가하는 것은 소득이 증가할 때뿐이라는 것을 기억하십시오. 부유한 국가가 모든 연금생활자들의 품위를 유지하는 데 드는 비용을 제공하지 못하겠습니까?

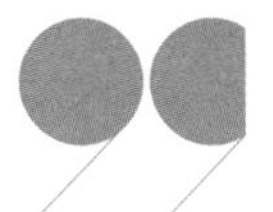

13
EVA
KOR

에바 코르

‘희망과 치유의 메시지’

독일 베를린

2001년 6월

에바 코르Eva Kor의 연설은 이 책에서 가장 중요한 연설 중 하나이다. 이 연설을 어떤 말로 소개해야 할지 모르겠다. 에바 코르가 견딘 그 상상하기조차 힘든 참상을, 그리고 그녀가 보여준 놀라운 회복력과 존엄 및 긍정을 정확히 담아낼 수 있는 그 어떤 말도 떠올리기가 쉽지 않다.

에바 코르와 그녀의 쌍둥이 자매 미리엄Miriam은 인류가 가할 수 있는 그야말로 가장 잔혹한 행위를 견뎌냈다. 쌍둥이였던 두 사람은 나치 의사 요제프 멩겔레Josef Mengele의 실험에 동원되었다. 쌍둥이 자매는 아우슈비츠 수용소 문 앞에서 어머니와 강제로 이별한 뒤 다시는 어머니를 보지 못했다. 그녀들은 멩겔레가 '인간 기니피그'로 사용하고 학대한 3000명의 유대인 어린이 중 2명이었다. 나치는 이 어린이들을 고문하고 약을 주사하며 실험 대상으로 삼았는데 그들 대부분은 살해되었다.

놀랍게도 에바와 미리엄은 수많은 고난을 견뎌내고 생존했으며, 아우슈비츠 수용소에 해방이 찾아온 뒤 루마니아로 돌아갔다가 이스라엘로 이주했다.[12] 그로부터 반세기 뒤 에바 코르는 베를린에서 독일인 의사들 앞에 서서 이 연설을 했다. 그녀는 이 연설에서 자신에게 일어난 일을 설명하고, 의료인들에게 다시는 인간의 권리와 존엄성을 훼손하지 말 것을 요구하며 치유에 관해 이야기했다.

코르가 묘사하는 참상의 끔찍함은 이 연설 후반부를 특별하게 만드는 또다른 요소이다. 멩겔레의 소재는 끝까지 발각되지 않았고 결국 정의의 심판대에 서지 않았다. 그러나 다른 나치 의사들의 처지는 달랐다. 코르는 그들 중 한 사람과 만남을 가졌고, 홀로코스트 참상이 실제 사실이라는 공개적인 확인을 받은 뒤 그를 용서했다.

이 결정은 논란을 낳았다. 많은 생존자가 코르의 행동을 결코 이해하지 못했지만 그녀는 자신이 다른 생존자들을 대변한다거나 그들을 대표해 용서하겠다고 주장한 것이 아님을 분명히 밝혔다. 코르는 자신의 용서가 홀로코스트의 잔혹 행위를 용인하거나 나치 가해자들을 봐주는 것이 아니라 개인적인 치유의 행위였다고 말했다. 코르는 이 연설에서 다음과 같이 이야기했다.

> 내 어깨를 짓누르던 고통스러운 짐이 사라지는 것을 느꼈습니다.

코르와 다른 생존자들은 70년대와 80년대에 이르러서야 살아남은 다른 쌍둥이들을 찾고 목소리를 내기 시작했다. 그들은 아우슈비츠 강제수용소 해방 40주년을 기념해 멩겔레를 심판하는 모의재판을 열었다.

2019년 7월 에바 코르는 자신의 재단에서 조직한 연례 방문의 일환으로 아우슈비츠 강제수용소에서 벌어진 참상에 관한 교육에 참여하기 위해 아우슈비츠 강제수용소를 다시 찾았다. 이때가 코르의 마지막 아우슈비츠 방문이었다. 그녀는 85세를 일기로 폴란드에서 영면했다.

홀로코스트 생존자들이 대부분 유명을 달리한 지금 우리가 그들의 언어 — 에바 코르의 연설이나 다른 생존자의 글 — 를 읽고 듣는 것이 과거 그 어느 때보다 중요하게 느껴진다. 홀로코스트 희생자들의 이야기는 결코 잊혀서는 안 된다.

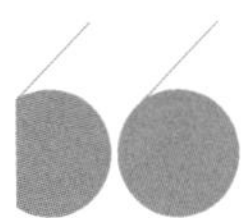

57년 전 저는 아우슈비츠에서 인간 기니피그였습니다. …… 저는 모든 쌍둥이의 대변자가 아닙니다. 저는 오늘 오로지 제 자신을 위해 발언하고 있습니다. 살아남은 동료들 중 일부는 저와 생각이 다르다는 사실을 알고 있습니다. 하지만 우리 모두는 이 자리에 정직하려고, 진실을 알려고, 인간사의 가장 비극적인 이 장에서 교훈을 얻으려고

왔습니다. [……]

1944년 어느 이른 봄 새벽 저는 아우슈비츠에 도착했습니다. 우리를 태운 가축용 열차가 갑자기 멈춰 섰습니다. 밖에서 많은 독일인이 명령하는 큰 소리가 들렸습니다. 우리는 가축용 열차에 빽빽이 실려 있었고, 서로를 짓누르는 몸뚱이들 위로는 철조망이 쳐진 작은 창문 사이로 잿빛 하늘밖에 보이지 않았습니다. [……]

승강장의 시멘트 바닥에 발을 내딛자마자 어머니는 저와 제 쌍둥이 자매의 손을 꽉 잡았습니다. 어떻게든 우리를 지키려는 것이었습니다. 모든 것이 빠르게 움직였습니다. 주변을 둘러보던 저는 문득 아버지와 두 언니가 그 자리에 없다는 사실을 깨달았습니다. 그 이후로 한 번도 만나지 못했습니다.

미리엄과 제가 어머니의 손을 꽉 잡고 있는데 한 나치친위대가 급하게 "**치빌링! 치빌링!** 쌍둥이, 쌍둥이요?"라고 외치며 다가왔습니다. 그는 멈춰 서서 저와 제 쌍둥이 자매를 쳐다보았습니다. 우리는 옷차림도 생김새도 아주 비슷했습니다.

"쌍둥이요?" 그가 물었습니다.

"쌍둥이면 좋은 건가요?" 어머니가 물었습니다.

"그렇소." 나치친위대가 고개를 끄덕였습니다.

"네, 이 아이들은 쌍둥이예요." 어머니가 말했습니다.

그 남자는 아무런 충고나 설명도 없이 미리엄과 저를 어머니로부터 떼어냈습니다. 우리는 비명을 지르며 애원했지만 그는 들은 척도 하지 않았습니다. 뒤를 돌아보았을 때 나치친위대 병사가 어머니를 반대쪽으로 끌고 가는 중에 절규하며 우리 쪽으로 손을 뻗던 어머니의 모습이 기억납니다.

저는 어머니와 작별인사도 하지 못했습니다. 그때가 어머니와의 마지막이었으니 한 번도 그럴 기회를 갖지 못했습니다. 이 모든 일이 30여 분 만에 벌어졌습니다. 미리엄과 저는 이제 가족이 없었습니다. 우리 둘뿐이었지요. 우리는 앞으로 우리에게 무슨 일이 벌어질지 알지 못했습니다. 이 모든 것은 우리가 유대인이라서 벌어진 일이었습니다. 우리는 그것이 왜 죄가 되는지 이해하지 못했습니다. [……]

그들은 우리를 거대한 건물로 데려갔고 우리는 그곳에서 발가벗겨진 채 노천의 긴 의자에 앉았습니다. 그들은 우리 옷을 가져갔습니다. 다시 옷을 돌려받았을 때 옷에는 커다란 십자가가 등에 붉게 그려져 있었습니다. 그다음 선별 절차가 시작되었습니다.

제 차례가 되었을 때 저는 그들이 저를 자기들 마음대로 하게 내버려두지 않겠다는 각오로 거세게 저항했습니다. 그들이 제 팔에 문신을 새기려고 팔을 세게 붙잡자 저는 비명을 지르고 몸부림치며 발길질을 해댔습니다.

나치친위대 2명과 여자 죄수 2명이 온 힘을 다해 저를 붙잡고 있는 동안 그들은 펜처럼 생긴 도구를 빨갛게 달구어 끝을 잉크에 담근 뒤 제 살을 지졌습니다. A-7063이 팔에 점점이 새겨졌습니다. [……]

저녁식사 후 두 소녀가 우리에게 캠프에 관한 모든 것을 개략적으로 설명해주었습니다. 그제야 우리는 연기를 내뿜는 거대한 굴뚝과 그 위로 높이 타오르는 화염에 대해 알게 되었습니다. 우리는 선별 절차 때 머문 플랫폼에서 본 두 그룹의 사람들에게 무슨 일이 벌어졌는지도 알게 되었습니다. 우리가 살아남은 이유는 오로지 멩겔레가 우리를 실험에 이용하려고 했기 때문임을 알게 되었습니다. [……]

미리엄과 저는 수용소 끝에 있는 변소로 갔습니다. 더러운 변소 바닥에는 아이 3명의 시체가 널브러져 있었습니다. 발가벗겨지고 주름진 시신은 부릅뜬 눈으로 저를 쳐다보았습니다. 저는 제가 어떻게든 하지 않으면 미리엄과 저도 저렇게 될 수 있다는 사실을 깨달았습니다. 저는 조용히 다짐했습니다. "미리엄과 내가 시신이 되어 더러운 변소 바닥에 누워 있지 않도록 내 힘이 닿는 한 뭐든지 하겠어"라고요.

그 순간 저는 저의 모든 노력과 저의 모든 재능과 저의 모든 존재를 단 하나, 생존에 걸었습니다. [……]

우리는 음식에 굶주리고 사람의 친절에 굶주리고 우리가 한때 받았던 어머니의 사랑에 굶주렸습니다. 우리에게는 아무런 권리가 없었지만 오늘 하루 더 살겠다는, 이번 실험에서 살아남겠다는 강한 의지가 있었습니다. …… 우리는 실험 대상이 되기 위해 그곳에 있다는 사실, 우리는 완전히 나치 의사들의 손안에 있다는 사실을 잘 알고 있었습니다. 우리의 목숨은 전적으로 그들의 일시적인 기분에 달려 있었습니다.

지구상의 그 무엇도 아우슈비츠와 같은 장소에 갈 준비를 시킬 수 없습니다. 저는 열 살에 요제프 멩겔레 박사의 인간 기니피그로 사용될 특별 아동 집단에 포함되었습니다. 쌍둥이 형제로 구성된 약 1500개의 집단이 멩겔레의 위험한 실험에 이용되었습니다. 그중에 생존한 사람은 200명 이하로 추산됩니다.

아우슈비츠에서 우리는 정서적으로 고립된 삶을 살았습니다. 미리엄과 저는 아우슈비츠에 머무는 동안 대화를 거의 나누지 않았습니다. 서로에게 할 수 있는 말이라고는 "아프면 안 돼"와 "빵 더 있어?"가 전부였습니다. 하루를 더 살아내기 위해, 실험 하나를 더 버텨내기 위해 온 힘을 짜냈습니다. 우리는 울지 않았습니다. 도와줄 사람이 없다는 것을 알았으니까요. 이러한 사실을 깨닫기까지 며칠이 걸리지 않았습니다. [……]

한번은 멩겔레의 실험실에서 주사를 맞고 몸이 무척 아팠습니다. 병원에 갔다가 돌아온 사람이 없다는 소문이 있었기 때문에 저는 아픈 사실을 숨겼습니다. 다음번 실험실에 갔을 때 그들은 제가 열이 나는 것을 알고 저를 병원으로 옮겼습니다.

다음날 멩겔레 박사 연구팀과 다른 의사 4명이 저의 체온 차트를 보고 이렇게 말했습니다. "아직 어린데 아깝군. 앞으로 2주밖에 못 살겠어."

저는 계속 혼자였습니다. 의사들은 저를 보고도 치료하려고 하지 않았습니다. 그들은 제가 죽길 바랐습니다. 미리엄은 함께 있지 않았습니다. 저는 미리엄이 몹시 보고 싶었습니다. 미리엄은 제가 춥고 배고프고 무서울 때 저를 안아주는 유일하게 다정하고 사랑스러운 사람이었습니다.

저는 의사들의 판단을 받아들이기를 거부했습니다. 저는 죽음을 거부했습니다!

저는 조용히 두번째 다짐을 했습니다. "나는 내 힘이 닿는 한 어떻게든 나아서 미리엄을 다시 만나리라"고요. [……]

저는 불덩이처럼 열이 나며 아팠고 사선을 넘나들었습니다. …… 의식을 잃었다가 되찾기를 반복했습니다. 저는 스스로에게 되뇌었습니다. "살아야 해. 살아야 해."

2주 후 열이 내리고 더 강해진 느낌이 들었습니다. …… 그때 죽었다면 멩겔레는 심장 주사로 미리엄까지 죽인 뒤 우리 둘을 부검해서 비교했을 것입니다. 대부분 쌍둥이들이 그렇게 죽었습니다. [……]

눈이 하얗게 내린 1945년 1월 27일, 제 생일을 나흘 앞두고 구소련군이 아우슈비츠 강제수용소를 해방시켰고, 우리는 자유의 몸이 되었습니다. 우리는 살아남았습니다. 우리는 생존했습니다. 우리는 믿기 어려울 정도의 악과 대결해 승리했습니다. [……]

여러분 가운데 내과의사와 과학자들은 축하받아 마땅합니다. 여러분은 훌륭하고 어려운 직업을 선택하셨습니다. 인간의 생명을 구할 수 있고 인간의 고통을 덜어줄 수 있으니 훌륭한 직업이지만, 걸어가야 할 길이 매우 좁기 때문에 어려운 직업입니다.

여러분은 차분하고 냉정하고 침착하게 현명한 판단을 내리도록 훈련받았습니다. 하지만 결코 잊어서는 안 될 점은 여러분은 사람을 대하고 있다는 사실입니다. 그러니 부디 도덕적으로 행동하겠다고, 그 누구의 인권을 침해하지 않겠다고, 그 누구의 인간적 존엄성도 해치지 않겠다고 맹세하십시오. [……]

우리는 한때 적이었지만 이 자리에 함께 모였습니다. 저는 우리가 친구로서 헤어지기를 소망합니다.

제가 속한 유대민족은 근면하고 지적이며 배려심이 많은 민족입니다. 우리 민족은 좋은 민족입니다. 우리는 그런 취급을 받아 마땅한 민족이 아니었습니다. 그런 취급을 받아 마땅한 민족은 없습니다.

여러분이 속한 독일민족은 근면하고 지적이며 배려심이 많은 민족입니다. …… 우리 유대민족과 여러분의 독일민족은 큰 고통을 안고 살아갑니다. 과거의 짐을 지고 사는 것은 누구에게도 도움이 되지 않습니다. 우리는 홀로코스트의 비극에서 벗어나 스스로를 치유할 수 있는 방법을 터득하고 우리 민족의 아픈 영혼을 치유하게 도와야 합니다.

56년 전 참상으로부터 벗어나기 위한 저의 궁극적인 치유 행위를 여러분과 나누고 싶습니다. 이 치유방식을 공유하거나 지지하거나 이해하지 않는 살아 계신 동료 분들이 많을 것임을 잘 알고 있습니다. 양측에서 저에게 분노를 느끼는 분도 있을지 모릅니다. 이해합니다. 저는 우리가 언제까지나 이렇게 고통을 받아서는 안 된다고 생각합니다. 이것은 제 자신을 치유한 방법입니다. 저는 감히 이 방법이 다른 분들에게도 도움이 될 수 있기를 소망합니다.

저는 나치를 용서했습니다. 저는 모두를 용서했습니다. 저는 자식들과 함께 참석한 아우슈비츠 강제수용소 해방 50주년 기념식에서…… 아우슈비츠 강제수용소의 나치친위대였던 한스 뮌히Hans Münch 박사를 만났습니다. [……]

1993년 7월 저는 보스턴대학의 미할치크Mihalchick 박사에게 나치 의학 콘퍼런스에서 강연을 해달라는 전화를 받았습니다. 그는 이렇게 덧붙였습니다. "에바, 나치 의사 한 명과 동행해주면 좋겠군요." 제가 말했습니다. "미할치크 박사님. 제가 어디서 나치 의사를 찾을 수 있겠습니까? 지난번에 찾아보니 전화번호부에도 없던데요." [……]

1992년 미리엄과 저는 멩겔레의 쌍둥이 실험에 관한 ZDF[독일방송국] 다큐멘터리에 공동 자문위원으로 참여한 적이 있습니다. 이 다큐멘터리에 한스 뮌히 박사라는 나치 의사가 인터뷰를 했었습니다.

저는 한 달 전 세상을 떠난 미리엄을 추억하며 ZDF에 연락해 혹시 뮌히 박사의 주소와 전화번호를 알 수 있는지 물어보았습니다. 1시간 뒤 뮌히 박사의 주소와 전화번호를 받았습니다. [……] 그리고 8월에 뮌히 박사를 만나기 위해 여행길에 올랐습니다. [……]

뮌히 박사의 집에 도착했을 때 무척 긴장이 되었습니다. …… 그는 더할 나위 없는 존경심을 가지고 저를 대했습니다. 함께 앉아서 대화를 나누던 중 저는 그에게 말했습니다. "아우슈비츠의 나치 의사였던 당신이 여기 이렇게 있고, 아우슈비츠의 생존자인 제가 여기 이렇게 있군요. 그리고 저는 당신이 좋습니다. 저에게도 참 이상하게

들리지만요.” [……]

저는 가스실 운영에 대해 혹시 조금이라도 아는 것이 있느냐고 물었습니다. 뮌히 박사는 “그것은 제가 안고 살아가는 악몽입니다”라고 답했습니다. 그는 가스실이 어떻게 운영되었는지와 사망자가 생기면 사망 확인증에 서명한 사실에 대해 이야기했습니다.

저는 잠시 생각한 뒤 이렇게 말했습니다. “뮌히 박사님. 박사님에게 큰 부탁을 하나 하려고 합니다. 아우슈비츠 강제수용소 해방 50주년을 맞는 1995년 1월에 저와 함께 아우슈비츠에 가주시겠습니까? 그리고 거기 가스실이 있던 곳에서 문서에 서명을 해주시겠어요? 박사님이 방금 저에게 이야기한 내용을 목격한 증인들 앞에서 말입니다.” 뮌히 박사는 알겠다고 대답했습니다. 저는 아우슈비츠 강제수용소의 가스실에 관한 문서가 생긴다는 사실에 기뻐하며 집으로 돌아왔습니다. 가스실이 없었다고 말하는 역사수정주의자들과 싸울 때 도움이 될 문서였습니다.

저는 뮌히 박사에게 감사를 표현할 방법을 찾고 싶었습니다. 그러던 어느 날 ‘용서의 편지를 쓰면 어떨까?’ 하는 생각을 하게 되었습니다. 뮌히 박사가 그 편지를 반기겠다는 생각이 들었습니다. 저는 저에게 용서할 수 있는 힘이 있음을 깨달았습니다. 아무도 저에게 줄 수도, 빼앗을 수도 없는 힘이었습니다.

뮌히 박사에게 전할 편지를 써내려갔습니다. …… 이 행동의 의미에 관해서는 아무 생각도 들지 않았습니다. 그저 저에게 그런 힘이 있다는 것이 제 자신을 기분좋게 해준다는 사실만을 알 뿐이었습니다.

1995년 1월 저와 저의 자식들…… 그리고 뮌히 박사와 그의 자녀들과 손녀가 아우슈비츠에 도착했습니다.

1995년 1월 27일 우리는 한 가스실의 잔해 옆에 섰습니다. 뮌히 박사의 문서가 낭독되었고 그가 문서에 서명했습니다. 저는 미리 준비한 '사면 선언문'을 읽고 그곳에 서명했습니다. 제 어깨를 짓누르던 고통스러운 짐이 사라지는 것을 느꼈습니다. 저는 더이상 아우슈비츠의 희생자가 아니었습니다. 저는 더이상 비극적인 과거에 갇힌 죄수가 아니었습니다. 저는 마침내 자유를 얻었습니다. 그래서 저는 모두에게 이야기합니다. "최악의 적을 용서하십시오. 그 용서가 당신의 영혼을 치유하고 당신을 해방시킬 것입니다."

나치를 용서한 그날 저는 아우슈비츠의 운명으로부터 저를 구하지 못한 부모님을 용서했습니다. 그리고 부모님을 미워한 제 자신도 용서했습니다. [……]

이 모든 고통스러운 과거의 유산이 저 아래에서 곪고 있는데 어떻게 우리가 건강하고 평화로운 세계를 건설할 수 있을까요?

저는 지도자들이 정의와 응보보다 용서와 사면과 화해의 행위를 법으로 옹호하고 지지할 세상을 봅니다. 우리는 보스니아, 코소보, 르완다에서 희생자가 가해자가 되고, 가해자가 희생자가 되는 것을 보았습니다. 이제 이 악순환을 끝낼 수 있는 새로운 어떤 것을 시도해봅시다. [……]

사면 선언문 일부를 이 자리에서 인용할까 합니다. "저는 미력하나마

이 세상에 용서의 메시지를 전할 수 있기를 소망합니다. 그것은 평화의 메시지, 희망의 메시지, 치유의 메시지입니다.”

이제 더는 전쟁이 없는 세상, 더는 피험자의 동의 없는 실험이 없는 세상, 더는 가스실이 없는 세상, 더는 폭탄이 없는 세상, 더는 증오가 없는 세상, 더는 죽이지 않는 세상, 더는 아우슈비츠가 없는 세상을 만듭시다.

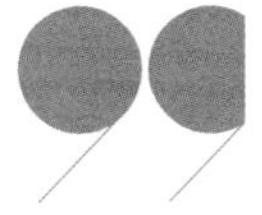

14
THERESA
MAY

테리사 메이

'보수당의 현대화'

영국 본머스, 보수당 전당대회

2002년 10월

테리사 메이Theresa May와 나는 20년 넘게 서로를 그림자처럼 따라다녔다. 둘 다 1997년 처음으로 하원의원에 당선되었고 같은 위원회에서 일했으며(대화는 별로 없었다), 비슷한 시기에 직위를 옮겼고 나중에는 고위직에서 맞섰다. 처음에는 내가 노동당 내각에서 장관을 지냈고, 그다음에는 메이가 보수당 정권에서 내무장관을 지냈다. 2015년 나는 노동당 대표 경선에 출마해서 낙선했다. 2016년 메이는 보수당의 대표와 총리 자리를 두고 치른 경선에서 승리했다.

우리는 수년 동안 많은 의견 차이를 보였고, 나는 의회에서 여러 까다로운 사안을 두고 메이에게 도전했다. 메이가 잘못했다고 생각하는 많은 일들과 나를 분노하게 한 결정들을 모으면 책 한 권은 족히 쓸 수 있을 것이다.

한편 나는 진지하고 근면한 공직자인 메이를 존경한다. 끔찍한 테러 공격으로 영국이 분열될 위기에 처했을 때 훌륭한 감수성과 판단력을 발휘했고, 리더로 보낸 격동의 시기 내내 놀라운 회복력을 보여주었다.

테리사 메이는 의회에서 엄청난 압박에 시달릴 때조차 늘

강하고 위엄 있는 연설가였다. 하지만 2017년 보수당 전당대회 연설은 모든 정치인에게 최악의 악몽이었다. 메이는 기침이 갑작스럽게 터져 목소리가 잘 나오지 않았고, 한 시위자는 P45 실업자 서류*를 건넸으며, 연설 말미에는 메이 뒤에 있던 세트장 벽에 부착된 글씨가 떨어지기 시작했다. 텔레비전 풍자극에서나 나올 법한 광경이었다.

이와는 대조적으로 의회 경력에서는 선택할 수 있는 연설이 많이 있다. 총리직에 취임해 다우닝가街 계단에 서서 했던 '화급한 불의burning injustice'와의 싸움에 관한 발언은 연설은 아니었지만 매우 강렬했다.[13] 중요한 총리 연설은 랭커스터 의정 연설을 포함해 대부분 브렉시트와 관련된 연설이었다. 랭커스터 의정 연설에서는 일정한 한계선을 그어 보수당을 달랬지만 나중에 이로 인해 의회에서 타협안을 두고 합의를 도출하는 데 난항을 겪기도 했다.

그런데 나는 결국 시기상 훨씬 앞선 연설을 택했다. 매우 용기 있는 연설이었기 때문이다. 이 2002년 토리당 전당대회 연설의 상당 부분은 충성 지지층을 결집하고, 노동당을 비판하는 등 보수당 대표라면 누구나 할 법한 연설과 크게 다르지 않다. 그런데 메이는 연설 중간에 갑자기 다른 발언을 하기 시작

---

* 영국에서 퇴직자가 인수인계에 필요한 정보를 기재하는 서류로 일종의 해고통지서(옮긴이).

했다. 자신의 당을 공격한 것이다. 그동안 토리당이 쌓아온 '형편없는 당'의 이미지를 두고 사려 깊지만 강건한 어조로 당원들에게 문제를 제기했다.

단기적으로 이 연설은 역효과를 낳았다. 메이가 문제를 제기한 보수당에 대한 인식이 오히려 강화되고 만 것이다. 노동당 활동가들은 메이의 발언을 그대로 인용했다. 하지만 이 연설은 중장기적으로 중요했다. 메이가 어려운 말과 행동을 할 준비가 되어 있는 사람이라는 확신을 준 것이다. 또한 이 연설은 데이비드 캐머런David Cameron이 보수당의 '현대화'를 추진할 수 있는 길을 열어주었고, 덕분에 보수당은 2010년 최다 의석을 차지했다.

아울러 메이는 토리당 후보의 다양성 제고—여성 및 소수민족 출신의 후보 비율 증대—를 주장하고 이를 위해 노력했다. 그녀는 이 주장을 실행에 옮긴 최초의 토리당 의원 중 한 명이었다. 그 결과 메이와 내가 처음으로 의원에 당선된 해인 1997년 여성의원의 비율은 7퍼센트에 지나지 않았지만, 메이가 총리직에서 물러날 때 보수당 전체 의원 중 여성의원의 비율은 21퍼센트였다.[14]

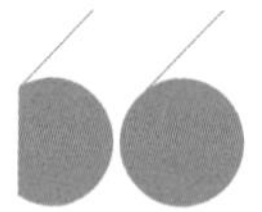

이번 전당대회는 변화하는 당의 새로운 접근방식을 상징합니다. 정치 놀음이 아닌 해결책을 제시합니다. 줄곧 낙담해온 영국 국민에게 귀를 기울입니다. 영국을 개혁하기에 앞서 우리 스스로를 개혁합니다.

정치란 공익을 위해 봉사하는 것입니다. 의회에서, 지역구에서, 이곳 본머스에서 하는 모든 일의 목표는 오로지 한 가지이어야 합니다. 우리 동료 시민의 생활 향상입니다.

최상의 정치는 고귀한 소명입니다. 그리고 최상의 정치인들은 처칠에서 대처까지 영국을 보다 더 좋게 변화시켰습니다. 하지만 우리는 매우 불편한 진실에 직면해야 합니다. 이 불편한 진실은 우리가 지난 2주 동안 모든 신문에서 읽은 내용으로 더욱 굳어졌습니다. 정치에 대한 대중의 신뢰가 사라져가고 있습니다.

정치인은 믿지 못하는 위선적인 사람으로 간주됩니다. 우리는 다른 언어를 사용합니다. 우리는 다른 세상에 살고 있습니다. 주택 보유자들은 아등바등 생활을 이어가고, 학생들은 수년간 힘들게 노력한 결과가 관료들의 펜 끝에서 폄하되는데, 우리는 놀음을 하고 점수를 챙기고 개인 이득을 추구하는 사람들로 보입니다.

어째서 대중은 정치와 정치인에게 이토록 냉소적이 되었을까요?

우리가 솔직하기만 하다면 그 답을 알고 있다고 생각합니다. 최근 몇 년 동안 여러 정치인이 품위 없게 행동하고 책임을 회피하려다 더 큰 잘못을 저질렀습니다. 누구인지 우리 모두 알고 있습니다. 진실과 마주합시다. 그들 중 일부가 여기 이 연단에도 서 있습니다.

우리가 아무리 크게 말해도 유권자들이 우리 말을 무시하는 데에는 많은 이유가 있습니다. 약속은 많고 이행은 적었습니다. 주장과 반대를 끝없이 되풀이했습니다. 공동선을 위해 싸우기보다 우리 것에만 집착했습니다.

투표장을 찾는 사람들이 점점 줄고 있습니다. 어째서일까요? 정치인들은 자기들이 하고 싶은 대로만 한다고 생각해서입니다.

정당 투표율보다 TV쇼 투표율이 더 높습니다. 그리고 정당에 투표하는 사람들도 원숭이처럼 차려입은 후보가 공약을 실천할 가능성이 더 높다고 생각합니다. 어쩌면 이 말을 웃어넘길지 모르겠습니다. 하지만 사람들이 영국국민당BNP에 표를 주기 시작했다면 무언가 단단히 잘못되었음을 인정할 때가 온 것입니다.

그러므로 정치인들은 스스로를 돌아봐야 합니다. 그리고 신사 숙녀 여러분, 여기에는 보수당도 포함됩니다.

사람들이 현대 정치에서 가장 혐오하는 것 중 하나는 토론이 필요 없는 무분별한 당파주의입니다. 야부 정치Ya-boo politics,* 펀치와 주디** 등 뭐라고 불러도 좋습니다. 대중은 이제 신물이 났습니다.

---

* 상대 정치인이 하는 말에 야유와 냉소로 일관하는 적대적 정치 태도를 일컫는 말(옮긴이).

** 영국의 유명한 꼭두각시 인형극(옮긴이).

유권자들은 야당이 정부를 면밀히 조사하고 책임을 묻기를 원합니다. 하지만 야당이 대안정부로 여겨지려면 정부뿐만 아니라 야당도 합리적이어야 합니다. 사안을 판단할 때는 가치에 근거하고, 사람을 판단할 때는 공적에 근거해야 합니다. [……]

정당들이 서로를 향해 고성을 지르면 웨스트민스터 밖에서는 아무도 그들에게 관심을 갖지 않습니다. 귀를 닫아버리지요. 영국 정치는 정말이지 진창에 빠진 바퀴와 같습니다. [……]

우리의 반대자들은 작은 정부에 관한 우리 신념을 우리가 힘든 사람들을 돌보지 않는다는 것처럼 묘사합니다. 하지만 그렇지 않고 절대 그랬던 적도 없습니다. 우리는 노동당의 '정부가 제일 잘 안다'라는 식의 접근방식을 거부하지만, 물에 빠진 사람들이 그대로 빠지든 헤엄을 치든 알아서 해야 한다는 철학을 지지하는 것도 아닙니다.

우리는 능동적인 정부는 사람들이 잘살 수 있게 도움을 주는 일에 주력해야 한다고 믿습니다. 이것이 온정적인 정부의 진정한 척도입니다. 보수당이 스스로를 개혁해야 하는 절박한 이유입니다. 지금 영국에 필요하다고 대부분의 사람들이 받아들이는 개혁을 추진할 수 있는 입장에 서기 위해서입니다. [……]

하지만 보수당과 보수당 원칙과 보수당 사람들은 최상의 보수주의를 충실히 대변하지 못한 일부 구성원 때문에 최근 몇 년 동안 힘을 잃었습니다. 일부 토리당 사람들은 우리나라의 모든 시민에게 신뢰를 보여주는 대신 소수자들에게 나쁜 이미지를 덧씌워 정치 자산을 쌓으려고 했습니다.

일부 토리당 사람들은 두 번의 큰 패배를 겪은 당을 변화시키려고 엄청난 노력을 쏟는 당 대표에게 힘을 실어주기보다는 옹졸한 반목과 개인적 비난을 일삼았습니다. 이번 주 내내 이 사실을 결코 잊지 마십시오. 우리는 두 번이나 변화 없이, 반성 없이, 전혀 매력적이지 않은 모습으로 이 나라에 다가갔습니다. 우리는 두 번이나 완패했습니다. 다음 선거에 철저하고 근본적인 변화 없이 임해서는 절대로 안 됩니다.

오히려 변화의 속도를 높여야 합니다. [……]

하지만 착각하지 맙시다. 정권을 되찾으려면 갈 길이 멉니다. 이 정당에서 해야 할 일이 많습니다. 우리의 기반은 너무나 협소하고, 가끔은 우리의 공감도 너무나 협소합니다. 여러분은 일각에서 우리를 형편없는 당이라고 부르는 사실을 잘 아실 것입니다.

저는 그 말이 부당하다는 것을 알고 있습니다. 여러분도 그 말이 부당하다는 것을 알고 있습니다. 하지만 우리는 저 밖에 있는 사람들에게 확신을 주어야 합니다. 그럴 수 있으려면 우리의 반대자들이 꼬투리 잡기 좋은 행동이나 태도를 보이지 말아야 합니다. 더는 말로만 훈계하지 마십시오. 더는 위선적인 질책을 하지 마십시오.

우리는 우리 사회의 모든 곳에 손을 내밀어야 합니다. 우리가 단지 '미들 잉글랜드'*라고 불리는 어느 가상의 지역이 아닌 영국 전체를 대변하는 당이 되기를 바랍니다. 그런데 실상 우리나라는 갈수록 다양성을 띠는데 우리 당은 같은 상태를 그대로 답보하고 있습니다.

우리는 이 문제를 과소평가해서는 안 됩니다. 스스로 물어보십시오. 우리 당이 영국을 대표하지 않는다면 어떻게 우리가 진정으로 영국의 정당이라고 주장할 수 있습니까?

우리나라는 단순한 지리적인 공간이 아닙니다. 우리나라는 그 안에서 살고 일하는 사람들입니다. 수풀이 우거진 교외나 지방에 사는 사람도 있지만 도심지에 사는 사람도 있습니다. 남과 북 그리고 동과 서에 사는 사람들입니다. 거리에서 마주치는 얼굴들입니다. 피부색이나 성별, 출신 배경에 상관없이요.

진정 우리는 우리 사회의 모든 구성원에게 보수당을 대표할 수 있는 공정한 기회를 주고 있습니까?

저는 토리당의 여성의원으로서 본능적으로 긍정적 차별에 회의적입니다. 저는 능력주의를 굳게 믿습니다. 그런데 우리 보수당은 후보를 진정 능력에 근거해 선정하고 있습니까? 무엇이 최고의 후보인지에 대해 이제는 좀더 열린 자세가 필요하지 않을까요?

우리 당 단체들은 독립성을 중시합니다. 그런데 독립성에는 책임이 뒤따릅니다. 후보를 선정할 때 여러분은 단순히 자기 단체나 지역을 대표할 사람을 고르는 것이 아닙니다. 여러분의 후보는 보수당의 얼굴이 됩니다. 그러므로 일요일 아침에 그와 한잔하면 기분좋을

---

* 보수 성향이 강한 중산층이 많이 거주하는 잉글랜드 중남부지역(옮긴이).

사람인지를 보지 마십시오. 우리에 대해 어떤 말을 하는지를 보십시오.

지난 총선에서 38명의 새로운 토리당 하원의원이 선출되었습니다. 이중 여성은 겨우 1명이었고, 소수민족 출신은 전혀 없었습니다. 이것이 공정합니까? 인구의 절반을 차지하는 집단이 38개의 의석 중 겨우 한 자리밖에 얻을 자격이 없습니까?

이것은 능력주의가 아니라 능력주의의 졸렬한 모조품입니다. 이런 일이 다시는 반복되어서는 안 됩니다.

안타깝게도 이러한 후보 선정은 외부인들에게 우리가 과거에 사로잡혀 있다는 인상을 주는 한 측면에 불과합니다. 우리가 보이는 방식, 우리가 말하는 방식, 우리가 생각하는 방식 등 이 모든 것이 우리 스스로는 편안하지만 과연 21세기 영국도 우리 당과 편안할까요?

일각에서는 이런 이야기를 좋아하지 않습니다. 패배주의라고 합니다. 불필요하다고 합니다. 보수당에 대한 반감을 걱정하는 우리를 비난합니다.

저는 보수당을 열렬히 신뢰합니다. 보수당이 영국을 더 나은 사회로 만들 수 있다고 열렬히 믿기 때문입니다. 우리 당을 열렬히 신뢰하기 때문에 우리 당이 살아남아 번영하고 승리하는 것을 보기로 굳게 결심했습니다.

우리 당은 보수주의의 원칙을 현대 세계에 적용할 때 최상의 모습을 띱니다. 지나간 시절을 되살리려고 할 때 최악의 모습을 띱니다.

과거를 되살리는 것은 불가능합니다. 우리가 할 수 있는 일은 오늘과 내일의 세계를 더 나은 곳으로 만들기 위해 협력하는 것입니다.

영국 국민을 움직이는 가치와 염원은 우리를 움직이는 가치 및 염원과 동일합니다. 영국 국민의 우선순위가 우리의 우선순위입니다.

영국 국민은 일단 더 나은 공공서비스를 원합니다. 우리도 그렇습니다.

영국 국민은 취약계층을 배려하는 사회를 보고 싶어합니다. 우리도 그렇습니다.

영국 국민은 영국이 더 나아지기를 바랍니다. 우리도 그렇습니다.

왜냐하면 우리는 어디서 왔느냐보다 어디로 갈 것이냐가 더 중요한 당이기 때문입니다. 우리는 더 나은 세상으로의 변화를 바라는 모든 영국인을 위한 당입니다. 이대로는 안 됩니다. 너무 많은 사람이 소외되어 있습니다. 우리가 변화해야 하는 이유입니다. 변화를 위한 변화가 아니라 우리나라와 우리 당 모두를 위한 목적이 있는 변화이어야 합니다.

우리가 당에 일으키는 변화가 선거에서의 승리를 저절로 가져다주지는 않습니다. 하지만 이러한 변화들은 목소리를 낼 수 있는 권리를 우리에게 줄 것입니다. 우리의 주장을 국민이 듣는다면 우리는 우리의 반대자들을 언제라도 꺾을 수 있습니다.

그들은 통제를 믿지만 우리는 자유를 믿기 때문입니다.

그들은 획일성을 믿지만 우리는 선택을 믿습니다.

그들은 정치인을 신뢰하지만 우리는 국민을 신뢰합니다.

이것은 언제까지나 우리의 차이일 것입니다.

보수당은 변화의 의지를 발휘했을 때 언제나 승리했음을 역사는 우리에게 보여줍니다. 우리 당의 선조들은 보수당의 현대화를 결코 두려워하지 않았습니다. 어째서 우리가 두려워합니까? 오늘날 우리가 존재하는 것은 과거 보수주의자들이 혁신할 필요성, 시야를 넓힐 필요성, 국민이 있는 곳에 있어야 할 필요성을 이해했기 때문입니다. 변화는 우리 편이었고, 다시 그럴 수 있습니다.

그러므로 이 사회의 강자들뿐만 아니라 취약계층 역시 배려하는 사회에 살고 싶다면, 성장을 격려하는 영국에 살고 싶다면, 희망과 기회가 누구에게나 의미를 지니는 나라에 살고자 한다면 우리를 지지해주십시오.

각자 맡은 역할을 다하십시오. 우리는 보수당 재건에 집중하겠습니다. 다음 선거에서 이 나라의 진정한 선택을 받을 수 있는 힘있는 당을 만들겠습니다.

이것은 우리가 우리 자신에게 진 빚입니다.

이것은 우리가 미래 세대에게 진 빚입니다.

무엇보다 이것은 우리 모두가 영국에 진 빚입니다.

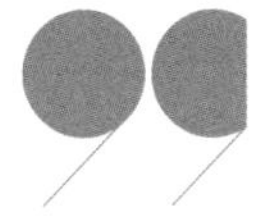

15
WANGARI
MAATHAI

왕가리 마타이

‘아름다움과 경이의 세계’

노르웨이 오슬로,
노벨상 수락 연설

2004년 12월

왕가리 마타이Wangari Maathai는 노벨평화상을 수상한 최초의 아프리카 여성이다. 마타이는 노벨상을 수락하면서 여성과 여자아이들이 '목소리를 높일 수 있도록' 이 상이 그들을 격려하기를 소망했다.

이 연설은 1970년대 '그린벨트운동'이 생겨난 이야기를 담고 있다. 나무를 심고 환경을 보호하고 가난을 예방하는 풀뿌리운동으로 시작된 이 일이 어떻게 평화와 민주주의를 위한 운동으로 성장했는지에 관한 이야기이다.

마타이는 케냐의 산림 파괴가 어떻게 수많은 가정을 가난으로 내몰고 여성을 최대 피해자로 만드는지 직접 목격했다. 그래서 나무심기운동을 시작했고—현재 이 운동으로 케냐에 심은 나무는 5000만 그루에 달한다—시골 여성들에게 일자리를 제공했다.

처음에 나무는 땔감, 음식, 쉼터, 소득을 마련하고 환경과 토질을 개선할 수 있는 방안이었다. 그러다 어느덧 여성이 경제적으로 독립을 하고 자녀를 교육시킬 수 있는 기회가 되었다. 나무와 이 운동이 함께 성장하면서 나무는 민주주의와 변화를 위한 정치적 상징이 되었다. 그들이 심은 모든 나무는 민주주의 투쟁의 일부였고, 한 그루 한 그루가 평화의 상징이었다.

마타이는 대단히 용감한 여성이었다. 그녀는 케냐의 우후루 공원 내 고층 건물 건설 계획에 항의하고 법적 조치를 취했다. 단식투쟁을 감행했고, 정치범 석방을 요구하며 다른 활동가들과 나무를 심었으며, 경찰에게 폭행당해 의식을 잃기도 했다. 심지어 정부의 암살자 명단에 이름이 오르기도 했다.

진정한 개척자였던 마타이는 동부 및 중부 아프리카에서 박사학위를 취득한 최초의 여성, 교수가 된 최초의 여성, 노벨상을 수상한 최초의 여성이었다.[15] 유엔환경계획UNEP 사무총장인 아힘 슈타이너Achim Steiner는 마타이에 대해 이렇게 이야기했다.

> 왕가리는 당당하고 부지런히 투쟁해서 지켜낸 아카시아나무와 아프리카 자두나무처럼 강인하며, 가장 혹독한 조건에서도 생존할 수 있습니다.[16]

마타이의 연설은 힘차면서도 시적인 성찰을 담고 있다. 냇가에서 물을 긷던 어린 시절을 묘사한 뒤 곧바로 지금은 그 냇물이 어떻게 되었는지를 설명한다. 지금 그 냇물은 말라버렸다. 그로부터 40년 뒤 그레타 툰베리Greta Thunberg가 우리에게 다음 세대에 대한 우리의 의무를 인식하라고 요청했듯이, 마타이는 우리에게 "올챙이의 삶터를 되살리고 우리 아이들에게 아름다움과 경이의 세계를 돌려주자"고 촉구했다.

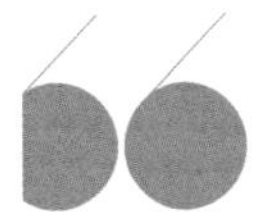

저는 2004년 노벨평화상 수상자로서 겸허한 마음으로 또 영광스럽고 기쁜 마음으로 여러분과 세계 앞에 섰습니다.

저는 노벨평화상을 받는 최초의 아프리카 여성으로서 케냐와 아프리카 그리고 전 세계의 사람들을 대표해 이 상을 수락합니다.

저는 특히 여성과 여자아이를 생각합니다. 그들이 목소리를 높이고 지도층에서 더 많은 자리를 차지할 수 있도록 이 상이 그들을 격려하기를 소망합니다. 또한 이 영광은 나이가 많든 적든 남성 모두에게도 깊은 자긍심을 심어줄 것입니다.

어머니로서 저는 청년들에게 이 상이 가져다줄 좋은 자극을 감사하게 생각하며, 청년들이 이를 자신의 꿈을 추구하는 데 이용하길 당부합니다. [……]

제가 삶에서 받은 좋은 자극의 일부는 어린 시절 케냐의 시골에서 자연을 경험하고 관찰한 기억에 뿌리를 두고 있습니다. 은혜롭게도 제가 케냐와 미국, 독일에서 받은 정규교육은 그 자극에 영향을 끼치고 양분을 제공해주었습니다.

저는 자라면서 숲이 개간되어 상업적 플랜테이션으로 대체되는 것을 목격했는데, 이는 지역의 생물다양성과 물을 보존할 수 있는 숲의 능력을 파괴했습니다.

1977년 우리가 그린벨트운동을 시작했을 때 저는 부분적으로는 시골 여성들의 필요에 부응하고 있었습니다. 그들에게는 땔감과 깨끗한 식수, 균형 있는 식단, 쉼터, 수입이 부족했습니다.

아프리카 전 지역에서 여성은 일차적인 돌봄의 책임자로, 밭을 갈고 가족을 먹여 살리는 중요한 일을 책임집니다.

그러므로 환경 훼손을 가장 먼저 알아채는 사람은 대개 여성입니다. 자원이 희소해져 가족을 먹여 살릴 수 없기 때문입니다.

우리가 함께 일한 여성들은 예전과 달리 기본적인 욕구조차 충족시키지 못하고 있다고 했습니다. 이는 인근 환경이 훼손되었을 뿐 아니라 각 가정의 농작물 재배가 그 지역에 새로 도입된 상업적 영농으로 대체되었기 때문입니다. 소규모 농부들은 수출 농산물 가격이 국제무역에 좌우되어 합리적이고 정당한 소득을 보장받지 못했습니다.

저는 환경을 파괴하고 약탈하거나 잘못 관리하면 우리와 미래 세대의 삶의 질이 악화된다는 사실을 알게 되었습니다.

나무 심기는 여성들이 말한 가장 기본적인 욕구를 해결하기 위한 자연스러운 선택이 되었습니다. 게다가 나무 심기는 단순하고, 하기 쉽고, 합리적인 시간 내에 신속하고 성공적인 결실을 보장합니다. 지속적인 관심과 노력을 기울일 수 있지요.

그래서 우리는 다 같이 3000만 그루 이상을 심었고, 그 결과 연료와 음식, 쉼터 그리고 자녀 교육비와 생활비로 쓸 수 있는 수입을 얻었습니다. 나무 심기로 고용을 창출하고 토질과 분수계를 개선했습니다. 이 운동에 동참한 여성들은 자신의 삶을 꾸려갈 수 있는 힘을 얻었습니다. 특히 사회적·경제적 지위가 높아지고 가정에서 중요한 사람이 되었습니다. 나무심기운동은 지금도 계속되고 있습니다.

처음에는 힘겨웠습니다. 우리 국민은 지금까지 우리는 가난하니까 이러한 문제에 대처할 자본뿐만 아니라 지식과 기술도 부족하다고 믿도록 설득되었기 때문입니다. 우리 국민은 자기 문제에 대한 해결책을 '밖'에서 찾아야 한다고 믿도록 길들여졌습니다. 더욱이 여성들은 그들의 욕구 충족은 그들의 환경을 건강하게 만들고 잘 관리하는 데 달려 있다는 사실을 깨닫지 못했습니다. [……]

공동체에서 이러한 연관성을 잘 이해할 수 있도록 돕기 위해 각 공동체가 처한 문제, 그 원인과 가능한 해결책을 스스로 찾는 시민교육 프로그램을 개발했습니다. …… 프로그램 참가자들은 그들 자신이 해결책의 일부가 되어야 한다는 사실을 깨달았습니다. 그들은 자기 안에 숨겨진 잠재력을 깨달아 무기력을 떨쳐내고 행동할 수 있는 힘을 얻었습니다. 바로 그들 자신이 그들을 지탱해주는 환경의

일차적인 보호자이자 수혜자임을 깨달았습니다. [……]

초기 그린벨트운동의 나무 심기 활동은 민주주의와 평화에 대한 이슈를 다루지 않았습니다. 하지만 민주적인 공간 없이는 환경에 대한 책임 있는 통치가 불가능하다는 사실이 곧 분명해졌습니다. 케냐에서 나무는 민주화 투쟁의 상징이 되었습니다. 시민들은 집결해 나라에 만연한 권력 남용과 부패, 잘못된 환경관리정책을 지적하기 시작했습니다. 나이로비의 우후루공원, 프리덤 코너, 그리고 케냐의 여러 지역에서 양심수 석방과 민주주의 정부로의 평화로운 정권 이양을 요구하며 평화의 나무를 심었습니다.

그린벨트운동을 통해 수천 명의 평범한 시민이 집결했고, 행동하고 변화를 일굴 힘을 얻었습니다. 두려움과 무력감을 극복하는 법을 배웠고, 민주적 권리를 수호하기 위해 움직였습니다.

나무는 시간이 지나면서 평화와 갈등 해소의 상징이 되었습니다. 그린벨트운동은 특히 케냐에서 민족 갈등이 불거질 때마다 분쟁 공동체들을 화해시키기 위해 평화의 나무를 사용했습니다. 케냐 헌법이 개정될 때도 케냐의 여러 지역에 비슷한 평화의 나무를 심어 평화의 문화를 조성했습니다.

나무를 평화의 상징으로 이용하는 것은 아프리카에 널리 알려진 전통과 맥을 같이합니다. 예를 들어 키쿠유족의 원로들은 피기나무로 만든 지팡이를 가지고 다니다가 싸움이 벌어지면 양측 사이에 지팡이를 두어 싸움을 중단시키고 서로 화해하게 합니다. 많은 아프리카 공동체에 이러한 전통이 있습니다. [……]

2002년 그린벨트운동 회원, 다른 시민사회 조직, 케냐 민중이 보여준 용기, 회복력, 인내, 헌신은 민주정부로의 평화로운 정권 이양으로 그 정점에 이르렀고, 이는 더 안정된 사회를 위한 토대가 되었습니다.

그린벨트운동을 시작한 지 30년이 되었습니다. 환경과 사회를 피폐하게 만드는 활동들은 그 기세가 수그러들지 않고 있습니다. 오늘날 우리가 직면한 문제들은 사고의 전환을 요구합니다. 그래야 인류는 우리의 생명을 지탱해주는 시스템을 스스로 위협하는 짓을 멈출 수 있습니다.

지구가 스스로의 상처를 치유하도록 돕고 이 과정에서 우리 자신의 상처도 치유해야 합니다. 이 모든 다양성과 아름다움, 경이를 품은 온 세상을 껴안아야 합니다. 이는 우리 모두가 진화 과정을 공유하는 더 큰 생명체 가족의 일원이라는 소속감을 되살려야 가능한 일입니다.

역사의 진행 과정에서 우리는 인류에게 새로운 수준의 의식 전환이 요구되는 때, 더 높은 도덕적 기반에 도달해야 하는 때를 만나게 됩니다. 인류가 두려움을 떨치고 서로에게 희망을 주어야 하는 때이지요.

지금이 바로 그때입니다. [……]

이야기를 마무리하며 어린 시절의 경험을 돌아보고자 합니다. 어릴 때 어머니 심부름으로 집 옆에 흐르는 냇가에 자주 물을 길으러 갔습니다.

냇가에 가면 곧바로 목을 축이곤 했습니다. 한번은 애로루트나무

잎사귀를 헤치고 다니며 놀다 개구리 알이 구슬인 줄 알고 집어올리려고 했지만 허사였습니다. 개구리 알은 제 작은 손가락 사이로 흘러 끊어지고 말았지요. 나중에 올챙이 수천 마리를 보았습니다. 갈색 흙바닥을 배경으로 검고 기운찬 녀석들이 꼬물거리며 맑은 물속을 헤엄쳐 다녔지요. 이것이 제가 부모님으로부터 물려받은 세상이었습니다.

그로부터 50년이 지난 오늘날 그 냇물은 모두 말라버렸습니다. 여자들은 물을 긷기 위해 먼 길을 걸어가야 합니다. 그 물은 항상 깨끗하지도 않으며, 아이들은 자신들이 잃어버린 것이 무엇인지 결코 알지 못합니다.

우리에게 주어진 도전은 올챙이의 삶터를 되살리고 우리 아이들에게 아름다움과 경이의 세계를 돌려주는 것입니다.

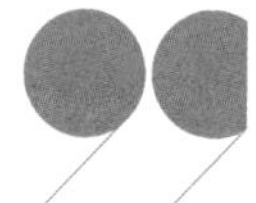

16
ELLEN
DEGENERES

엘런 디제너러스

'나는 내가 어떤
사람인지 압니다'

미국 뉴올리언스
툴레인대학

2009년 5월

엘런 디제너러스Ellen Degeneres는 성 없이 이름으로만 알려진 정말 몇 안 되는 사람들 중 한 명이다. 누구나 엘런을 안다. 그러나 누구나 그녀의 이야기를 아는 것은 아니다.

엘런의 따뜻하고 재미있는 텔레비전 토크쇼는 미국을 대표하는 방송 프로그램으로 친근하고 기발하며 긍정적이다. 전 세계의 팬이 엘런의 영상을 온라인으로 시청한다. 내 아이들은 엘런 쇼의 짧은 영상을 보고 웃으며 자랐다. 엘런은 친근함을 풍긴다. 나는 엘런이 토크쇼를 매번 "서로에게 친절하세요"라는 말로 끝마치는 것을 굉장히 좋아한다.

그래서 엘런의 지나온 삶의 여정이 얼마나 힘들었는지 쉽게 잊어버린다. 엘런이 동성애자라고 커밍아웃하면서 1990년대까지 코미디언과 배우로 쌓은 화려한 경력이 어떻게 산산조각이 났는지. 젊은 나이에 겪은 여자친구의 죽음과 유년기에 겪은 학대에 엘런이 어떻게 대응했는지. 어떻게 여전히 어둡고 힘든 장소에서 빠져나와 그녀의 쇼에서 발산하는 따뜻함과 재미와 긍정으로 가는 길을 찾아내는지.

뉴올리언스의 툴레인대학 2009년 졸업식 축사에서 엘런이 바닥까지 떨어졌다가 다시 돌아오는 길을 찾은 여정에 관한 이야기를 일부 만날 수 있다.

재미있고 멋진 연설이다. 마치 의식이 흐르듯 읽게 되는 연설이다. 규칙이 깨진 연설문으로, 거의 모든 문장이 '그리고'로 시작한다. 처음부터 끝까지 농담과 가벼움이 주를 이루고, 이따금 맥락과 동떨어진 듯한 단상이 전혀 어울리지 않은 순간에 튀어나오기도 한다. 감정이 격해지는 순간이 있지만 점점이 박힌 웃음들로 고통이 누그러진다.

연설의 핵심에는 동성애자라는 비밀을 간직하고 살면서 만일 커밍아웃을 한다면 마주하게 될 결과를 두려워했던 지난 시절에 관한 이야기가 포함되어 있다. 엘런의 두려움은 근거가 없지 않았다. 실제로 1997년 텔레비전과 〈타임〉지 표지를 통해 엘런이 커밍아웃을 하자—당시 〈타임〉지 표지 헤드라인은 "옙, 나는 게이입니다"였다—방송사는 엘런이 출연하는 시트콤의 방영을 취소했고, 이후 몇 년 동안 엘런은 일거리를 찾기 힘들었다.

엘런은 커밍아웃을 하고 목소리를 낸 뒤 개인적으로 상당한 대가를 치러야 했다. 하지만 그렇게 함으로써 그녀는 압박이나 두려움, 차별에 직면한 수천 명의 성소수자LGBT+에게 희망과 자신감을 주었다. 엘런이 힘겨운 싸움 끝에 다시 일어섰고, 이제 국보급 인물이 되었다는 사실은 성소수자 평등운동에 매우 큰 격려가 되었다.

2016년 미국의 오바마 대통령은 엘런에게 자유의 메달을 수여하면서 "가장 공적인 무대에서 커밍아웃하기까지 엘런에게 얼마나 큰 용기가 필요했을지"를 언급했다.

장소가 툴레인이라는 사실은 이 연설을 더욱 감동적으로 만들었다. 엘런은 뉴올리언스에서 자랐다. 엘런이 이 축사를 할 무렵 뉴올리언스는 몇 년 전 이곳을 휩쓴 허리케인 카트리나가 남긴 폐허와 트라우마를 서서히 극복하고 자신감을 되찾고 있었다. 엘런이 학생들과 뉴올리언스 그리고 그녀 자신에게 전한 따뜻한 메시지는 "여러분은 괜찮을 거예요"였다.

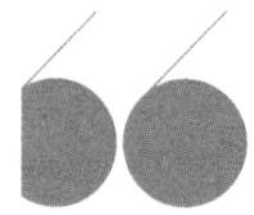

제가 이 자리에 선 이유는 뉴올리언스를 사랑하기 때문입니다. 저는 이곳에서 나고 자랐으며 성장기를 이곳에서 보냈죠. 이곳에 살 때는 여러분처럼 빨래는 딱 6번 했어요. 학교를 졸업했을 때는 자포자기 상태였습니다. 제가 말하는 학교는 중학교예요. 나중에 고등학교는 졸업했지만요. 정말이지 저는 아무런 포부가 없었어요. 무엇을 하고 싶은지도 몰랐죠. 무엇이든 닥치는 대로 했어요. 굴을 까고, 호스티스도 해보고, 바텐더와 웨이트리스도 하고, 페인트공도 하고, 진공청소기 영업도 했어요. 저는 아무 생각도 없었어요. 그냥 나중에

한 직업에 정착해서 집세랑 유선 채널의 기본요금 정도는 충분히 낼 수 있고 뭐, 아닐 수도 있다고 생각했어요. 정말이지 아무 계획도 없었습니다.

제 말은 여러분 나이일 때 저는 제가 어떤 사람인지 안다고 생각했다는 것입니다. 하지만 실은 아무것도 몰랐죠. 그러니까, 이런 거예요. 제가 여러분 나이일 때 저는 남자랑 데이트를 했어요. 그러니까 제 말은 여러분이 나이가 더 들면 대부분 게이가 된다는 것이에요. 지금 혹시 누가 이 말을 받아쓰셨나요? 부모님들이세요?

어쨌든 그때는 제가 어떻게 살고 싶은지 전혀 몰랐습니다. 마침내 이런 생활에 종지부를 찍게 된 계기는 어느 비극적인 사건 때문이었어요. 열아홉 살쯤에 여자친구가 교통사고로 세상을 떠났어요. 사고 현장을 지나가다 목격했는데 여자친구인지 모르고 가던 길을 계속 갔죠. 나중에야 그게 여자친구였단 사실을 알게 되었습니다.

그 당시 저는 아파트 지하 방에 살고 있었어요. 돈이 없었습니다. 난방도 안 되고 환기도 안 되는 곳이었지요. 맨바닥에 매트리스만 깔고 잤는데 방에는 벼룩이 들끓었습니다. 저는 자기 탐구를 했습니다. 이런 생각을 했죠. 그애는 왜 갑자기 죽었고, 이곳에는 왜 이렇게 벼룩이 많지? 이해할 수 없어. 어떤 목적이 있을 텐데. 수화기를 들고 하느님에게 전화를 걸어 물어볼 수 있으면 편할 텐데.

그래서 적기 시작했습니다. 제 안에서 쏟아져나온 것은 하느님과의 가상 대화였습니다. 일방적이었지만요. 다 쓰고 나서 다시 읽어보고 제 자신에게 말했어요. 그때 저는 스탠드업 코미디를 하지도 않았는데—제가 사는 동네에는 클럽도 없었으니까요—스스로에게 "나는 자니 카슨의 〈투나잇 쇼〉에서 스탠드업 코미디를 하게 될 거야"라고 말했어요(그때는 자니 카슨이 최고였거든요). 그리고 "나는 방송 역사상 최초의 여성 토크쇼 진행자 자리를 제안받게 될 거야"라고 말했습니다. 몇 년 뒤 저는 방송 역사상 최초의 여성 토크쇼 진행자, 여성 단독 진행자가 되었습니다. 그날 적은 하느님과의 전화 통화 때문에요.

저는 스탠드업 코미디언으로서의 길을 걷기 시작했고 너무 좋았습니다. 힘들기도 했죠. 모두를 기쁘게 하려고 했으니까요. 그리고 줄곧 숨겨온 동성애자라는 비밀이 있었습니다. 만일 사람들이 알게 되면 '나를 싫어하지 않을까, 비웃지 않을까'라고 생각했어요. 그때…… 저는 출연하는 시트콤이 있었고 많은 인기를 얻고 있었죠. 다른 차원의 성공이었어요. 저는 생각했어요. '제가 동성애자라는 사실을 사람들이 알게 되면 어떻게 될까, 사람들은 나를 절대 안 보겠지'. 그러니까 이건 아주 오래전 이야기예요. 우리에게 백인 대통령만 있었을 때의 이야기이죠. 아무튼 수년 전 이야기입니다.

결국 이렇게 많은 수치심과 이렇게 많은 두려움을 안고 살아가고 있다는 사실을 인정했습니다. 더는 그렇게 살 수 없다고 생각했습니다. 커밍아웃을 하기로 결심했고, 이왕이면 창의적으로 해보기로 했죠. 그리고 제가 연기하는 인물도 동시에 커밍아웃을 하기로 했어요. 이것을 정치적 발언으로 만들 생각은 없었습니다. 그저 늘 지고 다니던 무거움으로부터 제 자신을 해방시키고 싶은 마음밖에 없었어요. 저는 정직하고 싶었습니다. 그때 생각했죠. ‘나에게 일어날 수 있는 최악의 일이 무엇일까? 내 일을 잃을 수도 있겠지.’ 실제로 그렇게 되었습니다. 저의 일을 잃었습니다. 6년 동안 진행했던 토크쇼가 통보도 없이 방영 취소되었습니다. 신문기사를 보고 알게 되었죠. 3년 동안 전화 한 통 오지 않았어요. 아무도 일을 주지 않았습니다. 다들 저와 살도 닿지 않으려고 했어요.

그런데 자살 직전까지 갔다가 저의 행동 때문에 마음을 바꾼 청소년들이 저에게 편지를 보냈습니다. 저는 저에게 목적이 있었음을 깨달았습니다. 그것은 저뿐만 아니라 유명세에 관한 일도 아니었지만 벌을 받는 기분이 들었고, 그 시간이 힘들었습니다. 화가 나고 슬펐습니다. 그러다 토크쇼를 제안받았습니다. 저에게 토크쇼를 제안한 사람들이 이 쇼를 방송사에 팔려고 했지만 대부분 사려고 하지 않았어요. 아무도 저를 보고 싶어하지 않을 것이라는 생각 때문에 대부분 사려고 하지 않았죠.

사실 그때로 돌아간다고 해도 저는 아무것도 바꾸지 않을 것입니다. 저의 말은 모든 것을 잃어버리는 경험은 저에게 무척 중요했다는 것입니다. 덕분에 가장 중요한 것이 무엇인지 알게 되었으니까요. 자기 자신에게 진실한 사람이 되는 것. 궁극적으로 그것이 저를 이 자리까지 오게 했습니다. 저는 두려움 속에서 살지 않습니다. 저는 자유롭습니다. 저에게는 비밀이 없고 항상 괜찮을 것이란 사실을 알고 있습니다. 왜냐하면 어쨌든 저는 제가 어떤 사람인지 아니까요.

그래서 결론적으로, 어렸을 때 저는 성공은 좀 다른 것이라고 생각했습니다. 어른이 되면 유명해지고 싶었어요. 스타가 되고 싶었지요. 영화에 출연하고 싶었어요. 어른이 되면 세상을 구경하고 좋은 차를 몰고 소녀팬을 갖고 싶었어요. 예를 들면 푸시캣 돌스*처럼요. 방금 '소녀팬groupies'을 '젖가슴boobies'으로 들은 분들도 있으시죠? 아니요, '소녀팬'이었어요.

하지만 지금은 성공에 대한 생각이 달라졌습니다. 여러분은 성장하면서 성공의 정의가 바뀐다는 사실을 깨닫게 될 것입니다. 오늘 여러분 중 많은 분에게 성공이란 한자리에서 테킬라 20잔을 마시는 것이겠죠. 내 인생에서 가장 중요한 것은 진실성 있는 삶을 살고, 내가 아닌 것이 되라는 주변의 압력에 굴하지 않고, 정직하고 온정적인 사람으로 살아가며, 어떤 방식으로든 기여하는 삶을 사는 것입니다. 그러니까 제 이야기의 결론을 짓자면 자신의 열정을 좇고 자기 자신에게 진실한 삶을 살라는 것입니다. 절대 다른 사람이 갔던 길을 따라가지 마세요. 숲에서 길을 잃었는데 발견한 길이 그것 하나뿐이라서 그 길을 가는 것이 아니라면요.

다른 사람에게 조언하지 마세요. 그것이 화살이 되어 여러분에게 되돌아옵니다. 다른 사람의 조언을 받아들이지 마세요. 그래서 제가 여러분에게 드리는 조언은 자기 자신에게 진실하면 모든 일이 잘될 것이라는 겁니다. 많은 분이 미래에 대해 걱정하는 것을 알지만 그럴 필요 없습니다. 경제는 호황이고 취업 시장은 활짝 열려 있으며, 지구는 상태가 아주 좋으니까요. 대단히 잘될 것입니다.

---

* 미국 5인조 걸그룹(옮긴이).

이미 여러분은 허리케인을 겪고 살아남았습니다. 그보다 더한 일이 일어날 수 있을까요? 아까 이야기한 것처럼 여러분에게 일어날 수 있는 최악의 일이 여러분에게 가장 많은 것을 가르쳐줍니다. 취업 면접에서 해야 할 올바른 질문이 무엇인지 이제 다들 아시겠지요? 예를 들면 “이곳 지대는 해수면보다 높은가요?”와 같은 질문이면 되겠죠.

그러므로 제가 이미 결론지었던 결론을 다시 결론짓자면…… 제가 하고 싶은 말은 이것 같아요. 삶은 하나의 커다란 마디그라Mardi Gras* 라는 것. 하지만 여러분의 가슴보다는 여러분의 두뇌를 보여주세요. 여러분이 보여준 것을 사람들이 좋아하면 여러분은 이제 앞으로 꿸 수 있는 구슬이 더 많아지는 것이고, 이제 대부분의 시간 동안 취해 있게 되는 것입니다.

자, 2009년 카트리나 졸업반 여러분에게 축하를 전합니다. 그리고 오늘 제가 여러분에게 한 말을 기억하지 않더라도 이것만은 기억하세요. 여러분은 괜찮을 것입니다. 덤 디 덤덤덤, 그냥 춤을 춰요.

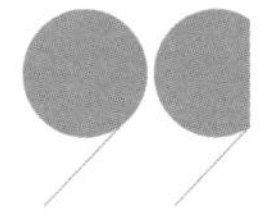

* 매년 시드니에서 열리는 동성애자 축제(옮긴이).

17

ANGELA MERKEL

앙겔라 메르켈

'갑자기 문이 열렸습니다'

미국 워싱턴주,
미국 의회

2009년 11월

"무지와 편협의 벽을 무너뜨립시다. 그 무엇도 이대로 유지될 이유가 없으니까요." 독일 총리 앙겔라 메르켈Angela Merkel이 한 말이다. 다만 이 책에 실린 2009년 미국 의회에서 한 연설이 아닌 10년 뒤인 2019년 하버드대학의 졸업 축사에서였다.

메르켈은 하버드대학에서의 연설 대부분을 통역을 거쳐 독일어로 했지만 이 문구에서는 갑자기 청중에게 영어로 이야기했다. 이 간단한 문장을 통해 청중들이 도널드 트럼프가 세우려는 벽과 독일이 무너뜨린 벽을 떠올리며 마음속에 자리한 편견의 벽을 돌아보게 했다. 메르켈은 로널드 레이건 전 미국 대통령의 유명한 1987년 연설을 신중히 상기시켰다. "미스터 고르바초프, 이 벽을 허무십시오."

메르켈의 하버드대학 연설은 미국 대통령인 도널드 트럼프의 가치관과 세계관에 대한 신중하고 단호한 반대 의사 표명으로 널리 해석되었다. 하지만 메르켈은 단지 트럼프에게만 반발한 것이 아니었다. 2019년 하버드대학 연설에 담긴 수많은 생각과 이미지와 비유는 도널드 트럼프가 대통령에 당선되기 훨씬 전인 2009년 미국 의회 연설에서도 이미 표현한 바 있었다. 2009년 베를린장벽 붕괴 20주년 기념행사에서 메르켈은 다음과 같이 말했다.

> 그리하여 우리는 서로 다른 삶의 개념 사이에 세워진 벽들을 허물어야 하는 과제에 직면했습니다. …… 사람들 마음속에 자리한 이 벽은 서로에 대한 이해를 자꾸만 방해합니다.

두 연설 모두 독일의 최초 여성 총리, 최초 동독 출신 총리, 독일의 최장 총리, 유럽의 최장 국가수반이자 지난 10년간 세계에서 가장 유력한 여성으로 손꼽힌 메르켈의 가치관과 비전에 관한 많은 것을 드러내고 있다. 두 연설 모두 유럽대륙을 가르는 벽 뒤에서 성장하며 느낀 좌절감과 그 벽이 사라졌을 때 느낀 개인적·정치적 해방감을 묘사하고 있다. 나중에 한 연설이 더 유창하고 시적이지만 나는 앞서 한 연설을 선택했다. 이 연설이 더 중요하고 예언적인 느낌이 들기 때문이다.

2009년의 연설은 메르켈이 훗날 내리게 될 중요한 결정들에 관한 많은 것을 설명한다. 메르켈은 이 연설에서 세 가지, 즉 '우리 마음속의 벽, 근시안과 이기심의 벽, 현재와 미래 사이에 놓인 벽'에 대해 언급하고 있다. 메르켈이 의미한 것은 바로 편견, 보호무역주의, 기후변화 대처의 실패였다.

사람들을 짓누르거나 뒷걸음질치게 만드는 이러한 벽들에

대한 메르켈의 반감은 훗날 시리아 내전이 절정에 달했을 때 수십만 명에 이르는 시리아 난민들에게 피난처를 제공하게 한 동력이 되었다. 이 결정으로 메르켈은 상당한 정치적 반발을 감당해야 했다.

또한 이러한 벽들과 국가 간의 경제적 장벽에 대한 메르켈의 반감은 왜 그녀가 유럽 통합 프로젝트와 경제적 세계화에 그토록 많은 노력을 기울이는지 설명해준다. 하지만 이는 부분적으로 메르켈의 독일을 비롯한 여러 유럽국가들이 세계화의 날카로운 칼날에 노출된 국가들—특히 유로존 위기 동안 그리스와 이탈리아—을 충분히 돕지 못하게 하는 요인이 되기도 했다.

세대 사이에 놓인 벽에 대한 메르켈의 반감은 2015년 지구의 미래를 지키기 위한 파리 유엔기후변화협약을 강력하게 지지하도록 이끌었다.

안타깝게도 메르켈이 언급한 벽들은 미국 의회 연설과 하버드대학 연설 사이 10년 동안 더욱 높아진 것 같다. 유럽과 미국 전역에서 극우 극단주의와 증오범죄가 증가했고, 무역장벽이 늘고 있으며 정치적 분열이 심화되고 유엔기후변화협약은 위협받고 있다.

하지만 어쩌면 두 연설에서 가장 강력한 것은 변화에 대한 메르켈의 믿음일 것이다. 메르켈의 꾸준한 낙관주의. 메르켈은 그 벽들이 아무리 어둡다고 해도 우리는 문을 찾을 수 있다고 여전히 믿는다. 메르켈은 이것을 2009년의 연설에서 다음과 같이 표현했다.

> 우리가 20세기에 철조망이 쳐진 콘크리트 벽을 무너뜨릴 힘을 찾아냈듯이 오늘날 우리에게는 21세기의 벽을 극복할 수 있는 힘이 있다고 확신합니다.

2019년의 연설에서는 이렇게 표현했다.

> 우리를 에워싼 벽들을 무너뜨린다면, 열린 공간으로 걸어가 새로운 시작을 부둥켜안을 용기가 우리에게 있다면 모든 것이 가능합니다.

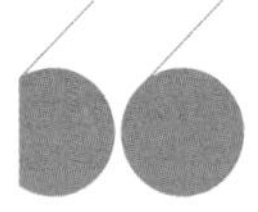

11월 9일을 불과 며칠 앞두고 있습니다. 베를린장벽이 무너진 날이 1989년 11월 9일이고, 독일의 기억과 유럽의 역사에서 지울 수 없는 오점을 남긴 날이 1938년 11월 9일입니다.

이날 국가사회주의자들은 유대교 회당에 불을 지르고 무수한 사람을 죽였습니다. 이 사건은 문명과의 단절, 즉 쇼아Shoah*의 발단이었습니다. 그날의 희생자와 쇼아의 희생자를 기리지 않고서 저는 이 자리에 서 있을 수 없습니다. [……]

경이롭게도 역사는 독일에서 쫓겨난 열두 살 소년[프리츠 슈테른Fritz Stern 교수]과 독일민주공화국 태생의 통일 독일 총리인 제가 이곳 미국 의사당에 함께 있도록 이끌었습니다. 가슴 가득히 크나큰 기쁨과 깊은 감사를 느낍니다.

베를린장벽이 무너지기 20년 전 저는 이런 일이 일어날 것이라고 감히 상상조차 하지 못했습니다. 오늘 이 자리에 이렇게 서 있는 것은 고사하고 미국으로 여행을 떠난다는 것은 그 당시 상상조차 할 수 없는 일이었습니다.

무한한 기회의 땅. 오랫동안 이 나라는 저에게 닿을 수 없는 곳이었습니다. 장벽, 철조망, 떠나려는 자는 총살하라는 명령이 자유세계로의 접근을 가로막았습니다. 저는 혼자서 영화와 책을 통해 미국을 그려볼 뿐이었습니다. 일부는 서쪽의 친척들을 통해 몰래 들여온 것들이었지요. 저는 무엇을 보고 무엇을 읽었을까요? 무엇에 열광했을까요?

저는 아메리칸 드림, 즉 누구에게나 주어진 성공의 기회, 누구나 자신의 노력만으로 삶에서 성공을 이룰 수 있는 기회에 열광했습니다. 다른 많은 10대처럼 저도 서독의 이모가 종종

---

* 히브리어로 '재앙'. 유대인들은 홀로코스트보다 쇼아라는 표현을 선호한다(옮긴이).

보내주던 독일민주공화국에서는 구할 수 없는 특정 상표의 청바지에 열광했습니다. [……]

1989년 11월 9일 베를린장벽이 무너졌습니다. 수십 년간 한 나라를 2개의 세계로 가르던 경계선이 허물어졌습니다. 이것이 오늘 제가 여러분에게 감사를 표해야 하는 첫번째 이유입니다. [……]

여기 미국의 벗들에게 우리가 얼마나 많은 빚을 졌는지 저는, 우리 독일인들은 잘 알고 있습니다. …… 유럽 전역에서 공통적으로 일어난 자유의 추구는 어마어마하게 큰 힘을 뿜어냈습니다. 이 힘은 폴란드에서는 솔리다르노시치Solidarność 노동조합을 통해, 체코슬로바키아에서는 바츨라프 하벨Václav Havel을 둘러싼 개혁가들을 통해, 헝가리에서는 '철의 장막'이 처음으로 걷히면서, 독일민주공화국에서는 월요일마다 열렸던 시위를 통해 분출되었습니다.

한때 어두운 벽밖에 보이지 않던 곳에서 갑자기 문이 열렸고 우리는 다 같이 그 문을 통해 걸어나갔습니다. 거리로, 교회로, 경계선 너머로. 새로운 무언가를 세울 기회, 변화를 일으킬 기회, 새로운 시작이라는 모험을 감행할 수 있는 기회가 우리 모두에게 주어졌습니다.

저 또한 새로 시작했습니다. 저는 동베를린의 과학 아카데미에서 물리학자로 근무하다 그곳에서의 삶을 정리하고 정치계에 입문했습니다. 마침내 변화를 일으킬 기회가 생겼기 때문입니다. 이제는 세상을 바꿀 수 있다는 느낌을 받았기 때문입니다. 무언가를 하는 것이 가능해졌습니다.

자유라는 이 믿을 수 없는 선물이 우리에게 주어진 지 20년이 지났습니다. 여전히 저에게는 자유의 힘보다 저를 더 고무시키고, 자극하고, 긍정적인 느낌으로 채워주는 것은 아직 없습니다.

살면서 그런 긍정적인 경이로움을 경험해본 사람은 앞으로도 그런 일이 가능하다고 믿게 됩니다. 1994년 빌 클린턴이 베를린에서 했던 말로 표현해보겠습니다. "그 무엇도 우리를 막지 못합니다. 모든 것이 가능합니다." [……]

21세기 세계화의 시대에도 모든 것이 가능합니다. 하지만 세계화를 두려워하는 사람이 많다는 사실을 우리 독일인들도 미국의 여러분처럼 잘 알고 있습니다.

우리는 이러한 우려를 하찮게 생각하지 않습니다. 우리는 어려움을 알고 있습니다. 하지만 세계화가 모든 대륙에 커다란 기회라는 확신을 사람들에게 심어주는 것은 우리의 의무입니다. 세계화는 우리가 다른 사람들과 함께 행동하게 만들기 때문입니다.

세계화의 대안은 우리 자신을 타인들과 차단하는 것입니다. 하지만 그것은 실행 가능한 대안이 아닙니다. 우리를 고립으로 이끌 수밖에 없고 결국 고통을 초래합니다. [……]

신사 숙녀 여러분, 지금까지 미국과 유럽은 서로 합의에 이르지 못하는 각자의 이유가 있었습니다. 한편에서는 상대가 가끔 지나치게 주저하고 겁을 낸다고 느낄지도 모릅니다. 반대편에서는 상대가 지나치게 무모하게 밀어붙인다고 생각할지도 모르지요. 그럼에도 저는 유럽에게는 미국만한 파트너가 없고, 미국에게는 유럽만한 파트너가 없다고 굳게 확신합니다.

유럽인과 미국인을 하나로 모으고 함께 있게 하는 것은 비단 우리가 공유하는 역사뿐만이 아닙니다. 유럽인과 미국인을 하나로 모으고 함께 있게 하는 것은 단지 우리가 공유하는 관심사와 세계 모든 지역에서 직면하고 있는 전 지구적인 공통 과제뿐만이 아닙니다. 그것만으로는 유럽과 미국 사이에 특별한 파트너십이 지속된 이유를 설명하지 못합니다.

그 이상의 것이 있습니다. 유럽인과 미국인을 하나로 모으고 긴밀한 관계를 유지하게 하는 것은 우리가 공유하는 가치들을 떠받치는 공통된 기반입니다. 개인 그리고 개인의 침범할 수 없는 존엄이라는 공통된 개념입니다. 자유에는 책임이 따른다는 공통된 이해입니다. 이것이 대서양을 사이에 두고 맺어온 우리의 독특한 파트너십에서, 우리가 공유하는 가치들의 공동체 북대서양조약기구NATO에서 옹호하는 내용입니다. [……]

이러한 가치 기반이 냉전을 종식시켰습니다. 우리가 우리 시대의 시련을 견디게 해줄 것도 이러한 가치 기반입니다. 그리고 우리는 이 시련을 반드시 견뎌내야 합니다.

독일은 통합되었고 유럽도 통합되었습니다. 이것은 우리가 이룬 것입니다. 이제 오늘날 정치 세대는 21세기 도전과제를 우리가 해결할 수 있음을, 오늘날의 장벽을 허무는 것이 가능함을 반드시 입증해 보여야 합니다.

그것은 무엇을 의미할까요? 첫째는 평화와 안전의 구축을 의미합니다. 둘째는 번영과 정의의 실현을 의미합니다. 셋째는 우리 지구의 보호를 의미합니다. [……]

따라서 냉전은 종식되었지만 우리는 서로 다른 삶의 개념들 사이에 놓인 벽을 허물어야 하는 과제를 안고 있습니다. 우리가 사는 세계에서 서로에 대한 이해를 어렵게 만드는 마음의 벽을 허물어야 합니다.

관용의 자세를 보이는 능력이 중요한 이유입니다. …… 평화로운 공존을 창출할 수 있는 방법은 다양합니다. 관용이란 다른 사람들의 역사, 전통, 종교, 문화적 정체성에 경의를 표하는 것을 뜻합니다. [……]

그러나 오해가 있어서는 안 됩니다. 관용이란 '무엇이든 괜찮다'는 뜻이 아닙니다. 개인의 양도할 수 없는 권리를 존중하지 않는 사람들, 인권을 침해하는 사람들에게는 불관용의 원칙이 적용되어야 합니다. [……]

자유는 우리 경제와 사회의 요체입니다. 자유 없이 인간의 정신은 창조적인 힘을 발휘할 수 없습니다. 하지만 또한 분명한 사실은 자유는 홀로 설 수 없다는 것입니다. 책임이 동반되는 자유이어야 하고, 책임을 지는 자유이어야 합니다. 이런 이유로 세계에는 질서가 필요합니다. 얼마 전 국제 금융시장의 붕괴로 우리는 질서가 없으면 무슨 일이 벌어지는지 보았습니다.

세계가 지난 금융 위기에서 배운 한 가지 교훈은 글로벌 경제에는 글로벌 체제가 필요하다는 것, 다른 대안은 없다는 것이었습니다. [……]

어떤 면에서 이것은 무너져야 할 두번째 벽입니다. 진정한 글로벌 경제 질서를 가로막는 벽이고, 배타적 민족주의와 지역적 사고의 벽입니다 [……]

또한 이번 위기는 지나친 근시안적 사고의 표출이기도 했습니다. 이로 인해 전 세계 수백만 명이 일자리를 잃을 수도 있고, 가난과 기아로 고통받을 수도 있습니다. 번영과 정의를 실현하려면 앞으로 그 같은 위기가 발생하지 않도록 가능한 모든 조치를 취해야 합니다. [……]

국제적 문제는 폭넓은 국제적 협력으로만 해결할 수 있다는 사실을 보여준 것도 21세기의 세번째 도전과제인 이른바 현재와 미래를 분리하는 벽이었습니다. 이 벽 때문에 우리는 미래 세대의 요구를 보지 못합니다. 이 벽은 우리의 생명과 기후의 기반을 보호하기 위해 우리가 긴급히 취해야 할 조치를 취하지 못하게 합니다.

우리의 미래를 생각하지 않고 낭비를 일삼는 태도가 어떤 결과를 초래하는지 우리는 이미 알고 있습니다. 북극의 빙하가 녹고, 환경 파괴로 아프리카 사람들이 난민이 되고, 세계의 해수면이 높아지고 있습니다. [……]

우리가 20세기에 철조망이 쳐진 콘크리트 벽을 무너뜨릴 힘을 찾아냈듯이 오늘날 우리에게는 21세기의 벽, 우리 마음의 벽,

근시안적인 이기심의 벽, 현재와 미래를 분리하는 벽을 극복할 수 있는 힘이 있다고 확신합니다.

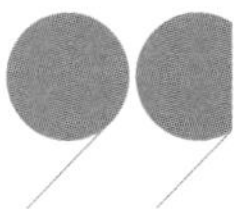

18
ALISON
DRAKE

앨리슨 드레이크

'지금 일어나 시작하십시오'

영국 캐슬퍼드

2010년 9월

나는 요크셔의 훌륭한 지역사회 활동가이자 오랜 시간 나의 절친한 친구였던 앨리슨 드레이크Alison Drake가 한 수많은 연설의 녹음이나 녹취록을 하나라도 구하기 위해 오랫동안 노력했다.

웨스트요크셔주의 캐슬퍼드에서 태어나고 자란 앨리슨은 내가 활동하는 지역구에서 교사로 재직하던 중 사고로 건강이 악화되어 어쩔 수 없이 퇴직해야 했다. 힘든 시간 끝에 결국 병마를 이겨낸 그녀는 우리 지역사회의 지칠 줄 모르는 지원군이 되었다. 앨리슨은 캐슬퍼드의 뿌리가 고대 로마에 있다는 사실부터 석탄산업과 헨리 무어Henry Moore*에 이르기까지 우리 도시와 우리 도시의 역사에 대단한 자부심을 가지고 있었다. 또한 앨리슨은 지역사회의 자부심은 미래의 자신감을 쌓는 데도 핵심적이라는 사실을 잘 알고 있었다. 그녀는 캐슬퍼드 어린이들이 자신이 태어나고 자란 지역에 자부심을 느껴서 놀라운 일들을 해낼 수 있는 자신감을 갖기를 바랐다.

---

* 캐슬퍼드 출신의 현대 조각가(옮긴이).

앨리슨의 연설도 그녀 자신만큼 멋졌다. 앨리슨은 자기 생각을 말하고 지역사회를 위해 싸웠으되 자신의 말이 기록되거나 도시 밖에까지 전달되지 않는 수백만 명의 여성을 대변해 연설했다. 1990년대 후반과 2000년대 초반 앨리슨과 나는 지역사회 행사에서 함께 연설할 때가 많았다. 우리는 탄광이 폐쇄된 이후 수년 동안 기울어가는 캐슬퍼드 경제에 새로운 투자를 유치하려고 애쓴 결과, 일부 소도시가 정부 지원 도시재생 프로그램의 대상 지역이 되었다. 우리는 이 프로그램을 지역사회 주도하에 진행하겠다고 결심한 터여서 지역의회 위원장과 나는 공개회의에서 여러 차례 의장직을 맡았고, 여기에 지역주민 수백 명이 참석해 아이디어를 제시하고 자발적으로 사업에 참여했다.

앨리슨은 연설할 때 회의의 전체 분위기와 방향을 설정할 줄 알았다. 그녀는 사람들이 직면한 어려움과 우리가 잃어버린 산업과 일자리에 대해 이야기하곤 했다. 또한 그녀는 자랑스러운 이야기도 많이 했는데, 언제나 캐슬퍼드의 역사에 뿌리를 둔 멋진 일화나 노동계층 공동체나 우리 도시의 별난 공간에 관한 이야기들이었다. 앨리슨이 부탁한 것은 도저히 들어주지 않을 수 없다는 것을 모두 일찌감치 알고 있었다. 앨리슨은 목표한 바를 반드시 이루어내는 여성이었다. 하지만 모든 일을 회유와 설득으로 처리했다. 동시에 국제적인 건축가들의 마음을 사로잡고 우리 도시의 이익을 위해 함께 일하자고 친구와 이웃을 조르기도 했다.

앨리슨의 권고로 캐슬퍼드시는 역사적으로 의미가 깊은 수로를 재발견해 물길이 다시 강으로 흐르게 했고, 앨리슨의 끈질긴 노력 덕분에 우리는 이제 에어강을 가로지르는 새로운 굽은 다리를 갖게 되었다. 이 다리는 국제적으로 유명해졌다.

앨리슨이 설립한 (그리고 나에게 회장직을 맡긴) 캐슬퍼드 헤리티지 그룹은 강둑에 위치한 오래된 제분소를 인수했다. 이 지역의 퇴직 건설업자, 제분공, 엔지니어, 목수, 관리자들이 동원되어 제분소 재건에 힘을 모았다. 이제 우리 지역에는 주민이 직접 운영하는 카페, 전시 공간, 요크셔 수제 맥줏집, 보트하우스 등이 있다.

나는 앨리슨의 가장 활기찬 초기 연설 중 하나를 선택하고 싶었지만 그러지 못했다. 아무도 연설을 녹음하거나 녹취하지 못한 탓이다. 그 연설들이 사라지거나 잊혔다는 뜻은 아니다. 앨리슨이 한 말들은 우리 지역사회에 중요한 무언가를 촉발했다. 그 의미를 떠올리며 나는 수년 전 우리 모두가 한 일에 관해 내가 등장하는 앨리슨이 한 연설의 녹음을 힘들게 구했다.

앨리슨은 내가 이 책을 쓰는 동안 세상을 떠났다. 캐슬퍼드의 우리는 그녀가 여전히 그립다. 하지만 앨리슨은 우리에게 훌륭한 유산을 남겨주었으며, 나는 앨리슨의 목소리도 함께 기억되기를 바란다.

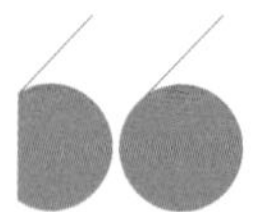

지난 10년간 우리가 캐슬퍼드에서 이루어낸 성과가 자랑스럽습니다.

우리가 처음 시작할 때 이 도시는 광산 파업의 여파를 견뎌야 했고, 광산산업을 비롯해 화학, 유리, 도자기, 벽돌 제조, 제과, 의류 등 한때 중요했던 지역산업들을 잃은 뒤 이를 회복하고자 애쓴 지 15년째에 접어들고 있었습니다. 이들 산업 대부분은 이제 남아 있지 않습니다. 이 모든 상실로부터 회복하려는 노력은 참으로 힘겨웠지만 새로운 밀레니엄을 맞을 즈음에는 상황이 나아지길 바랐습니다.

대단위로 열린 회의에 많은 사람이 참석했습니다. 자기 의사를 밝히려고 모인 사람들 수가 400여 명에 달했습니다. 더 나은 무언가를 바랐기에 우리는 정말 열심히 일했습니다. 우리는 긴밀한 공동체입니다. 4만여 명이 사는 이 도시에서는 서로가 서로를 알고 있습니다. 우리는 캐슬퍼드의 미래에 관해 의견이 있고, 우리 시가 더 나아지기를 바란다면 함께하자는 공고를 캐슬퍼드 전역에 붙이고 지역 언론에도 게재했습니다. 사람들은 그렇게 했고 지금도 그렇게 하고 있습니다.

다양한 집단이 구성되었습니다. 지역공동체 집단, 거주자 단체, 공원 친구들, 도서관 친구들, 헤리티지 재단 등 온갖 종류를 망라하는 다양한 집단들입니다. 모두 1990년대 말과 2000년대에 구성되었습니다. 왜냐하면 그때가 우리가 새로운 정부와 함께, 또 새로운 밀레니엄을 맞이하는 새 시대의 정신과 더불어 전국적으로 무언가가 일어나고 있다고 느낀 때이기 때문입니다.

우리는 위원회의 도움을 받아 전략을 마련했습니다. 우리는 도심 이미지 개선사업과 도심 주변 지역 환경을 위한 사업을 설계했습니다. …… 우리 도시는 지역주민이 가장 잘 압니다. 우리는 훌륭한 우리 지역 의원 3명을 완전히 우리 편에 두고 있었습니다. 모두 우리 지역 사람들이었으니까요. 싸움이 힘들지는 않았지만 디스트릭트 차원에서만큼은 달랐습니다. 아시겠지만 캐슬퍼드는 도시재생 측면에서 그들의 관심 밖에 있었기 때문입니다.

우리는 전략을 마련했습니다. 그 전략의 실행은 빠르지도 쉽지도 않을 터였습니다. 성공하느냐 아니면 25년을 기다려야 하느냐의 기로에서 차이를 일구어낸 분들은 '요크셔 포워드'단체, 지역개발청, 활동적인 지역의원들, 당시 장관을 지낸 우리 지역구 소속의 이베트 쿠퍼Yvette Cooper 의원, 함께 힘을 모아준 지역주민들입니다. 덕분에 웨이크필드 [의회]가 우리를 예의 주시하게 되었지요.

우리가 해야 할 일은 이렇게 계속 새로운 사람들의 참여를 북돋우는 것입니다. 지난 10년 동안 청년들의 참여는 많지 않았고, 우리가 말하는 유산을 기억하지 못합니다. 우리가 탄광과 탄광 현장을 가치 있게 여긴다는 것을 말입니다. 청년들에게는 지나간 이야기이지요. 우리는 청년들도 우리가 지금 하고 있는 일의 일부를 느끼길 바랍니다. 그래서 청년들이 과거뿐만 아니라 현재를 소유하고, 자신의 뿌리를 이해하고, 나와 같이 나이든 사람들이 어디에서 왔는지를 이해하길 바랍니다.

그러니 지금 일어나 시작하십시오.

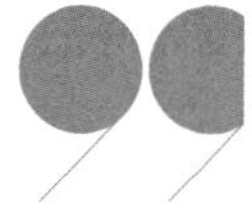

19
MARIE
COLVIN

마리
콜빈

'누군가는
가야 합니다'

영국 런던

2010년 11월

마리 콜빈Marie Colvin을 몇 마디 말로 제대로 설명하기는 어렵다. 콜빈은 20년 넘게 〈선데이 타임스〉 해외통신원으로 근무하면서 다른 사람들은 도망쳐나오는 체첸공화국, 리비아, 코소보, 스리랑카, 시리아, 이라크 등지를 취재했다. 그녀는 죽을 고비를 여러 번 넘기며 전쟁 때문에 삶과 가족과 나라가 파괴된 사람들의 이야기를 전했다. 2010년 콜빈은 분쟁 지역에서 숨진 언론인을 기리기 위해 열린 추도식에서 이 매우 개인적이고 감동적인 연설을 하며, 종군기자로서 경험하는 위험과 트라우마, 목적의식에 대해 차분히 성찰했다. 지금 돌이켜보면 이 연설은 잊을 수 없는 고별사 같다. 이 연설을 한 뒤 2년이 지나지 않아 시리아의 포위된 도시 홈스에 남겨진 얼마 안 되는 해외통신원이었던 콜빈은 임시로 세워진 언론인 사무실이 시리아 정부가 쏜 로켓포에 붕괴되면서 세상을 떠났다.

동료 해외통신원이자 친구였고 나중에 콜빈의 전기를 쓴 린지 힐섬Lindsey Hilsum은 콜빈을 "항상 누구보다 멀리 가고, 누구보다 오래 머문" 기자로 묘사했다. 대부분의 우리는 그토록 용기 있는 삶을 좀처럼 상상하지 못할 것이다. 콜빈의 저널리즘은 언제나 강렬했고 그녀의 용기는 생명을 구하는 데 도움을 주기도 했다. 그녀는 이라크 팔루자에서 쿠웨이트 전쟁포로들이 피살되어 집단으로 묻힌 무덤을 찾기 위해 사람을 고용해 발굴작업을 했다. 또한 1999년에는 동티모르를 떠나길 거부하며 인도네시아 정부의 지원을 받은 세력이 1500여 명의 티모르 여성과 아이들이 모인 피난지로 진군할 때 기사를 썼는데, 이후 이 기사는 유엔 관리들이 현장에 머물도록 압력을 가했으며 학살을 막는 데 도움이 되었다.

콜빈을 아는 사람들은 그녀를 강함과 온정이 기막힌 조화를 이루는, 즉 카리스마가 넘치고 의욕적이며, 유쾌하고 멋스러우며, 열심히 살고 열심히 마시는 사람이라고 말한다. 사실 콜빈은 몸과 마음에 깊은 상처가 있었다. 외상후스트레스장애, 잦은 악몽, 그리고 스리랑카에서 수류탄 공격으로 한쪽 눈을 잃은 뒤 그녀의 상징이 된 오른쪽 안대.

콜빈은 연설 도중 수류탄 공격으로 눈을 잃게 된 사연을 이야기한다. 런던에 위치한 평화롭고 아름다운 성브라이즈교회—과거 신문산업의 심장부였던 플리트 스트리트와 가까워 세계적으로 '언론인의 교회'로 알려져 있다—에 선 그녀는 아프가니스탄에서 폭탄이 퍼붓는 땅을 걷는 두려움과 공포에 대해 이야기하면서 자신이 하고 있는 일이 이런 위험을 감수할 만한 가치가 있는 일인지 끊임없이 자문한다. 용기와 만용을 가르는 선은 가늘디가늘다. 이 연설을 한 뒤 얼마 지나지 않아 시리아에서 콜빈에게 일어난 일을 이미 알고 있는 우리로서는 그녀가 "이번에는 마리 콜빈이 과했던 것일까?"라는 제목의 기사를 언급할 때 불안감이 밀려드는 것을 피할 수 없다. 콜빈은 주저 없이 대답한다. "그럴 만한 가치가 있다"고.

콜빈의 연설은 궁극적으로 "증인이 되는 것…… 모래폭풍처럼 몰아치는 프로파간다 사이에서 진실을 찾으려는" 전쟁 기사의 중요성에 관한 단호하고 어쩌면 저항적이기까지 한 주장이다. 콜빈은 전쟁이 초래하는 잔혹한 파괴와 트라우마는 누군가 가서 직접 보지 않고서는 절대 완벽하게 밝힐 수 없는 진실이라고 주장한다. 콜빈은 한쪽 눈을 잃은 뒤 기사에 이렇게 썼다. "이런 일을 겪었다고 해서 방탄조끼를 입지는 않을 작정이다. …… 나는 나보다 훨씬 더 많은 고난을 견뎌내는 민간인들의 조용한 용기에 과거 그 어느 때보다 더 큰 경외심을 가질 것이다. 나에게는 돌아갈 집이 있지만 그들은 그곳에 머물러야 한다."

내가 이 책에 콜빈의 연설을 수록하고 싶었던 이유는 콜빈의 용기와 분쟁에 가려진 잔혹한 현실을 폭로하려는 그녀의 헌신적인 노력 때문만은 아니다. 콜빈의 연설문과 기사는 그 자체로 진실의 탐색과 옹호의 중요성에 관한 광범위한 증언을 제공하기 때문이다. 포퓰리스트 정치인, '가짜 뉴스', '대안적 사실', 무심히 묵살되는 전문가들의 의견 등 진실에 대한 말들이 끊임없는 공격에 둘러싸여 있는 오늘날 진실을 파헤치고 지키기 위해 목숨과 경력을 바침으로써 우리의 민주적 가치를 수호하는 사람들을 인정하고 존중하는 것은 지금 그 어느 때보다 중요해 보인다.

이 글을 쓰는 지금 언론인보호위원회는 지난 10년 동안 전 세계 분쟁 지역에서 824명의 언론인이 숨진 것으로 추정하고 있다. 이들은 피살되기도 하고 십자포화를 맞기도 하고 위험한 임무를 수행하던 중 사망하기도 했다. 마리 콜빈과 마찬가지로 그들도 전쟁영웅의 훈장을 받아 마땅하며 결코 잊어서는 안 된다.

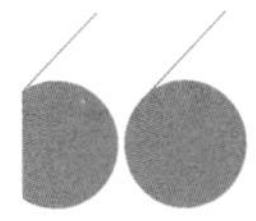

왕세자빈 마마, 신사 숙녀 여러분, 저는 오늘 밤 21세기 전쟁 지역에서 취재하다 숨진 언론인과 지원 스태프를 기리기 위해 열린 이 추도식에 겸허하고 또 영광스러운 마음으로 여러분 앞에 섰습니다. 저는 경력의 대부분을 종군기자로 일했습니다. 항상 힘든 소명이었습니다. 하지만 객관적인 최전방 보도기사의 필요성이 그 어느 때보다 절실했습니다.

전쟁을 취재한다는 것은 혼돈과 파괴와 죽음으로 분열된 지역을 찾아가 증인이 되는 것을 의미합니다. 군대와 부족과 테러리스트들이 충돌할 때 모래폭풍처럼 몰아치는 프로파간다 사이에서 진실을 찾아내려고 노력하는 것을 의미합니다. 그리고 네, 위험을 감수해야 함을 의미합니다. 자기 자신뿐만 아니라 종종 자신과 가깝게 일하는 사람들의 위험까지도요.

국방부, 그러니까 펜타곤에서 내놓는 그 모든 영상과 스마트폭탄이니 정밀 타격이니 하는 그 모든 윤색된 표현에도 불구하고 포탄 자국, 불탄 집, 절단된 시신, 자식과 남편을 잃고 울부짖는 여자들, 아내와 어머니, 자식을 잃고 오열하는 남자들 등 실제 현장은 수백 년 동안 놀랄 만큼 달라진 것이 없습니다. 우리의 임무는 이러한 전쟁의 참상을 정확하고 편견 없이 보도하는 것입니다. 우리는 이것이 기사를 위해 감수할 만한 정도의 위험인지 항상 자문하곤 합니다. 무엇이 용기이고, 무엇이 만용일까요?

전쟁을 취재하는 언론인들은 무거운 책임감을 어깨에 짊어지고 어려운 선택과 마주합니다. 가끔은 가장 큰 대가를 치르기도 합니다. 오늘 밤 우리는 안방까지 소식을 전하다 숨진 언론인과 지원 스태프 41명에 경의를 표합니다. 또한 부상이나 장애를 입거나 납치되어 수개월간 인질로 붙잡혀 있었던 기자들을 기억합니다. 전쟁 지역에서 언론인이 주요 타깃이 된 지금 종군기자들은 그 어느 때보다 큰 위험에 처해 있습니다.

저는 스리랑카에서 매복 공격으로 인해 한쪽 눈을 잃었습니다. 당시 저는 언론인의 출입이 금지된 북부 타밀 지역으로 들어갔는데,

그곳에서 언론에 미처 보도되지 않은 반인도주의적 대재앙이 벌어지는 현장을 확인했습니다. 그뒤 국경선을 건너 몰래 빠져나오던 중 한 군인이 저에게 수류탄을 던졌고 그 파편이 얼굴과 가슴에 박혔습니다. 그 군인은 자신의 행위가 무엇을 뜻하는지 알고 있었습니다.

바로 지난주에 친구이자 사진작가인 주앙 실바Joao Silva와 아프가니스탄에서 커피를 마셨습니다. 우리는 아프가니스탄에서 공터와 마을을 돌아다니는 무장군인들 사이를 지나갈 때 애써 억누르곤 하는 공포심에 관해 이야기했습니다. …… 발을 내디딜 때마다 공포를 느낍니다. 폭발 가능성을 염두에 두고 매 걸음마다 마음을 단단히 먹어야 합니다. 폭발에 대한 예감은 악몽으로 나타나곤 합니다. 우리가 만나고 이틀 뒤 주앙은 지뢰를 밟아 무릎 아래의 양쪽 다리를 잃었습니다.

많은 분이 스스로에게 이렇게 물어본 적이 있을 것입니다. 아니면 지금쯤 묻고 있겠지요. "그것이 목숨을 걸 정도로, 그만한 슬픔과 상실을 견뎌낼 정도로 가치 있는 일일까? 그런다고 세상이 정말 달라질까?"라고요. 저 역시 부상을 입었을 때 그 질문과 마주했습니다. 실제로 한 일간지는 "이번에는 마리 콜빈이 과했던 것일까?"라는 제목의 기사를 싣기도 했습니다. 그때나 지금이나 저의 대답은 그럴 만한 가치가 있다는 것입니다. 오늘 이 교회에 함께 자리한 친구, 동료, 가족 분들은 이 말의 뜻을 정확히 이해하며, 가족과 사랑하는 사람이 으레 그러하듯 이러한 경험의 대가를 묵묵히 인내합니다.

더불어 오늘 우리는 언론사가 재정적·정서적으로 엄청난 대가를 치르면서까지 취재 인력을 파견하는 것이 얼마나 중요한지 기억해야 합니다. 우리는 현장을 보도하기 위해 머나먼 전쟁 지역으로 향합니다. 대중은 우리 정부가, 우리나라의 무장군인이 우리의 이름으로 무엇을 하는지 알 권리가 있습니다. 우리의 임무는 권력에게 진실을 알리는 것입니다. 우리는 역사책에 기록될 초안을 고국으로 보냅니다. 우리는 전쟁의 참상, 특히 민간인들이 처하는 참극을 폭로해 변화를 일굴 수 있고, 실제로 그렇게 합니다. [……]

전쟁 보도는 지난 몇 년 동안 크게 바뀌었습니다. 이제 우리는 위성전화, 노트북, 비디오카메라, 방탄조끼를 들고 전쟁터로 향합니다. 아프가니스탄에서 남남서쪽을 향해 위성전화 버튼을 누르면 기사가 전송됩니다.

하루 24시간, 주 7일 뉴스가 보도되고 블로그와 트위터가 있는 이 시대에 우리 언론인들은 항상 대기중입니다. 하지만 전쟁 보도는 본질적으로 달라진 것이 없습니다. 누군가는 현장을 직접 보아야 합니다. 사람들이 총에 맞는 장소, 다른 사람들이 당신에게 총을 쏘는 장소에 직접 가지 않고서는 그러한 정보를 얻을 수 없습니다. 진짜 어려운 일은 인류에 대한 믿음을 잃지 않는 것입니다. 우리가 보낸 기사가 신문 지상에, 웹사이트에, 텔레비전 화면에 보도되면 충분히 많은 사람—정부든 군대든 또는 거리의 누군가든—이 관심을 가질 것이라는 믿음을 잃지 않는 것입니다.

우리에게는 믿음이 있습니다. 우리가 변화를 일구어낸다고 믿기 때문입니다. 그리고 우리와 똑같은 위험을 겪으며 놀랄 만치 많은 수로 사망하는 조력자들, 운전기사들, 통역사들이 없었다면 우리는 그러한 변화를 일구어내지—또는 아예 일을 시작하지—못했을 것입니다. 오늘 우리는 진실을 추구하다 숨진 최전선의 언론인들과 마찬가지로 그들에게도 경의를 표합니다. 그들은 믿음을 지켰습니다. 남겨진 우리가 그래야 하듯이 말입니다.

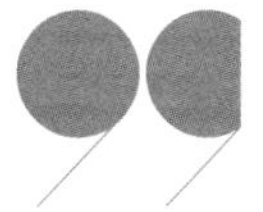

20
JOANNE
O'RIORDAN

조앤 오리어든

'사지가 없지만
한계도 없다'

미국 뉴욕주
'걸스 인 테크놀로지'
콘퍼런스

2012년 4월

조앤 오리어든Joanne O'riordan이 유엔 산하 국제전기통신연합의 '걸스 인 테크놀로지Girls in Technology, 여성 과학기술자' 행사에서 이 연설을 할 때 그녀의 나이는 겨우 열여섯 살이었다. 오리어든은 '무지증'이라는 매우 희귀한 병을 갖고 태어났다. 즉 팔다리가 없다. 이 연설은 어떻게 오리어든이 이 상황에서도 좌절하지 않을 수 있었는지에 관한 놀라운 이야기이다.

오리어든은 범죄학 학위를 받은 〈아이리시 타임스〉 소속 스포츠 담당 기자이며, 오랫동안 장애인 인권 운동가로 활동해왔다. 2012년 오리어든은 '코크 테드엑스 토크Cork TEDx Talk'에서 과학기술과 의지의 결합으로 "사람들이 믿지 못할 정도로 놀라운 삶이 나에게 허락되었다. …… 나는 비장애인이 사지를 가지고 할 수 있는 것들을 하며 살아간다"고 설명했다.

이론적으로 이 뉴욕에서 한 연설은 과학기술에 관한 이야기이다. 오리어든은 과학기술 덕분에 자신이 할 수 있게 된 실질적인 일들과 과학기술 때문에 얻은 독립성에 대해 설명하고 있다. 장애 문제를 다루며 새롭고 놀라운 일들을 가능하게 하고 모두에게 자율권을 주는 로봇공학, 컴퓨팅, 차세대 연구의 잠재력에 관한 흥미진진한 설명이다.

실천적으로 이 연설은 굽힐 줄 모르는 인류에 관한 이야기이다. 이 이야기의 중심에는 오리어든 자신의 의지와 창의성이 자리하고 있다. 그녀는 불굴의 정신, 가족의 지지, 그리고 새로운 것을 시도하고 새로운 문제를 해결하며, 불가능해 보이는 도전과제를 극복하려는 열정을 가지고 있다. 오리어든의 낙관주의는 다른 사람들도 낙관적으로 만드는 힘이 있다. 그녀는 이 힘으로 다른 사람들도 의지와 창의성을 발휘할 수 있도록 격려한다.

이 연설은 구성과 전달하려는 바가 명료하다. 개인적인 이야기를 서술하고, 과학기술을 옹호하고, 여성들에게 로봇을 개발해달라고 부탁한다. 하지만 오리어든이 연설 전반을 통해 전달하고자 하는 진정한 메시지는 모두 도전하라는 응원, 자신의 한계를 극복해 커다란 최종의 결과물을 만들어내라는 응원이다.

사지가 없다는 것이 한계가 있다는 뜻은 아닙니다. 그리고 이것은 여러분에게도 마찬가지이어야 합니다!

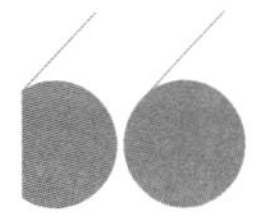

여러분, 좋은 오후입니다! 제 이름은 조앤 오리어든입니다. 먼저 오늘 여러분 앞에서 연설할 수 있는 이 멋지고 특별한 기회를 주신 이곳 유엔의 모든 분과 국제전기통신연합 관계자 여러분에게 감사드립니다.

16번째 생일을 맞는 주에 뉴욕에 초대되다니 한마디로 믿기지 않습니다.

보다시피 저는 사지 없이 태어났지만 제 삶의 좌우명은 '사지가 없지만 한계도 없다'입니다.

제가 가진 장애는 무지증이라고 알려진 우리가 아는 가장 희귀한 질병 중 하나입니다. 현재 이러한 신체 형태로 살아가고 있는 사람은 7명에 지나지 않는 것으로 알고 있습니다. 게다가 제가 왜 이렇게 태어났는지에 관해 아직 의학적으로도 설명할 수 없습니다.

그렇지만 저의 가족과 저는 결코 이 장애에 굴하지 않았습니다. 저는 아주 어릴 때부터 항상 저의 능력을 증진시켜줄 과학기술의 사용에 의지해왔습니다. 이렇게 이동이나 의사소통을 하면서 어릴 때부터 과학기술을 이용해 제가 무엇을 이룰 수 있는지에 대한 이해를 넓혀왔습니다.

저는 집에서, 학교에서, 남들과 상호작용하기 위한 폭넓은 도구를 통해서 제 삶의 모든 측면에 기술을 활용합니다. 부모님은 제가 한 살 때 집에 있던 오래된 컴퓨터로 처음으로 기술을 활용할 수 있는 방법을 탐색했다고 이야기합니다. 그냥 '손'과 턱을 더 빠르게 움직여서 소프트웨어를 사용할 수 있는 방법을 깨우쳤습니다. 지금은 1분에 36단어를 칠 수 있습니다. 사지가 없는 사람으로서 이 자체만으로도 놀라운 성취라고 생각합니다.

컴퓨터 덕분에 몇몇 게임을 할 수 있게 되어서 이 게임들을 통해 알파벳, 수학, '고양이cat'나 '개dog'와 같은 짧은 단어를 배웠습니다. 두말 할 필요도 없이 저는 대단히 독립적이었지만 제가 태어났을 때 세상의 기술은 지금만큼 발전하지 않았습니다.

유년 시절 내내 저는 싸움을 지속했고 장벽을 극복했습니다. 의사들, 낯선 사람들, 친구들, 심지어 가족까지도 제가 성취한 것들에 놀랐습니다. 언제나 저는 제가 다른 사람과 똑같은 것을 할 수 있게 해줄 새로운 방식이나 방법을 모색합니다. 제 사전에는 '정상'이라는 말 따위는 없습니다.

학교를 다니기 시작할 무렵 다른 아이들처럼 제 손으로 글씨를 썼습니다. 어깨와 턱 사이에 펜을 끼워 글을 썼는데, 여러분이 상상하듯이 그것은 물론 어마어마한 도전이었지만 저는 그 난관을 극복했습니다.

언제나 장벽을 부수고 난관을 극복해왔습니다. 저는 '임파서블impossible, 불가능'이라는 단어를 '아임파서블'이라고 생각합니다. 저는 이 단어와 저의 삶을 보며 이렇게 이야기합니다. '아임파서블I'm Possible, 나는 가능하다!'

과학기술은 제가 더 나은 기준과 삶의 질을 성취하겠다고 더욱 굳게 결심하게 만들었습니다. 항상 생각합니다. '만일 내가 지금 이것을 할 수 있으면 미래에는 무엇을 할 수 있을까?' 모두가 알고 있듯이 기술은 늘 진보하니까요. 이 질문에 대한 답을 찾은 것은 일곱 살 때 척추옆굽음증이 발병하면서였습니다. 척추옆굽음증이란 척추가 옆으로 휘는 증상을 말합니다. 불행하게도 저는 이 증상 때문에 더 이상 예전 방식으로 글을 쓰지 못하게 되었습니다. 교육적 잠재력을 개발하고 배움을 지속할 수 있는 새로운 방법을 찾아야 했습니다.

가족의 지지를 받는 것은 저에게 아주 큰 행운입니다. 저희 가족은 그 누구도 저를 좌절시키지 않습니다. 제가 교육받을 수 있는 기회를 놓치지 않도록 힘이 닿는 한 무엇이든 해주었는데, 과학기술이 그 열쇠였습니다.

학교 교과서를 CD에 옮겨 담는 시스템이 개발되었습니다. 저는 모든 공부를 컴퓨터로 할 수 있게 되었습니다. …… 이동전화를 이용해 문자를 보내고 트윗을 작성하고 페이스북을 업데이트하고 플레이스테이션, 닌텐도 DS, 아이패드, 아이팟, 노트북을 사용할 수 있었습니다. 제 인생에 마이크로소프트, 어도비, 애플이 없었다면 잠재력을 모두 발휘하지 못했을 것입니다. 그랬다면 삶이 지금과는 많이 달랐을 거예요. 믿기지 않으시겠지만 저는 제가 쓰는 이 시스템의 전부는 아니더라도 대부분을 윗입술과 아랫입술, 턱, 코, 손을 이용해 작동시킵니다.

과학기술은 가능성의 세계를 열어주었고, 저는 과학기술을 통해 교육과 저를 둘러싼 사회적 환경에서 뛰어난 성과를 이루었습니다. 제가 성장하고 배우며 저에게 도움이 되는 방식으로 생활방식을 조정할 수 있는 기회를 얻었다고 이야기하는 것이 타당할 것입니다. 하지만 저는 전 세계에 저와 같은 기회를 누리지 못한 어린이와 어른이 있다는 것도 알고 있습니다.

오늘 이 자리에 참석한 '걸스 인 테크놀로지'와 자신의 분야를 선도하는 여성분들에게 제가 삶에서 하고 있는 것을 함께 해달라고 부탁드리고 싶습니다. '상자 바깥을 생각해주세요.'

과학기술이 정말로 필요한 이들에게 기술이 더 접근 가능한 것이 되도록 여러분이 동원할 수 있는 방법과 수단을 생각해주세요. 왜냐하면 솔직히 말해서 대부분의 경우 여자들이 남자들보다 더 낫다는 것을 우리 모두 알고 있으니까요. 과학기술이라고 다를 게 있을까요?

여러분과 이 자리에 계시지 않은 다른 분들이 로봇을 만들어주셨으면 하는 것이 저의 소망이자 여러분께 드리는 도전과제입니다. 네, 맞습니다. 로봇이요! 제정신이 아닌 것처럼 들리겠지만 어릴 때부터 그리고 지금도 항상 로봇을 갖고 싶었고 또 소망해왔습니다. [……]

미쳤다고 해도 좋고 비정상이라고 해도 좋으며, 마음대로 생각하셔도 좋습니다. 하지만 저는 매일매일 갈수록 극복하기 훨씬 힘든 어려움과 마주하고 있습니다. 이 어려움을 극복할 수 있다는 것을 알지만 여러분의 도움이 필요합니다. 평생 부모님이나 형제자매, 다른 사람들에게 의지할 수는 없으니까요. 그렇지요? 네, 분명 그렇습니다.

그렇게 하고 싶지도 않고요!

독립적인 삶을 살고 싶습니다. 여러분처럼요. 자신의 삶에서 나 자신의 여정을 스스로 꾸려가고 싶지 다른 사람의 그늘에서 살고 싶지 않습니다. 기회만 주어진다면 저는 그럴 수 있고 성공하리란 것을 압니다. 그리고 삶을 훨씬 더 쉽게 만들어줄 어떤 일을 할 수 있는 누군가가 이 세상에 있음을 압니다. 그 일은 단순히 저를 돕는 것에서 그치지 않고 비슷한 상황에 처한 다른 사람들에게도 도움을 줄 것입니다.

삶이란 결국 살아가는 것입니다. 숙녀 여러분, 삶과 마주합시다. 과학기술은 단순히 삶의 방식이 아닙니다. 그것은 살아가는 방식입니다! 사지가 없다는 것이 한계가 있다는 뜻은 아닙니다. 그리고 이것은 여러분에게도 마찬가지이어야 합니다!

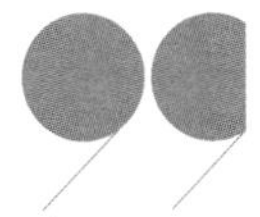

21
MANAL
AL-SHARIF

마날 알샤리프

‘운전할 자유’

노르웨이,
오슬로 포럼

2012년 5월

2011년 5월 마날 알샤리프Manal Al-Sharif는 사우디아라비아 코바르시를 남동생 자동차를 몰고 다녔다. 그녀는 친구에게 부탁해 자신이 운전하는 모습을 촬영했고, 이 영상을 유튜브에 올린 뒤 다른 여성들에게도 운전을 권했다. 알샤리프는 24시간 안에 체포되어 구금되었다. 그녀의 죄명은? 사우디아라비아에서 운전대를 직접 잡은 여성이라는 것.

알샤리프가 일으킨 이 저항운동으로 그해 여름 사우디아라비아에서는 여성들을 가장 구속하고 있는 조치들 중 일부를 서서히 완화하기 시작했다. 그러나 많은 여성 활동가가 여전히 망명중이거나 구금된 현실을 생각할 때 투쟁이 끝나려면 아직도 멀기만 하다. 알샤리프는 유튜브에 첫번째 영상을 올리고 1년 뒤 오슬로에서 한 이 연설에서 그동안 일어난 일과 자신의 의식이 깨어난 계기를 이야기했다. 이 연설은 알샤리프와 다른 용감한 사우디아라비아 여성들이 앞으로도 계속 싸워서 얻어야 할 자유를 향한 매서운 외침이다.

알샤리프는 '아랍의 봄' 이후 '위민 투 드라이브Women2Drive' 운동을 전개했다. 여성의 운전을 금기시하는 문화에 대한 항의이기도 했지만 여성이 여행, 취업, 의료서비스 이용, 결혼, 여권 발급 또는 수많은 개인적인 결정을 내릴 때 아버지, 남자 형제, 남편 심지어 아들의 허락을 받아야 하는 사우디아라비아의 남성 후견인 제도에 대한 항의이기도 했다. 알샤리프가 연설에서 설명하고 있듯이 "이 투쟁은 자동차를 운전하기 위한 투쟁이 아니라 우리 운명의 운전대를 스스로 잡기 위한 투쟁, 그저 꿈을 꿀 자유가 아니라 삶을 살아갈 자유를 얻기 위한 투쟁"이다.

2011년 여름에 퍼져나간 이 저항운동은 여성의 운전에 대한 금기를 깨뜨렸다. 이 저항운동은 사우디아라비아의 여성들에게 자신감을 심어주었고, 이를 주제로 전국적으로 토론이 벌어졌으며 알샤리프를 비롯한 활동가들이 국제적인 지지를 얻게 되었다. 조금씩이나마 변화가 일어나기 시작했고, 2017년 가을에는 사우디아라비아 왕자가 사우디아라비아왕국에서 여성이 운전할 수 있는 권리를 인정한다고 선언했다. 2018년부터 운전면허증이 발급되었고 점진적으로 다른 개혁도 도입되어 여성은 여행, 취업, 운동경기에 참여하고 직접 여권 발급을 신청할 수 있게 되었다.[17]

하지만 이러한 외견상의 승리에는 대가가 따랐다. 알샤리프는 2011년 처음 저항운동을 시작한 이래 줄곧 협박에 시달려왔다. 일각에서는 알샤리프에 대한 공개적인 매질을 요구했으며, 그녀에 대한 인신공격과 중상모략이 끊이지 않았다. 알샤리프는 어쩔 수 없이 외국으로 떠나야 했다. 대중의 반발 때문에 컴퓨터 공학자로서의 일자리를 잃고, 가정폭력으로 인해 결혼생활과 가정으로부터 내몰린 알샤리프는 수년 후 "일과 삶을 지속할 안전한 장소가 없고, 다른 사우디아라비아 사람들이 나를 사형시키라고 요구하는 상황에서 내가 그때까지 알고 살아온 유일한 나라를 떠나는 수밖에 별다른 방법이 없었다"고 말했다.[18]

알샤리프는 사우디아라비아의 양육권법에 따라 큰아들을 사우디아라비아에 남겨두고 떠나야 했다. 또한 사우디아라비아의 결혼 및 비자 관련법에 따라 알샤리프는 외국에서의 두 번째 결혼으로 얻은 작은아들을 데리고 귀국할 수도 없다.[19]

2018년에 법이 개정되기 전까지는 알샤리프의 많은 동료 활동가들도 비슷한 박해를 감내해야 했고, 법 개정이 있기 불과 몇 주 전까지도 몇몇 여성이 체포되었다. 국제사면위원회는 이들 여성이 폭행, 고문, 성폭력을 당한 사실을 보고했다. 루자인 알하틀룰Loujain al-Hathloul을 비롯한 몇몇 여성은 재판조차 받지 못한 채 여전히 구금되어 있다.[20] 알샤리프는 법 개정을 기념하기 위해 모국으로 돌아와 해안가를 운전하는 행사를 기획했지만 그녀 역시 구금될 수 있다는 두려움 때문에 계획을 실행에 옮기지는 못했다. 이 운동은 표면적으로는 성공한 것 같지만 이 운동을 옹호한 이들이 침묵을 강요당하면서 그 성과가 훼손되어왔다. 위험을 무릅쓰면서까지 남성 후견인 제도 철폐를 옹호하는 여성들은 여전히 자유롭지 못하다.

마날 알샤리프는 사우디아라비아에서 여성의 권리와 인권을 위해 계속해서 목소리를 내며 운동을 벌이고 있다. 심지어 외국에서 활동할 때도 큰 용기를 내야 한다. 2018년 터키에서는 사우디아라비아 기자 자말 카슈끄지Jamal Khashoggi가 잔인하게 암살되기도 했다. 이 여정에서 알샤리프는 개인적으로 많은 것을 성취했다. 스스로 여성이라는 사실을 수치스럽게 여기고 두려움 속에서 성장한 그녀가 이제는 전 세계에서 활동하는 국제 여권 운동가가 된 것이다. 알샤리프의 모국에서 법은 서서히 바뀌기 시작했고, 그 결과 다른 많은 여성이 힘을 얻어 활동가가 되었다. 하지만 이 책에 실린 2012년 연설이 행해진 뒤 일어난 사건들을 되돌아볼 때, 아울러 아직도 갈 길이 멀다는 사실을 생각할 때 알샤리프가 연설 말미에 잠시 침묵했던 시간은 매우 가슴 아프게 다가온다. "이 투쟁은 언젠가 끝나겠지만 그것이 언제가 될지는 아직 모릅니다."

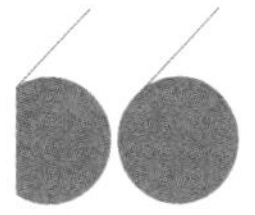

여성으로서 우리는 경청하고 순응하며 절대 이유를 묻지 않도록 교육받았습니다. 규칙에 순종하지 않으면 지옥 불과 무덤 그리고 사후에 불태워진다고 배웠습니다. 저는 수많은 밤을 눈물로 지새웠고, 신을 기쁘게 하기 위해 할 수 있는 모든 것을 하며 규칙에 순종하려고 노력했습니다. 저는 차라리 그냥 죽는 것이 훨씬 더 쉽겠다는 생각도 했습니다. 이 모든 규칙에 순종하며 살기란 한마디로 불가능했기 때문입니다.

여성으로서 저는 집에서 벗어나면 벌어질 수 있는 모든 나쁜 일이 다 저의 책임이라고 배웠습니다. 남자들은 자신의 본능을 통제할 수 없기 때문입니다. 그들은 저를 유혹의 열매라고 말합니다. 그리고 생김새가 어떻든 남자를 유혹할 것이라고요. 그래서 제가 있어야 할 곳은 집이어야 했습니다. 저는 여성으로서 '오라Awra, 즉 남에게 모습을 드러내면 죄가 되는 존재'라고 배웠습니다. 저의 얼굴은 오라였고 저의 목소리는 오라였으며, 심지어 저의 이름조차도 오라였습니다. 열 살 때부터 제 자신을 머리끝부터 발끝까지 검은 천으로 가렸습니다. [……]

우리는 얼굴이 없고 목소리가 없으며, 이름이 없었습니다. 우리는 보이지 않는 여성이었습니다.

리야드에서 47명의 여성이 여성의 운전을 금지하는 규칙에 이의를 제기했다는 소식이 온 나라에 퍼졌을 때 저는 겨우 열한 살이었습니다. 며칠 뒤 텔레비전 아나운서는 최근 사우디아라비아의 대법률가인 셰이크 빈 바즈Sheikh Bin Baz가 내린 파트와fatwa*에 따라 여성의 운전은 하람, 즉 이슬람에서 금지된다고 발표했습니다. 내무성에서는 사우디아라비아왕국에서 여성의 운전은 허락되지 않는다고 모두에게 경고했습니다. 47명의 여성에 관한 끔찍한 소문이 돌았고, 사람들은 그 여자들에게 지독한 욕을 퍼부었습니다. 저와 같은 어린이들은 그 여자들은 나쁜 사람이고 우리는 그렇게 되어선 안 된다는 말을 들었습니다. 그후 22년 동안 이 주제를 입에 올리는 것조차 금기시되었습니다.

여성의 운전이라는 또다른 금기가 생긴 것입니다. [……]

아랍의 봄으로 우리는 고무되었고, 개인적 투쟁에 이끌렸습니다. 우리는 사우디아라비아에 여성의 운전을 금지하는 법이 없다는 사실을 깨달았고 ‘위민 투 드라이브’운동을 전개했습니다.

어느 날 밤 9시에 저는 알코바르의 병원에서 진료를 받고 나왔는데 집으로 돌아갈 차편을 구하지 못했습니다. 차 한 대가 계속 쫓아왔고 거의 납치를 당할 뻔했습니다. 다음날 저는 직장에서 겁에 질리고 화가 나 동료에게 운전면허증이 있는데도 여자라는 이유만으로 운전을 할 수 없으니 답답하다고 하소연했습니다. 그러자 그는 저에게 좋을 수도 있고 나쁠 수도 있는 소식을 전해주었습니다.
“하지만 당신이 운전하는 걸 금지하는 법은 없어요.”

이 말은 2011년 6월 17일 여성들이 운전대를 잡을 수 있도록

* 이슬람 율법에 따른 결정(옮긴이).

촉구하는 캠페인을 시작하자는 생각에 불을 지폈습니다. 우리는 국제 운전면허증을 소지한 여성들만 동참해달라고 촉구했습니다. 교통사고가 일어나는 것은 바라지 않았으니까요. 우리는 페이스북 계정과 트위터 계정을 차례차례 개설하고 웹캠을 이용해 7분짜리 영상을 녹화했습니다. 저는 이 영상을 유튜브에 올리고 우리가 누구인지 그리고 6월 17일에 무슨 일을 할 것인지 설명했습니다.

얼굴을 드러내고 목소리를 그대로 내보냈으며 실명을 사용했습니다. 저에게 두려움과 침묵의 시간은 이제 끝났습니다. 저는 한때 저의 정체성을, 즉 제가 여성이라는 사실을 수치스럽게 여겼습니다. 하지만 더는 그렇지 않습니다. 저는 제 자신을 위해 발언하고자 했습니다.

그달이 다 지나기 전에 저는 코바르시를 운전하며 돌아다니는 모습을 녹화해 유튜브에 게시했습니다. 이 영상은 하루 만에 70만 뷰를 기록했습니다. 이튿날 저는 운전했다는 죄목으로 체포되어 9일간 구금되었습니다.

신문과 텔레비전 방송에서 연일 저의 이야기를 다루었습니다. 온 나라에 폭동이 일어났습니다. 어느 집에서건 어느 모임 장소에서건 그 일은 뜨거운 화제였습니다. 저를 심판대에 세우라는 요구가 빗발쳤습니다. 심지어 다른 여자들에게 본보기가 되도록 공개된 장소에서 태형에 처하라는 요구도 있었습니다.

그 단순한 행동을 했다는 이유로 창녀다, 추방자다, 방종하다, 부도덕하다, 반역적이다, 반항적이다, 이란의 사주를 받았다, 서양에 물들었다, 배신자다, 이중간첩이다 등등 온갖 욕설을 들어야 했습니다. 별의별 소문이 다 돌았습니다. 가장 견디기 힘들었던 것은 제가 한 행동에 대한 비난이 아니라 제가 하지도 않은 행동에 대한 비난이었습니다.

6월 17일 거리에는 운전하러 나올 사람들을 위협하려는 경찰차와 종교경찰의 SUV로 붐볐습니다. 이 모든 압박에도 불구하고 6월 17일 100여 명의 여성이 규칙을 깨고 운전을 했습니다. 아무도 체포되지 않았습니다. 우리는 금기를 깼습니다.

2011년 11월 15일 저는 저에게 운전면허증을 발급해주지 않는 사우디아라비아 교통부를 상대로 행정법원에 처음으로 고소장을 접수했습니다.

우리는 이제 미디어와 신문에서 여성의 운전에 관해 자유롭게 이야기할 수 있습니다. 여성들은 이제 예전과는 달라졌습니다. 우리는 처음으로 이전 세대와 지금 세대가 하나로 연대했습니다. 우리는 긍정적인 압력을 행사해 변화를 일굽니다. 우리는 이제 '품위를 가질 자유'라는 이름을 사용하며 사우디아라비아 여성에게 완전한 시민권 부여와 수십 년 동안 유지되어온 남성 후견인 제도의 철폐를 요구합니다. [……]

1년 뒤 저를 모질게 비난했던 바로 그 신문사가 이제는 저의 국제적인 영예와 수상 소식에 관한 기사를 싣고 있습니다. 어머니는 딸이 온갖 공격에 시달리는 것을 보고 눈물을 흘리셨습니다. 저는 저에게 최악의 공격을 퍼부었던 지역 신문사가 결국에는 "마날은 사우디아라비아 여성들의 롤모델이다"라는 제목의 작은 기사를 실은 날 어머니에게 전화를 드렸습니다. 그 기사는 제가 '타임지가 선정한 가장 영향력 있는 인물 100인'에 이름이 오른 뒤 실린 것이었습니다. 저는 "어머니의 명예가 여기 이렇게 회복되었어요"라고 말씀드렸습니다. 어머니는 이날도 눈물을 흘리셨지만 이번에는 이전과는 다른 종류의 눈물이었습니다. 그 눈물은 자부심과 기쁨의 눈물이었습니다.

저는 항상 어머니에게 이야기합니다. "그들이 나에게 쇠고랑을 채워 나를 감옥에 가둘지 모르지만, 나는 그들이 내 정신에 쇠고랑을 채우도록 허락하지 않을 거예요. 그들은 내 뼈를 으스러뜨릴 수 있을지 모르지만 어머니, 그들은 결코 내 영혼을 망가뜨릴 수는 없어요."

수년 동안 수동적으로 살았습니다. 너무나 여러 해 동안 청원서에 서명하고 결코 오지 않을 응답을 기다리며 작은 목소리로 불평했습니다. 우리는 마침내 침묵의 시간을 끝내기로 결심했습니다. 우리는 우리의 현실을 변화시킬 행동을 취했습니다. 기다림은 더 긴 기다림과 좌절을 낳을 뿐입니다. 그러나 안타깝게도 1년이 지난 지금도 여성들은 여전히 우리의 현실을 변화시켜줄 기적이 일어나기를 기다리고 있습니다. 그들은 여전히 사우디아라비아의 왕실에서 여성의 운전을 금지하기로 한 결정을 폐기해주기를 기다리고 있습니다. 그런 일은 결코 일어나지 않는다는 사실을 그들은 알지 못합니다. 자동차 키를 손에 쥐고 운전대를 잡고 운전을 할 수 있느냐는 우리 자신에게 달려 있습니다. 그렇게 단순한 사실입니다. 그렇게나 단순합니다.

어머니들이 자유롭지 않으면 아이들도 자유로울 수 없다고 믿습니다. 딸들이 자유롭지 않으면 부모들도 자유로울 수 없고, 아내들이 자유롭지 않으면 남편들도 자유로울 수 없습니다. 여성들이 아무것도 아니면 이 사회 또한 아무것도 아닙니다.

저에게 자유란 내면에서 시작되는 것입니다. 여기에서[저의 심장에서]부터 저는 제가 자유롭다는 사실을 압니다. 하지만 그곳, 사우디아라비아에서 투쟁은 이제 막 시작되었습니다. 이 투쟁은 언젠가 끝나겠지만 그것이 언제가 될지는 모릅니다. 이 투쟁은 자동차를 운전하기 위한 투쟁이 아니라 우리 운명의 운전대를 스스로 잡기 위한 투쟁, 그저 꿈을 꿀 자유가 아니라 삶을 살아갈 자유를 얻기 위한 투쟁입니다.

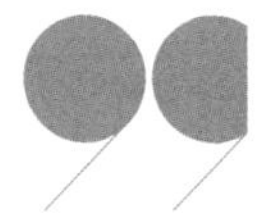

22
JULIA
GILLARD

줄리아 길라드

'저분에게는 거울이 필요합니다'

오스트레일리아
캔버라,
오스트레일리아 의회

2012년 10월

오스트레일리아 총리 줄리아 길라드Julia Gillard가 오스트레일리아 의회에서 이 연설을 하기 5개월 전 나는 캔버라에 갔다가 그녀를 잠깐 만난 적이 있다.

당시 나는 솔직히 길라드가 총리로서 겪는 노골적인 여성 혐오에 어리둥절해 있었다. 이러한 여성 혐오는 정치의 주변부가 아닌 주류에서 이루어지고 있었다. 야당 대표인 토니 애벗Tony Abbott이 총리에 대한 여성 혐오를 주도하고 있었다.

2010년 길라드는 오스트레일리아의 첫 여성 총리가 되었다. 정치 상황은 좋지 않았다. 다수당이 없는 의회, 치열한 탄소세 논쟁, 노동당 내부의 계속된 분열로 어려운 상황이었다. 이와는 무관하게 길라드 정부를 반대하는 움직임은 갈수록 열띤 양상을 띠었고, 대단히 개인적이었으며 성차별로 만연해 있었다. 심지어 길라드는 미혼에 자식이 없다는 이유로 자주 공격을 받곤 했다.

애벗과 나란히 선 활동가들은 '마녀를 몰아내라', '줄리아…… 밥 브라운의 암캐'라고 쓴 플래카드를 손에 들고 있었다. 한번은 야당에서 개최한 정치자금을 모금하기 위한 만찬

회 메뉴판에 '줄리아 길라드 메추라기'—'작은 가슴, 두툼한 허벅지와 큼직한 빨간 도시락'[21]이라는 설명이 붙어 있기도 했다.

이때는 미국에서 힐러리 클린턴을 상대로 여성 혐오 발언이 늘고, 영국에서 공적 활동을 하는 여성들에 대한 키보드 전사들의 성차별과 언어폭력이 폭발적으로 증가하기 몇 년 전이었다. 오스트레일리아에서는 바이럴 이메일과 새로 생긴 페이스북 단체들을 통해 길라드를 향한 성차별적이고 폭력적인 언설이 일파만파로 퍼져나갔다.

그러다 2012년 10월 애벗은 의회에서 길라드를 공격하는 토론을 펼쳤다. 노동당 출신의 피셔 지역구 의원인 피터 슬리퍼Peter Slipper 의장이 무례하고 성차별적인 문자를 보낸 사실이 드러났는데도 그를 해임하지 않는다고 항의한 것이다. 이에 대한 응답으로 이루어진 길라드의 이 연설은 그야말로 절제된 폭발이라고 할 만하다. 이 연설은 글로 읽어도 좋지만 영상으로 보면 더 좋다. 지면에 인쇄된 글만 보아도 날카롭지만 길라드가 애벗을 직접 쳐다보며 그를 까뭉개는 것을 직접 보는 것과는 비교가 되지 않는다. 길라드는 원고를 거의 보지 않은 채 건너편에 앉아 있는 애벗이 그동안 해왔던 성차별적인 발언의 예를 하나하나 언급하며 그를 공격했다.

길라드의 분노는 절제되어 있었기에 더욱 강력하다. 길라드의 주장은 법리적이어서 더욱 강력하다. 길라드는 이날 길고 자세한 증거 목록을 준비해왔다. 애벗은—그저 듣고 앉아 있는 수밖에 별다른 도리가 없었다—갈수록 눈에 띄게 점점 더 불편해졌다. 그뒤 길라드의 연설은 몇 주 동안 온라인에서 수백만 뷰를 기록했다. 영국 웨스트민스터로 돌아온 나는 이 영상을 보며 환호했다. 길라드는 교활한 성차별주의와 이중잣대를 참는 데 신물이 난 수백만 명의 여성을 대변했다. 노동당에서의 내홍 등 오스트레일리아 정치판은 굴곡이 많았고, 길라드는 결국 1년이 채 지나지 않아 총리직에서 물러났다. 그녀는 8개월 뒤 총리로서의 마지막 연설에서 그동안 자신이 마주했던 성차별에 관해 다음과 같이 이야기했다.

> 그것이 모든 것을 설명하지는 않지만 아무것도 설명하지 않는 것도 아닙니다. 일부를 설명하지요. …… 차기 여성들에게, 차차기 여성들에게, 차차차기 여성들에게는 좀더 쉬워질 것입니다. 저는 그 사실에 자긍심을 느낍니다.[22]

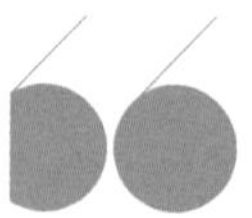

부의장님께 감사드립니다. 저는 야당 대표의 발의안을 반박하기 위해

이 자리에 섰습니다. 야당 대표에게 말씀드리건대 저는 저분으로부터 성차별과 여성 혐오에 관한 강의를 듣지 않겠습니다.

듣지 않겠습니다. 그리고 이 정부는 저분에게 성차별과 여성 혐오에 관한 강의를 듣지 않을 것입니다. 지금도 그리고 앞으로도요.

야당 대표는 성차별적 시각을 가진 여성 혐오주의자는 고위 공직자로 적합하지 않다고 이야기합니다. 야당 대표께서는 종이 한 장을 준비해 사직서를 작성해주길 바랍니다.

왜냐하면 야당 대표께서 오늘날 오스트레일리아에서 여성 혐오가 어떤 모습을 띠는지 정말로 알고 싶다면 저분에게 필요한 것은 하원에서의 발의안이 아니기 때문입니다. 저분에게 필요한 것은 거울입니다. 저분에게는 거울이 필요합니다.

야당 대표의 혐오스러운 이중잣대, 여성 혐오와 성차별 문제에서의 혐오스러운 이중잣대를 낱낱이 살펴봅시다. 야당 대표께서 슬리퍼 의장의 문자 메시지 때문에 불쾌감을 느꼈다는 사실을 우리는 지금 심각하게 받아들여야 할 것입니다. 그런데 바로 저 야당 대표께서 지난 정부에서 장관을 지낼 때의 이야기를 하겠습니다. 그러니까 학생 때가 아닙니다. 고등학생일 때가 아니란 것입니다. 저분은 지난 정부에서 장관을 지냈습니다.

저분은 오스트레일리아에서 권력기관에 진출한 여성 수가 부족하다는 주제로 토론할 때 이렇게 이야기했습니다. 그때 저분이 한 말을 인용하겠습니다. …… 야당 대표는 "스타브로스씨[인터뷰 진행자],

일반적으로 말해서 남성이 여성보다 더 많은 권력을 가진 게 사실이라 칩시다. 그게 나쁜 일인가요?"라고 이야기했습니다.

토론이 계속 이어졌고 다른 인터뷰 참가자가 이렇게 이야기했습니다. "나는 내 딸이 내 아들과 동등한 기회를 누리기를 바랍니다." 이 말에 야당 대표는 이렇게 이야기했습니다. "네, 전적으로 동의합니다. 그런데 만약에 남성이 권력을 행사하거나 명령을 내리는 일에 신체적으로나 기질적으로 더 적합하다면요?"

이후 현대사회에서 여성의 역할에 관한 토론이 이어졌고, 다른 토론 참가자가 이렇게 이야기했습니다. "나는 여성의 과소대표 현상을 부인하기는 매우 어렵다고 생각합니다." 이에 야당 대표는 이렇게 이야기했습니다. "하지만 그게 나쁘다는 것은 억측입니다."

우리에게 성차별에 관한 강의를 하겠다는 분이 바로 이런 분입니다.

물론 이외에도 더 있습니다. 저는 야당 대표가 보건장관을 지낼 때 개인적으로 매우 불쾌했던 적이 있습니다. 저분이 한 말을 인용하겠습니다. "낙태는 쉬운 해결방법이다." 저는 이 말에 개인적으로 무척이나 불쾌감을 느꼈습니다. 이 말을 2004년 3월에 한 바 있습니다. 기록을 확인하기 바랍니다.

또한 이번 탄소세운동에서 오스트레일리아 여성들을 대표해 매우 불쾌감을 느낀 적이 있습니다. 야당 대표는 이렇게 이야기했습니다. "오스트레일리아 가정주부들이 다림질할 때 알아야 할 것은……."

오늘날 오스트레일리아에서 여성의 역할을 그렇게 묘사해주신 것에 감사드립니다.

그리고 당연히 야당 대표가 총리 자격으로 탁자 맞은편에 앉아 있는 저를 성희롱했을 때, 그의 성차별에, 여성 혐오에 매우 불쾌했습니다. "총리께서 정치적으로 말해서, 진실한 여자가 되고 싶으면……." 이는 총리석에 앉은 어떠한 남성도 듣지 않았을 말이지요.

저는 야당 대표가 밖으로 나가 의회 앞에서 "마녀는 물러가라"라고 쓴 플래카드 옆에 서 있었을 때 불쾌감을 느꼈습니다.

저는 야당 대표가 제가 어느 남자의 암캐라고 말하는 플래카드 옆에 서 있었을 때 불쾌감을 느꼈습니다.

저는 그 일들로 불쾌감을 느꼈습니다.

이 야당 대표에게서 나오는 일상적인 여성 혐오, 성차별.

날마다 모든 면에서, 저 의자에 앉아 있는 저 야당 대표와 이 의자에 앉는 제가 보낸 그 모든 시간 동안 우리가 저분으로부터 들은 말이 다 그러했습니다.

그리고 지금 야당 대표께서는 본인의 발언이 진지하게 다루어지기를 원합니다. 이 모든 과거 기록과 이 모든 발언을 남긴 뒤에 돌연 의식이 깨어나신 듯합니다. 의식이 깨어나서 이렇게 생각하십니다. '오, 이런. 이런 걸 성차별이라고 부르는 모양이군. 오, 세상에 이런 게 여성 혐오로군. 그런 사람이 누가 있을까? 오, 의장이어야 하겠어. 내 정치적 목적에 부합하니까 말이야.'

자신의 과거 발언들에 관해서는 눈 하나 깜짝하지 않고 이 의회에 와서 오스트레일리아의 여성들에게 사죄하지도 않습니다. 이 의회에 와서 자기 입에서 나온 발언들에 대해 저에게 사죄하지도 않습니다. 그러면서 이제는 이것을 다른 사람을 때리는 몽둥이로 쓰려고 합니다.

결단코 이런 위선이 용인되어서는 안 됩니다. 야당 대표가 제시한 발의안을 진지하게 받아들여서는 안 되는 이유가 바로 이것입니다. [……]

야당 대표와 야당 부대표는 여기 와서 피셔 지역구 의원에 관해 이야기했습니다. 이제 제가 야당과 야당 대표에게 그들의 과거 기록과 피셔 지역구 의원과의 연관성을 상기시켜드릴까 합니다.

슬리퍼 의원과는 일도, 대화도 할 수 없다는 저 야당 대표에게 상기시켜드리고자 합니다. 저는 야당 대표께서 과거에 슬리퍼 의원의 결혼식에 참석했다는 사실을 상기시켜드리고자 합니다.

저분이 슬리퍼 의원의 결혼식에서 슬리퍼 의원에게 그곳에 있기가 역겹다고 말했을까요? 저분이 그런 태도를 취했을까요? 아니요, 저분은 그 결혼식에 친구로 참석했습니다.

야당 대표께서는 다른 사람들에게 그들이 슬리퍼 의원에 관해 알아야 하지만 미처 모르고 있었던 어떤 사실에 대해 강연을 하고 싶어 안달합니다. 존경심을 담아 야당 대표께 말씀드리건대 슬리퍼 의원의 결혼식에 참석했을 정도로 오랫동안 개인적으로 알고 지낸 사이인데, 야당 대표께서 이 문자 메시지를 보고 과연 진심으로 놀랐을지의 여부를 알 수 있으면 참으로 흥미로울 것 같습니다. 슬리퍼 의원과 개인적인 관계를 오래 지속해왔다는 사실로 미루어볼 때 야당 대표께서는 저나 이 의회에 있는 다른 많은 사람보다도 슬리퍼 의원과 더 친밀히 대화할 수 있는 사이임이 분명합니다. [……]

슬리퍼 의원의 처신과 지금 공적 영역에 놓인 그 문자 메시지에 관한 언론 보도를 보았습니다. 그 내용에 불쾌했습니다. 저는 늘 성차별로 불쾌한 감정을 겪기 때문에 그 내용이 불쾌했습니다. 저는 반反여성적 발언들 때문에 늘 불쾌한 감정을 겪기 때문에 그 내용이 불쾌했습니다. [……]

또한 이 의회가 의장직에 관한 결정을 내리는 문제와 관련해 이 문제가 현재 법정에서 다루어지고 있다는 사실을 의회에서 알아야 한다고 생각합니다. 판사가 아직 결정을 유보하고 있다는 점, 슬리퍼 의원을 둘러싼 법적인 문제가 결론에 이르려면 수개월이 지나야 한다는 사실을 의회에서 알아야 합니다.

저는 그 방식이 적절하다고 생각합니다. 우리가 모든 정보에 접근할 수 있을 때 제대로 판단할 수 있는 기회를 갖게 될 것입니다. 그런데 사람들이 이 문제에 관해 판단할 시기가 언제 오든 제가 용인하지 않을 일, 제가 결단코 용인하지 않을 일은 야당 대표가 이 자리에 나타나 이중잣대를 휘두르는 것입니다. [……]

야당 대표가 슬리퍼 의원에게 휘두르는 그 잣대는 슬리퍼 의원에 앞서 그림자 내각 정무차관을 지낸 버나드 상원의원처럼 가장 야비하고 역겨운 발언을 하다가 쫓겨난 사람들에게는 적용되지 않았던

잣대입니다.

저는 야당 대표가 자신의 이중잣대를 이곳 의회에서 휘두르는 모습을 절대로 보지 않겠습니다. 성차별은 언제든 용납되어서는 안 됩니다. …… 야당 대표는 무엇이든 조치를 취하라고 말합니다. 하지만 그가 이 의회에서 성차별에 관해 다루려면 스스로 할 수 있는 조치들이 있습니다.

자신의 행동을 바꿀 수 있습니다. 자신이 한 모든 과거 발언에 대해 사과할 수 있습니다. 제가 마녀이고 암캐라고 한 플래카드 옆에 서 있었던 일에 대해 사과할 수 있습니다. 그런 표현들이야말로 지금 야당 의석 맨 앞줄에 앉아 계신 분들이 반대하는 용어이니까요. 진정으로 원한다면 자기 자신의 잣대부터 바꿀 수 있습니다. 하지만 우리는 야당 대표로부터 이중 어느 것도 볼 수 없을 것입니다. 왜냐하면 야당 대표는 이러한 문제에서 스스로 변화할 능력이 전무하기 때문입니다. 이중잣대를 휘두를 능력은 있지만 변화할 능력은 없습니다.

야당 대표의 이중잣대가 이 의회를 장악해서는 안 됩니다. 양식과 상식과 적절한 절차가 이 의회를 장악해야 합니다. 저는 그것이 우리 의회가 나아갈 길이라고 생각합니다. 여자가 말을 너무 오래하는 것 같아서 시계를 들여다보는 저 야당 대표가 휘두르는 이중잣대나 정치놀음은 의회가 나아갈 길이 아닙니다.

과거에 야당 대표는 저에게 고함을 지르기도 했지만, 저는 몇 초 남지 않은 제 발언 시간을 야당 대표가 지금 해야 할 가장 좋은 일을 알려주는 데 쓰고자 합니다. 그는 자신이 공적 생활에서 보여주는 기준에 대해 성찰하는 시간을 가져야 합니다. 공적 발언을 할 때 자신이 지는 의무에 대해, 피터 슬리퍼와의 가까운 개인적인 관계에 대해, 오늘 이 하원에서 자신이 보인 위선에 대해 성찰하는 시간을 가져야 합니다.

그리고 이것을 근거로 야당 대표의 동기 때문에 오늘 의회는 이 발의안을 거부해야 하며, 야당 대표는 공적 생활과 오스트레일리아 사회에서 여성의 역할에 관해 진지하게 생각해보아야 합니다. 우리는 이보다 나은 기준을 가질 권리가 있기 때문입니다.

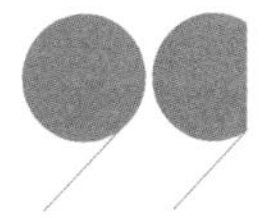

23
CHIMAMANDA
NGOZI ADICHIE

치마만다 응고지 아디치에

'우리는 모두
페미니스트가
되어야 합니다'

영국 런던,
테드 강연

2013년 4월

치마만다 응고지 아디치에Chimamanda Ngozi Adichie의 연설 '우리는 모두 페미니스트가 되어야 합니다'는 즐거움과 유머와 나이지리아에서 페미니스트로서 성장하는 것에 대한 멋진 이야기들로 가득하다. 이 테드엑스 토크 연설은 지금까지 350만 명 이상의 사람들이 온라인으로 시청했고, 책으로도 출간되어 전 세계에서 성공을 거두었다. 비욘세Beyoncé는 그녀의 노래 〈플로리스Flawless〉에 이 연설을 피처링하기도 했다. 스웨덴에서는 국가사업으로 전국 모든 16세 청소년에게 이 책을 선물했다.

이 연설은 아디치에의 유일한 테드 강연이 아니다. 그녀의 연설 '단 하나의 이야기가 갖는 위험The Danger of a Single Story'은 조회 수가 가장 높은 테드 강연 중 하나로,[23] 다른 문화가 과소대표되는 현실과 다른 민족, 공동체, 국가에 관해 자신이 알고 있는 단 한 가지의 이야기에 근거해 쉽게 다른 사람을 판단하는 경향에 이의를 제기하고 있다.

테드 강연이라는 형식은 아디치에의 재치 있고 성찰적인 연설과 완벽하게 잘 어울린다. 테드 강연은 구술 전통을 변형해 수백만 명이 온라인으로 흥미로운 주장을 접할 수 있는 새로운 방법을 제공했다. 테드 강연은 학술 강연이나 공식적인 연설보다 짧으면서 재미있고, 정치집회보다 편안하면서 널리 전달된다. 놀라우리 만치 다양한 범위의 주제를 다룬 훌륭한 강연들이 많이 있지만 아디치에의 강연은 그중에서도 난연 눈에 띈다.

아디치에가 연설가로서 가진 힘은 어느 정도는 소설가이자 이야기꾼으로서 그녀가 지니는 강점에서 나온다. 아디치에의 언어는 아름답고 종종 그 자신이 경험한 것에서 나온 유쾌한 회상들로 생동감이 넘친다. 아디치에가 연설에서 묘사하는 젠더 불평등과 불의가 힘있게 다가오는 이유는 그 뿌리를 우리가 공감할 수 있는 인물들—흔히 친구나 가족—의 일상적인 경험에서 찾기 때문이다.

이러한 개인적인 이야기들은 아디치에의 연설을 훨씬 설득력 있게 만드는 동시에 젠더 불평등에 얽힌 복잡성과 미묘함을 씨실과 날실 삼아 그것들을 잘 엮어주는 역할을 한다. 그리하여 아디치에는 우리에게 분명한 생각을 전달하면서도 자신이 경고했던 사태를 지나치게 단순화할 위험이나 하나의 이야기에 갇힐 위험에 빠지지 않는다.

하지만 아디치에 연설의 아름다움은 실제 연설을 전달하는 그녀의 모습에서도 찾을 수 있다. 이 테드 강연에서 아디치에의 태도는 온정적이며 타이밍이 탁월하고 눈은 총기로 반짝인다. 젠더에 따른 기대에서 벗어나 "자유롭게 진정한 개별적 자아가 될" 때 여성과 남성 모두 혜택을 누릴 것이라고 주장하는 아디치에는 낙관적이고 포용적이다. 궁극적으로 페미니즘을 더 공정한 세상에 대한 애원이 아닌 더 행복하고 더 즐거운 세상에 대한 요청으로 만드는 데 이 연설의 힘이 있다.

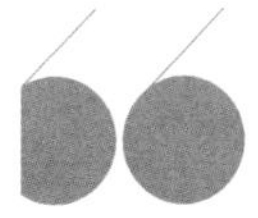

저는 한 남자에 관한 소설을 썼습니다. 그에게는 여러 가지 모습이 있지만 무엇보다 아내를 때리는 남자였고, 이야기의 결말은 썩 좋지 않습니다. 나이지리아에서 그 소설을 홍보하고 있을 때 어느 친절하고 호의적인 기자 한 분이 저에게 조언을 하고 싶다고 했습니다. 이 자리에 계신 나이지리아 분들은 잘 아시겠지만, 우리 나이지리아 사람들은 부탁받지 않은 조언을 하는 데 주저함이 없지요.

그는 사람들이 저의 소설을 페미니스트 소설이라고 부른다고 했습니다. 그러면서 조언하기를—그는 이 말을 하면서 슬프게 고개를 가로젓더군요—페미니스트들은 남편감을 찾지 못해 불행한 여자들이기 때문에 절대 스스로를 페미니스트라고 부르지 말아야 한다고 했습니다.

그래서 저는 제 자신을 '행복한 페미니스트'라고 부르기로 했습니다.

그런데 나이지리아 여성학자 한 분이 저에게 페미니즘은 우리 문화가 아니다, 페미니즘은 아프리카 문화가 아니다라고 말했습니다. 제가 스스로를 페미니스트라고 부르는 것은 '서구' 서적에 물들어서 그렇다는 것이었습니다. 이 말은 상당히 흥미로웠는데 제가 어릴 때 읽은 [서구의] 글들은 단연코 페미니즘과는 거리가 멀었거든요. [……]

하지만 어쨌든 페미니즘이 아프리카 문화가 아니라고 하니 이제부터 제 자신을 행복한 아프리카인 페미니스트라고 부르기로 했습니다. 그러다 어느 시점에 이르러서 저는 제 자신을 남자를 미워하지 않으며, 남자를 위해서가 아니라 제 자신을 위해 립글로스를 바르고 하이힐 신기를 좋아하는, 행복한 아프리카인 페미니스트라고 부르게 되었습니다.

물론 이것은 대체로 비꼬는 말이었지만 '페미니스트'라는 말에는 낡은 사고, 부정적인 낡은 사고가 무거운 짐처럼 따라다니는 것이 사실입니다. [……]

어릴 적 이야기를 해보겠습니다. 초등학교에 다닐 때의 일입니다. 학기 초에 선생님이 우리 반에서 곧 시험을 칠 텐데 누구든 이 시험에서 가장 높은 점수를 받은 학생이 반장이 된다고 하셨습니다.

반장이 된다는 것은 굉장한 일이었습니다. 반장은 떠든 사람의 이름을 적었는데 이것만 해도 어깨에 힘이 들어갈 만한 대단한 권력이었지요.

그런데 우리 반 선생님은 반장에게 회초리까지 주었습니다. 떠든 사람을 찾으러 교실을 돌아다닐 때 손에 쥐고 있으라고요. 물론 회초리를 사용해도 된다는 것은 아니었지만 아홉 살이었던 저에게는 상상만으로도 짜릿한 일이었습니다.

저는 몹시 반장이 되고 싶었고, 시험에서 가장 높은 점수를 받았습니다. 그런데 놀랍게도 선생님은 남학생만 반장이 될 수 있다고 했습니다. 선생님이 이 사실을 굳이 언급하지 않은 것은 그것이 너무 당연하다고 생각해서였지요. [……]

저는 종종 저에게 명백한 사실은 다른 모든 사람에게도 그럴 것이라고 지레짐작하는 실수를 저지르곤 합니다.

친한 친구인 루이스의 사례를 이야기해보겠습니다. 루이스는 명석하고 진보적인 남성인데 우리가 함께 대화를 나눌 때 그는 종종 “여자들이 처한 환경이 다르다거나 더 힘들다는 말이 무슨 뜻인지 잘 모르겠어. 과거에는 그랬을지 몰라도 지금은 아니잖아”라고 말하곤 했습니다. 저는 왜 루이스가 그토록 자명한 사실을 보지 못하는지 이해할 수 없었습니다.

그러던 어느 날 저녁 라고스에서 루이스와 저는 친구들과 함께 외출을 했습니다. 이 자리에는 라고스를 잘 아시는 분들이 있겠지만 라고스에는 명물로 통하는 사람들이 있지요. 라고스에서는 활기찬 젊은 남자들이 건물 주변을 어슬렁거리다가 주차하는 차량을 보면 얼른 다가와 아주 호들갑스럽게 도움을 주곤 합니다. 그날 저녁 우리가 주차 공간을 찾도록 도와준 한 남자의 연극 같은 행동이 특히나 인상적이었습니다. 그래서 저는 주차를 마치고 가면서 남자에게 팁을 줘야겠다고 생각했습니다.

저는 가방을 열고 손을 넣어 제가 일을 해서 번 저의 돈을 꺼내 그 남자에게 건넸습니다. 그러자 이 남자는 무척 고마워하며 행복한 표정으로 그 돈을 저에게서 받아들더니 건너편에 서 있는 루이스를 향해 "고맙습니다, 선생님!"이라고 말했습니다.

루이스는 놀라서 저를 바라보더니 "왜 나한테 고맙다는 거지? 내가 그 돈을 준 것도 아닌데"라고 말했습니다. 바로 그때 저는 루이스의 얼굴에 깨달음이 스치는 것을 보았습니다. 그 남자는 제가 가진 돈은 궁극적으로 루이스에게서 나온 돈일 것이라고 생각한 것입니다. 루이스가 남자이니까요.

남자와 여자는 다릅니다.

몸속 호르몬이 다르고 생식기관이 다르며 생물학적 능력이 다릅니다. 여자는 아기를 낳을 수 있지만 남자는 그렇지 않지요. 적어도 아직까진 그렇습니다. 남자는 테스토스테론이 더 많이 분비되고 대체로 여자보다 육체적으로 힘이 셉니다. 세계에는 남자보다 여자가 조금 더 많아서 전 세계 인구의 52퍼센트가 여자입니다. 하지만 권력과 명성이 따르는 지위는 대부분 남자가 차지합니다.

작고한 케냐의 노벨평화상 수상자 왕가리 마타이는 이 현상을 "높이 올라갈수록 여자가 줄어든다"는 간결한 말로 잘 표현했습니다. [……]

1000년 전에는 이것이 이치에 맞았습니다. 그때 인류는 생존하려면 육체적인 힘이 가장 중요한 세계에 살고 있었으니까요. 육체적으로 강한 사람이 지도자가 될 가능성이 높았습니다. [……]

하지만 오늘날 우리는 굉장히 다른 세계에 살고 있습니다. 이제 지도자가 될 가능성이 높은 사람은 육체적으로 더 강한 사람이 아니라 더 창의적인 사람, 더 지적인 사람, 더 혁신적인 사람이며, 이러한 자질을 좌우하는 호르몬은 따로 없습니다. [……]

몇 주 전 저는 나이지리아에서 최고로 손꼽히는 호텔 로비로 걸어들어갔습니다. …… 입구에 있던 남자가 저를 제지하더니 불쾌한 질문을 해왔습니다. 호텔에 혼자 들어오는 나이지리아 여성은 성노동자라는 억측이 몸에 뱄기 때문입니다. [……]

남자와 함께 나이지리아 식당에 들어서면 웨이터는 늘 남자에게만 인사하고 저를 무시합니다. [……]

그들이 저를 무시할 때마다 저는 투명인간이 된 기분입니다. [……]

젠더 문제는 전 세계 어디에서나 중요하지만 저는 나이지리아와 아프리카 전반에 초점을 두고자 합니다. 이곳이 제가 잘 아는 곳이고, 저의 심장이 거기에 있기 때문입니다.

오늘 이 자리에서 저는 우리가 다른 세상을 꿈꾸며 계획을 세우자고 당부하고 싶습니다. 공정한 세상을요. 스스로에게 진실한 더 행복한 남자들과 더 행복한 여자들이 사는 세상을 말입니다.

이렇게 시작합시다. 우리는 딸을 지금과 다르게 키워야 합니다.

아들도 지금과 다르게 키워야 합니다. 우리가 지금 아들을 키우는 방식은 사실상 그 아이에게 몹쓸 짓을 하는 것입니다. 우리는 아들의 인간성을 억압합니다. 우리는 남성성을 매우 협소한 방식으로 규정합니다. 남성성이라는 좁고 딱딱한 우리를 만들어 아들을 그 안에 가두어버립니다. 우리는 아들에게 두려움을 두려워하라고 가르칩니다. 나약함을, 취약함을 두려워하라고 가르칩니다. 진정한 자기 자신의 얼굴을 가면으로 가리라고 가르칩니다. 나이지리아에서 하는 말로 소년은 '단단한 남자'가 되어야 하니까요. [……]

'단단한 남자'가 되어야 한다는 압력을 더 많이 느끼면 느낄수록 소년의 자아는 그만큼 약해집니다. 그리고 우리는 딸에게는 훨씬 더 몹쓸 짓을 하는데 그렇게 약해진 남자의 자아를 만족시키라고 키우기 때문입니다.

우리는 딸에게 자신을 웅크리라고, 더 작아지라고 가르칩니다. 우리는 딸에게 말합니다. "야망을 품어도 좋지만 너무 크게 품어선 안 돼. 성공을 목표로 삼아야 하지만 지나치게 성공해선 안 돼. 남자가 겁먹을 테니까. 남자와 살면서 네가 생계를 책임지더라도 안 그런 척해야 해. 특히 사람들 앞에서. 그렇지 않으면 너 때문에 남자가 사내구실을 하지 못할 테니까." [……]

사람들은 제가 여자이니까 결혼을 동경할 것이라고 생각합니다. 살면서 중요한 선택을 할 때 언제나 결혼을 최우선으로 고려할 것이라고 예상합니다. [……]

제가 아는 한 여성은 결혼할 남자가 불편해하는 것이 싫어서 가지고 있던 집을 팔기로 했습니다. 제가 아는 나이지리아의 한 미혼 여성은 콘퍼런스에 갈 때 결혼반지를 낍니다. 다른 참가자들이 자신을 존중해주길 바라서라고 하더군요. 젊은 여성들은 가족이나 친구로부터 심지어 직장에서까지 결혼에 대한 압박에 시달리다 결국 나쁜 선택으로 내몰리기도 합니다. [……]

나이지리아에서는 남녀 모두 "가정의 평화를 위해서 그랬어"라는 말을 자주 합니다. 저는 이 표현이 매우 흥미롭습니다. 남자들은 보통 원래부터 하지 말아야 하는 어떤 것을 두고 이 말을 합니다. …… "아, 아내가 밤마다 클럽에 가는 건 안 된다고 해서 가정의 평화를 위해서 주말에만 가기로 했어." 반면에 여자가 "가정의 평화를 위해서 그랬어"라고 말할 때는 보통 자신의 직장이나 꿈, 경력에 관해서입니다. [……]

우리는 딸에게 남자아이들과 같은 방식으로 성적인 존재가 되어서는 안 된다고 가르칩니다. [……]

그러면서 우리는 때가 되면 딸이 남편감으로 완벽한 남자를 데려올 것이라고 기대하지요. 우리는 딸을 단속합니다. 딸이 순결을 지키면 칭찬하지만, 아들이 순결을 지키면 칭찬하지 않습니다. 저는 항상 궁금했는데 이 모든 것이 정확히 어떻게 가능하지요? …… [박수] 그러니까 제 말은 순결을 잃는 경우 보통 두 사람이 있어야 하잖아요. [……]

우리는 딸에게 수치심을 가르칩니다. "다리를 오므려라. 몸을 가려라." 우리는 딸들이 마치 여자는 태어날 때부터 이미 죄를 지은 것처럼 느끼게 만듭니다. 그래서 딸은 자신의 욕망을 말하지 못하는 여자로 자랍니다. 딸은 스스로 침묵하는 여자로 자랍니다. 딸은 자신의 진정한 생각을 말하지 못하는 여자로 자랍니다. [……]

젠더의 문제는 우리가 어떤 사람이 되어야 한다고 일방적으로 지시한다는 데 있습니다. 우리가 스스로 어떤 사람인지 알아야 한다고 말하지 않습니다. 우리가 젠더에 대한 기대에서 벗어난다면 우리는 얼마나 더 행복해지고, 얼마나 더 자유롭게 진정한 개별적 자아가 될 수 있을까요. [……]

저는 앞으로 더는 제가 여성이라는 것에 대해, 저의 여성성에 대해 죄책감을 갖지 않기로 했습니다. 저는 제가 여성이라는 것에 대해 모든 면에서 존중받길 원합니다. 저는 그럴 자격이 충분하기 때문입니다. [……]

젠더 문제는 중요합니다. 남자와 여자는 세계를 다르게 경험합니다. 젠더는 우리가 세계를 경험하는 방식에 각기 다른 색을 입힙니다.

하지만 우리는 이 현실을 바꿀 수 있습니다. [……]

누군가는 여자가 남자에게 순종하는 것은 우리의 문화라고 말할지도 모릅니다. 하지만 문화는 늘 변합니다. 저에게는 라고스에 사는 아름다운 열다섯 살짜리 여자 쌍둥이 조카들이 있습니다. 그 아이들이 100년 전에 태어났다면 사람들은 그 아이들을 어딘가로 데려가 죽였을 것입니다. 우리 문화가 그랬으니까요. 쌍둥이를 죽이는 것이 이보족 문화였습니다. [……]

문화가 사람들을 만들지 않습니다. 사람들이 문화를 만듭니다. [……]

페미니스트에 대한 저의 정의는 이렇습니다. 페미니스트는 남성이든 여성이든 "그래, 오늘날 젠더에는 문제가 있어. 우리는 반드시 이 문제를 바로잡아야 하고, 지금보다 더 나아져야 해"라고 말하는 사람입니다.

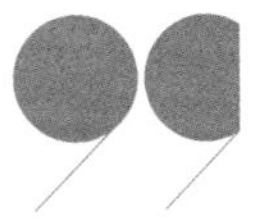

24
MALALA
YOUSAFZAI

말랄라 유사프자이

'우리가 책과
펜을 들 수 있도록
해주십시오'

미국 뉴욕주,
유엔총회

2013년 7월

말랄라 유사프자이Malala Yousafzai는 열여섯번째 생일에, 그러니까 탈레반이 쏜 총에 머리를 맞고 9개월 뒤 유엔에서 연설을 했다. 세계무대에 선 이 10대 청소년은 영광스럽게도 베나지르 부토의 연분홍색 숄을 두른 채 자신의 경험을 천천히 분명하게 이야기했다.

> 저의 삶에서 달라진 것은 이것뿐입니다. 약함과 공포와 절망이 죽었습니다. 강함과 힘과 용기가 태어났습니다. 저는 그대로 말랄라입니다. 저의 포부는 그대로입니다. 저의 희망은 그대로입니다. 저의 꿈도 그대로입니다.

이 연설은 모든 청중에게 커다란 영향을 주었다. 당시 10대 청소년 아이들을 키우고 있던 나로서는 한 해 전, 총을 든 탈레반이 쿠샬 스쿨버스 뒤에 있던 파슈툰족 여학생들에게 "누가 말랄라냐?"라고 묻고는 말랄라와 그녀 가까이에 있던 친구들에게 총을 쏜 그 순간부터 말랄라의 삶에서 일어난 변화들을 그저 상상만 해볼 수 있을 뿐이었다. 그리고 2013년 7월 이

날—총격이 있었던 날로부터 한 해가 채 지나지 않아—말랄라는 유엔에서 처음으로 공개 연설을 했다.

하지만 말랄라가 전달하려는 메시지는 개인으로서 겪은 상실과 고통이 아니었다. 교육을 간청하는 말랄라의 외침은 바로 이 교육을 추구하는 과정에서 그녀가 거의 죽을 뻔했다는 사실 때문에 더욱 강렬하게 다가왔다. 그러나 이 연설에서 말랄라는 가장 강력한 무기를 든 것은 우리들이기에 지금 두려워해야 할 이들은 극단주의자들이라며 무기가 가진 폭력적인 이미지를 완전히 뒤엎는다.

우리가 우리 스스로를 지식으로 무장하게 해주십시오.
우리가 책과 펜을 들 수 있도록 해주십시오.

말랄라는 베나지르 부토를 자신에게 영감을 준 위인 중 한 사람으로 소개했고, 당시 반기문 유엔 사무총장은 이날 말랄라를 소개하면서 수년 전 하비브 잘리브가 부토를 위해 썼던 총을 든 남자들이 무기가 없는 소녀를 두려워한다는 시구를 인용했다. "극단주의자들은 말랄라에게 총을 겨눔으로써 그들이 가장 두려워하는 것이 책을 든 소녀임을 보여주었습니다."

반기문은 옳았다. 말랄라의 연설, 그리고 그날 이후 그녀가 지치지 않고 지속해온 여아 교육운동은 말랄라를 침묵시키는 데 실패한 탈레반의 잔혹성을 향한 가장 반항적인 대응이었다.

말랄라는 세계 지도자들, 각국 정부, 선진국들, 공동체들, 전 세계 자매들에게 교육이라는 대의를 위해 하나가 되어달라고 촉구하며, 경험 많은 활동가처럼 능숙한 수사법과 타이밍을 활용해 연설을 끝마쳤다.

> 한 명의 어린이가, 한 사람의 교사가, 한 권의 책이, 한 자루의 펜이 세상을 바꿀 수 있습니다.

이후 말랄라는 노벨평화상을 받았고, 가족과 함께 말랄라 펀드를 설립해 아프가니스탄, 브라질, 인도, 나이지리아, 파키스탄 등지에서 여아 교육을 위해 일하는 활동가들을 돕고 있다.

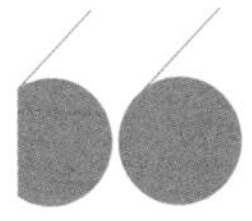

오늘 오랜만에 이렇게 다시 이야기할 수 있어서 큰 영광입니다. 이렇게 훌륭한 분들과 여기 함께 있는 것은 제 삶에서 굉장한 순간이며, 오늘 베나지르 부토 샤히드의 숄을 두르고 있는 것 또한 큰 영광입니다. [……]

오늘은 자신의 권리를 위해 목소리를 드높인 모든 여성과 모든 소년과 모든 소녀의 날입니다. 현재 수백 명의 인권 활동가와 사회복지사가 그들의 권리를 위해 목소리를 높이고 있을 뿐만 아니라 평화, 교육, 평등이라는 목표를 달성하기 위해 분투하고 있습니다.

테러리스트들의 손에 수천 명이 죽임을 당하고 수백만 명이 부상을 당했습니다. 저도 그중 한 명입니다. 그래서 저는 수많은 사람 중 한 소녀로서 이 자리에 섰습니다. 제 자신을 위해서가 아니라 자신의 목소리를 내지 못하는 사람들을 위해서 말입니다. 그들은 자신의 권리를 위해 싸워왔습니다. 평화롭게 살 권리, 존엄을 갖추어 대우받을 권리, 기회의 평등을 누릴 권리, 교육을 받을 권리를 위해서요.

친구 여러분, 2012년 10월 9일 탈레반은 총으로 제 오른쪽 이마를 쐈습니다. 저의 친구들에게도 쐈습니다. 그들은 총탄이 우리를 침묵하게 할 것이라고 생각했습니다. 하지만 그들은 실패했습니다. 그 침묵 밖으로는 수천 개의 목소리가 터져나왔습니다.

테러리스트들은 그들이 저의 목표를 바꾸고, 저의 포부를 잠재울 수 있을 것이라고 생각했습니다. 하지만 저의 삶에서 달라진 것은 이것뿐입니다. 약함과 공포와 절망이 죽었습니다. 강함과 힘과 용기가 태어났습니다. 저는 그대로 말랄라입니다. 저의 포부는 그대로입니다. 저의 희망은 그대로입니다. 저의 꿈도 그대로입니다.

형제자매 여러분, 저는 누구도 적으로 여기지 않습니다. 탈레반이나 다른 어떤 테러리스트 집단을 상대로 개인적인 복수를 하려고 이곳에서 발언하는 것이 아닙니다. 모든 어린이의 교육받을 권리를 옹호하기 위해 이 자리에 선 것입니다. 탈레반과 모든 테러리스트, 극단주의자의 아들과 딸들이 교육받기를 바랍니다. 심지어 저를 총으로 쏜 탈레반도 미워하지 않습니다.

설사 지금 제 손에 총이 있고 그가 제 앞에 서 있다고 해도 그를 쏘지 않을 것입니다. 이것은 자비의 예언가 무함마드와 예수 그리스도 그리고 붓다께 배운 연민compassion입니다. 이것은 마틴 루터 킹과 넬슨 만델라와 무함마드 알리 진나*로부터 물려받은 변화라는 유산입니다.

이것은 간디, 바차 칸**, 테레사 수녀께 배운 비폭력의 철학입니다. 이것은 부모님께 배운 용서입니다.

이것은 제 영혼이 저에게 하는 말입니다. 평화로울지어다, 모두를 사랑하라.

형제자매 여러분, 우리는 어둠을 보며 빛의 소중함을 깨닫습니다. 우리는 침묵당하며 우리 목소리의 소중함을 깨닫습니다. 마찬가지로 우리는 파키스탄 북부 스와트에서 총을 보며 펜과 책의 소중함을 깨달았습니다. 현자들이 말한 '펜은 칼보다 강하다'는 진실입니다.

극단주의자들은 과거에도 지금도 책과 펜을 두려워합니다. 교육의 힘은 그들에게 두려움의 대상입니다. 그들은 여성을 두려워합니다. 여성의 목소리가 지닌 힘은 그들에게 두려움의 대상입니다.

---

* 파키스탄의 정치가이자 민족운동 지도자(옮긴이).
** 파슈툰족 지도자(옮긴이).

그것이 바로 그들이 최근 파키스탄 퀘타에서 자행한 습격으로 무고한 학생 14명을 살해한 이유입니다. 그것이 바로 그들이 여교사들을 살해한 이유입니다. …… 그것이 바로 그들이 날마다 학교를 폭파하는 이유입니다. 그들은 과거에도 지금도 우리가 우리 사회에 가져올 변화를 두려워하고 평등을 두려워하기 때문입니다.

우리 학교 한 남학생이 기자로부터 "탈레반은 왜 교육을 반대하지요?"라는 질문을 받았던 일을 기억합니다. 그 남학생은 자기 책을 가리키며 아주 단순하게 대답했습니다. "탈레반은 이 책에 뭐라고 쓰여 있는지 모르기 때문이에요."

탈레반이 생각하는 신은 단지 학교에 다닌다는 이유만으로 여학생들을 지옥으로 보내버릴 만큼 깨알같이 작고 소심한 보수적인 존재입니다. 테러리스트들은 자신들의 개인적인 이익을 위해 이슬람과 퍄슈툰 사회의 이름을 오용하고 있습니다. 파키스탄은 평화를 사랑하는 민주주의국가입니다. 파슈툰족은 딸과 아들의 교육을 원합니다.

이슬람은 평화와 인류애 그리고 형제애의 종교입니다. 이슬람에서 교육은 모든 어린이의 권리일 뿐 아니라 의무이자 책임이라고 말합니다. 평화는 교육을 위해 꼭 필요합니다. 세계 여러 지역 특히 파키스탄과 아프가니스탄에서는 테러리즘, 전쟁, 분쟁 때문에 어린이들이 등교하지 못하고 있습니다. 우리는 정말이지 전쟁이 지긋지긋합니다. 여성과 어린이는 세계 여러 지역에서 여러 가지로 고통받고 있습니다.

인도에서는 가난하고 무고한 어린이들이 아동노동의 피해자가 되고 있습니다. 나이지리아에서는 수많은 학교가 파괴되었습니다. 아프가니스탄 사람들은 수십 년째 극단주의의 영향 아래 어려움을 겪고 있습니다. 어린 소녀들은 가정에서 아동노동에 시달리고 조혼을 강요받습니다. 빈곤, 무지, 불의, 인종주의, 기본권 박탈은 남녀 모두가 직면하는 주요 문제입니다.

오늘 제가 여성의 권리와 여아의 교육에 초점을 두는 것은 이들이 가장 많이 고통받기 때문입니다. 한때 여성 사회 활동가들은 그들의 권리를 옹호해달라고 남자들에게 부탁했습니다. 하지만 우리는 이제 직접 행동하겠습니다. 남성은 여성의 권리를 옹호하는 일에서 물러나라고 말하는 것이 아닙니다. 그보다는 여성이 스스로를 위해 싸우려면 독립적이어야 한다는 점을 강조하는 것입니다.

그러므로 형제자매들이여, 이제 목소리를 낼 때입니다.

그리하여 오늘 우리는 세계 지도자들에게 평화와 번영을 도모할 수 있도록 주요 정책을 바꿀 것을 촉구합니다. 이 모든 합의들은 여성과 아동의 권리를 보호하는 것이기를 바랍니다. 여성의 권리를 거스르는 정책은 받아들일 수 없습니다.

우리는 모든 정부가 전 세계의 모든 어린이에게 무상 의무교육을 제공할 것을 촉구합니다.

우리는 모든 정부가 테러리즘과 폭력에 맞서 싸울 것을 촉구합니다. 잔혹함과 해악으로부터 어린이들을 보호할 것을 촉구합니다.

우리는 모든 공동체가 관용적이기를, 신분이나 교의나 분파나 피부색이나 종교나 어젠다에 근거한 편견을 뿌리치기를, 여성이 활발히 활동할 수 있도록 자유와 평등을 보장할 것을 촉구합니다. 인류의 절반이 발이 묶여 있는데 우리 모두가 성공할 수는 없습니다.

우리는 전 세계 자매들이 용감해질 것을, 자기 내면의 힘을 껴안고 자신의 잠재력을 충분히 실현할 것을 촉구합니다.

친애하는 형제자매 여러분, 우리는 모든 어린이의 밝은 미래를 위해 학교와 교육이 있기를 바랍니다. 우리는 평화와 교육이라는 우리의 목표를 향한 여정을 멈추지 않겠습니다. 아무도 우리를 막을 수 없습니다. 우리는 우리의 권리를 위해 발언할 것이며, 우리의 목소리를 통해 변화를 일구겠습니다.

우리는 우리의 말이 지닌 힘과 영향력을 믿습니다. 우리의 말은 온 세상을 변화시킬 수 있습니다. 왜냐하면 우리 모두는 교육이라는 대의 앞에 하나이기 때문입니다. 우리가 목표를 이루기를 바란다면 우리가 지식이라는 무기로 우리 스스로를 무장하고, 단결과 하나됨이라는 방패로 우리 스스로를 보호하도록 해주십시오.

친애하는 형제자매 여러분, 우리는 빈곤과 부당함과 무지로 고통받는 수백만 명을 잊어서는 안 됩니다. 우리는 학교를 다니지 못하는 수백만 명의 어린이를 잊어서는 안 됩니다. 우리는 밝고 평화로운 미래를 기다리는 우리의 형제자매들을 잊어서는 안 됩니다.

그러니 우리가 문맹과 빈곤과 테러리즘에 맞서 전 세계적인 투쟁을 벌이도록 해주십시오. 우리가 책과 펜을 들 수 있도록 해주십시오. 책과 펜은 가장 강력한 무기입니다.

한 명의 어린이가, 한 사람의 교사가, 한 권의 책이, 한 자루의 펜이 세상을 바꿀 수 있습니다. 교육만이 유일한 해결책입니다.

교육이 우선입니다.

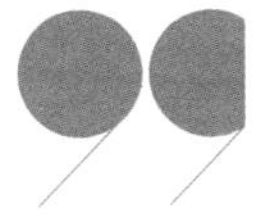

25
KAVITA
KRISHNAN

카비타 크리슈난

'두려움 없는 자유'

인도 델리,
전 인도
진보여성연합 시위

2013년 12월

2012년 12월 델리에서 죠티 싱Jyoti Singh이라는 23세 여성이 개인 전세버스에서 6명의 남성에게 잔혹하게 윤간당했다. 친구와 영화를 보고 돌아가는 길이었다. 싱은 이날 입은 상해로 2주를 넘기지 못하고 숨졌다.

인도에서는 관련법에 따라 피해자의 본명이 언론에 공개되지 않기 때문에 싱은 겁이 없다는 뜻의 '니르바야Nirbhaya'라는 가명으로 불렸다.

이 강간 사건이 벌어진 뒤 델리를 비롯한 인도 전역에서 대규모 항의집회가 열렸다. 전 인도 진보여성연합 사무총장이자 인도 공산당(마르크스-레닌주의) 당원인 카비타 크리슈난Kavita Krishnan은 가장 거침없는 연설가로 손꼽혔다.

크리슈난은 나중에 당시의 항의집회는 "강간 문화에 대해 그동안 쌓여온 분노가 마침내 분출한 것"이라고 설명했다.[24] 이 책에 수록된 신랄한 연설에 압축된 내용도 바로 이것이다. 크리슈난은 인도 주총리 실라 딕시트Sheila Dikshit의 공관 밖에서 군중을 해산시키기 위해 쏜 물대포에 흠뻑 젖은 채 힌두어로 이 연설을 했다.[25]

여성의 자유를 부르짖는 크리슈난의 호소는 단순히 분노를 분출하는 데 그치지 않는다. 이 연설은 법리적이다. 크리슈난은 여성을 탓할 때 동원되는 다양한 주장들—여자가 너무 모험심이 강하다, 너무 무모하다, 안전하길 바라면 집에 가만히 있어야 한다—을 조목조목 반박한다. 그리고 여성의 '안전'에 관한 주장들이 남성—과 남성 중심 제도들—의 행동양식을 바꾸기보다는 여성의 자유를 제한하는 데 이용되는 현실에 도전장을 내민다.

크리슈난의 주장은 강력하고 요구는 명료하다. "우리에게 필요한 것은 두려움 없는 자유이다."

2012년의 항의집회는 들끓는 분노의 폭발이었다. 인도에서 유행병처럼 만연해 있는 여성에 대한 강간과 폭력을 근절하는 데 실패한 정부 당국에 대한 분노였다. 인도의 여성들은 여전히 여성과 여아를 상대로 한 폭력에 더욱 강력한 조치를 취할 것을 요구하는 운동을 전개하고 있다. 지난해 델리 경찰은 수도에서 매일 5명의 여성이 강간당하고 있다는 보고를 했는데, 유죄가 선고되는 비율은 여전히 어이없을 정도로 낮다.[26]

변화를 꾀하기까지 때로는 수년에 걸친 연설과 운동과 행동이 요구된다. 하지만 크리슈난의 연설과 2013년 '니르바야' 항의집회는 인도와 세계 전역에서 각성의 계기를 마련했다.

노예제 폐지론자에서 여성참정권 운동가와 극단주의 반대

운동가에 이르기까지 이 책에서 앞서 소개한 많은 여성의 연설들처럼 크리슈난의 연설도 그저 계기로만 머무르지 않았다. 그것은 변화의 일부였다.

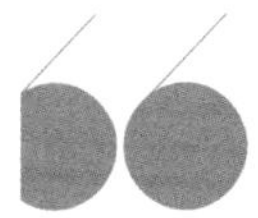

오늘 우리는 실라 딕시트의 공관 앞에서 시위를 벌였습니다.

어째서 우리는 딕시트의 사임을 요구합니까?

우리는 사람들에게 그 이유를 이해시켜야 합니다. 딕시트 주총리가 이번 사건은 DTC[델리관광청] 버스가 아닌 개인 전세버스에서 벌어졌다는 성명서를 낸 것은 사실입니다. 그렇다면 이 일이 어째서 주총리의 책임일까요?

우리가 여기서 주총리에게 하고 싶은 말이 바로 그것입니다. 버스가 법도 규칙도 없이 쇠막대와 강간범들을 싣고 도시를 활보한다면, 그런 버스가 언제 어디서든 승객을 태울 수 있다면 주총리님, 이것은 당신의 책임입니다. 그 누구도 아닌 바로 당신의 책임입니다.

그 아가씨가 오늘 사투를 벌이고 있다면 그것은 당신의 책임입니다.

그날 대체 왜 그 버스에 쇠막대가 있었는지는 오로지 당신만이 답할 수 있습니다. 당신은 이 일을 그 누구의 탓으로도 돌릴 수 없습니다.

하지만 이보다 더 시급한 문제가 있습니다. 지금까지 우리는 이 문제를 끊임없이 이야기해왔고, 오늘 이 자리에 모인 것도 바로 그 이야기를 하기 위해서입니다. 수미야[비샤와나단] 기자가 피살되었을 때 실라 딕시트 주총리는 또다른 성명서에서 "새벽 3시에 외출중이었으면 그 여자가 너무 모험을 즐긴 것"이라고 말했습니다.

우리는 주총리에게 여성은 모험을 즐길 권리를 당연히 가지고 있다고 말하려고 여기 모였습니다.

우리는 모험을 즐기겠습니다.

우리는 무모해지겠습니다.

우리는 경솔해지겠습니다.

우리는 우리의 안전을 위해 아무것도 하지 않겠습니다.

감히 우리에게 무슨 옷을 입을지, 밤에 나갈지 낮에 나갈지, 어떻게 걸을지, 우리를 에스코트할 남자가 몇 명이 필요할지 간섭하지 마십시오!

니라즈 쿠마르는 신임 경찰국장으로 임명되자 기자회견을 열어 이렇게 말했습니다. "보십시오. 상황이 이러하니 강간사건과 관련해 경찰이 할 수 있는 조치가 뭐가 있겠습니까?"

쿠마르 경찰국장이 제시한 통계자료에 의하면 대부분의 강간범은 피해자 여성과 원래부터 아는 사람이었다는 것입니다. 이 통계는 사실입니다. 그렇다면 강간범을 더 쉽게 체포할 수 있어야 하지 않을까요?

우리가 경찰에게 묻고 싶은 것은 "어째서 이 일을 미연에 방지하지 못했나?"가 아닙니다. 유죄 선고 비율이 1971년 46퍼센트에서 2012년 26퍼센트까지 떨어졌습니다. 이게 누구의 책임입니까?

실상은 경찰 조사에 큰 구멍이 있다는 것입니다. 일관성이 없습니다. 경찰이 강간 피해자를 다루는 절차가 마련되어 있지 않습니다. 여기 모인 모든 여성분들은 델리 경찰이 이런 상황을 딱 한 가지 방식으로만 다룬다는 것을 잘 알고 있습니다. 오늘 당장 경찰서로 걸어가 성폭력 피해를 고발하면 그들이 하는 첫마디는 고소장을 접수하지 말라는 것입니다. 난데없이 낯선 사람들이 경찰서에 나타나 여러분에게 '설명'하려 들 것입니다. "베타[아가씨], 고소장 접수하지 마세요." [……]

델리 경찰을 찾아가 다른 경험을 한 여성이 한 명이라도 있을까 싶습니다. 이것이 어느 규정집을 보고 참고한 절차인지는 모르겠으나 분명히 존재합니다.

니라즈 쿠마르 경찰국장이 기자회견에서 한 또다른 발언은 여자는 혼자 돌아다녀서는 안 된다, 여자는 남자의 에스코트를 받아야 한다는 것이었습니다. 새벽 2시에 거리를 돌아다니면 경찰이 어떻게 미리 알고 구해주느냐는 것이었죠. [……]

설사 여성이 거리를 혼자 걸어다닌다고 해도, 설사 그것이 밤늦은 시간이라고 해도 "늦게까지 근무해야 해서", "BPO(업무처리 아웃소싱) 일이나 언론사 일을 마치고 돌아가는 길"이라는 등의 당시 상황을 정당화할 설명이 어째서 필요한 것이냐고 묻고 싶습니다. 여성이 그냥 밤에 나가고 싶다면, 나가서 담배를 사거나 길에서 산책을 하고 싶다면 이것이 범죄입니까? [……]

우리는 인에 있든 밖에 있든, 낮이든 밤이든, 나가는 이유가 무엇이든, 옷을 어떻게 입든 여성에게는 자유로울 권리가 있다고 믿습니다. 우리가 보호해야 할 것, 우리가 지키고 존중해야 할 것은 바로 그러한 두려움 없는 자유입니다.

이렇게 말하는 이유는 이 '안전'이라는 말이 여성들과 관련해 너무나도 자주 오용되고 있다고 느껴서입니다. 우리 여성들 모두는 이 '안전'이라는 말이 무엇을 의미하는지 알고 있습니다. 우리는 부모님이 이 말을 하는 것을 들으며 자라왔고, 우리 공동체와 우리 교장 선생님들과 우리 학장님들이 이 말을 하는 것을 들으며 살아왔습니다. 여성들은 '안전'이라는 말이 무엇을 의미하는지 알고 있습니다.

그 말은 조신하라는 뜻입니다.

집으로 돌아가라.

옷을 그렇게 입지 마라.

자유를 좇으며 살지 마라. 그러면 너는 안전하다.

모든 가부장적인 법과 제도가 우리를 '안전'하게 지켜준다는 명분 아래 우리에게 특정한 행동양식을 강요합니다. 우리는 이 모든 관념을 거부합니다. 우리는 그것을 원치 않습니다.

델리 경찰은 현재 여성폭력에 관한 광고 캠페인을 벌이고 있습니다. ITO(소득세 세무서) 근처 대형 광고판을 모두 보셨을 것입니다. 그런데 그 광고에는 어째서 여성이 한 명도 보이지 않을까요? 대신 힌두족 영화배우 파르한 악타르Farhan Akhtar가 "진짜 남자가 됩시다. 우리 함께 여자들을 보호합시다"라고 호소하고 있습니다.

묻고 싶습니다. 다른 공동체 출신 남자와 결혼하겠다는 누이가 괘씸하다고 누이의 목을 친 오라비는 어떻습니까? 이 남자도 여성의 보호자 역할을 하고 있는 것이 아닙니까?

이러한 마초이즘은 여성폭력에 대한 해결책이 될 수 없습니다. 이것은 오히려 문제의 원인입니다. 이 점을 이해해야 합니다.

이 나라에서는 여성운동을 제외하면 정부든 경찰이든 정당이든 사법부든 여성의 '안전'을 이야기할 때 그들은 이 용어를 가부장적으로 이해하고 말하는 것이 분명합니다.

아무도 두려움 없이 살 수 있는 여성의 자유를 수호하는 일에 대해서는 이야기하지 않습니다.

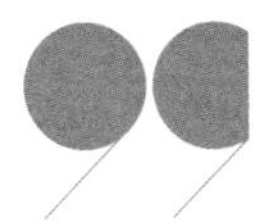

26
LUPITA
NYONG'O

루피타 뇽오

'내면의 아름다움'

미국 로스앤젤레스,
〈에센스〉 잡지 주최
'할리우드의
흑인 여성' 행사

2014년 2월

루피타 뇽오Lupita Nyong'o는 연극학교를 졸업하고 처음으로 장편영화에서 맡은 역할로 오스카상을 수상했다. 뇽오는 한 세대의 노예생활을 다룬 강렬한 영화 〈노예 12년12 Years A Slave〉에서 수차례 강간과 고문을 당하는 19세기 중반의 여성 노예 팻시를 섬세하고 감동적으로 그려냈다. 뇽오는 오스카상 수상 연설에서 다음과 같이 이야기했다.

> 제가 삶에서 누리는 이 많은 기쁨은 다른 누군가의 고통 덕분이라는 생각이 한순간도 머릿속에서 떠나지 않습니다. 그래서 저를 인도해준 팻시의 정신에 경의를 표하고 싶습니다.[27]

2014년 뇽오는 〈에센스〉 잡지가 주최한 '할리우드의 흑인 여성' 행사에서 한 이 연설에서 어린 시절 '가지색 피부'라고 놀림을 받았던 자신의 일화와 더불어 팻시의 이야기를 풀어놓았다.

이날 연설은 스크린에서 뇽오를 보기 전까지 피부 미백 제품을 사용할지 고민하던 어린 흑인 소녀에게서 받은 가슴아픈 편지를 소개하며 시작된다. 뇽오는 어릴 때 자신의 피부색 때문에 스스로 '아름답지 않다'고 느꼈던 기억을 떠올리며 소녀의 자기혐오 감정에 공감한다. 뇽오는 흑인 슈퍼모델 알렉 웩Alek Wek과 신기원을 연 앨리스 워커Alice Walker의 소설 『컬러 퍼플』을 원작으로 제작된 영화에 출연한 여성들을 보고 나서야 비로소 거울에 비친 자신의 모습에 자부심을 느끼게 되었다.

뇽오는 이 연설을 그녀의 말을 듣고 있을지도 모르는 어린 소녀들에게 그들이 아름답고 훌륭하다는 말을 전하는 기회로 삼았다. 그 말은 바로 그녀 자신이 피부색 때문에 스스로 못생겼다고 느끼던 어린아이였을 때 듣던 말이었다. 하지만 뇽오가 전하고 싶었던 폭넓은 메시지는 아름다움은 얻을 수 있는 것이 아니라 우리가 가진 어떤 것이라는 말이었다. 우리를 근본적으로 지탱하는 것은 '여러분 자신에 대한 온정'이라는 뇽오의 설명은 아름답다. 뇽오는 그런 종류의 아름다움이야말로 "영혼을 사로잡는다"고 말한다.

이 연설은 여러 면에서 효과적이다. 뇽오는 자신에게 편지를 보낸 어린 소녀에 관한 이야기에서 자기 자신에 관한 이야기로, 또 폭넓은 메시지로, 마지막에는 다시 팻시의 이야기로 능숙하게 옮겨가는데 매 이야기에서 연설의 분위기가 고조된다. 이 연설의 핵심에 자리한 간명한 진실은 내면의 아름다움이 중요하다는 것이다. 인종주의에 대한 성찰, 소녀들에게 가해지는 신체적 '아름다움'의 특정 기준을 만족시켜야 한다는 억압적 기대에 관한 성찰, 뇽오가 종사하는 업계에서 마주하는 직접적인 도전과제들, 패션 및 연예 산업에서 턱없이 부족한 다양성에 관한 내용이 이 진실의 주변을 겹겹이 둘러싼다.

2017년 10월 뇽오는 #미투운동에서 자기 목소리를 낸 다른 여배우들과 함께하며 그동안 하비 와인스타인Harvey Weinstein으로부터 당한 성추행을 폭로했다. 하비 와인스타인은 뇽오가 자신을 받아들이지 않자 배우로서의 미래를 놓고 뇽오를 협박했다. 뇽오는 다음과 같이 썼다.

> 이제 우리는 목소리를 내고 있습니다. 이제는 이런 일에 결코 침묵하지 맙시다. 나는 이러한 잘못은 다시 기회를 줄 가치가 없음을 확실히 하고자 발언합니다. 나는 침묵이라는 공모를 끝내는 일에 기여하고자 발언합니다.[28]

이 말과 2014년 연설을 통해 우리는 뇽오가 유명인이자 롤모델로서 자신이 지닌 힘을 잘 이해하고 있으며, 세상을 더 나은 곳으로 바꾸고자 하는 강한 의지를 가지고 있음을 알게 된다. 뇽오는 자신이 남들에게 진 빚이 많다고 강조한다. 지금 자신이 목소리를 낼 수 있기까지 이제까지 분투해준 사람들에게 여러 연설에서 경의를 표함으로써 겸손과 품위를 보여주었다.

하지만 뇽오의 연설을 효과적으로 만드는 요소는 아마도 이 연설이 그녀 자신뿐만 아니라 청중에게도 개인적인 것으로 다가간다는 데 있을 듯하다. 뇽오가 이 말을 누구에게 가장 들려주고 싶었는지는 분명하다. 뇽오는 그들을 결코 시야에서 놓치지 않는다. 그들은 어린 흑인 소녀들이고, 뇽오는 연설 끝부분에서 이 소녀들에게 직접 이야기한다. 뇽오는 이 소녀들이 자신의 외양이 아름답다는 사실을 확실하게 느끼기를, 그리고 더 중요하게는 내면의 아름다움에 집중하기를 바라는 소망을 전한다.

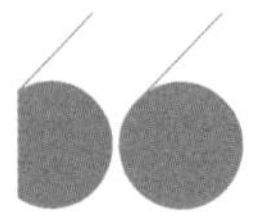

저는 한 소녀로부터 편지를 받았습니다. 여러분과 그 내용을 잠시 나누고자 합니다.

"루피타에게. 당신은 이렇게 흑인이면서도 할리우드에서 하루아침에 성공한 것은 정말이지 행운이라고 생각해요. 덴시아에서 나온 화이트니셔스 크림을 살까 했는데, 당신이 세계지도에 나타나 저를 구해주셨어요."

저는 이 부분을 읽을 때 가슴이 몹시 아팠습니다. 학교를 졸업하자마자 얻은 첫 일자리가 이토록 강력한 힘을 발휘할 줄은 상상도 하지 못했습니다. 그리고 〈컬러 퍼플〉의 여성들이 저에게 그랬던 것처럼 어쩌면 저도 다른 사람들에게 희망의 이미지가 될 수도 있다는 것을요.

저 역시 제 자신이 아름답지 않다고 느끼던 때가 있었음을 기억합니다. 텔레비전에는 늘 창백한 피부만 보였습니다. 저는 가지색 피부 때문에 괴롭힘을 당하고 놀림을 받았습니다. 저는 기적을 행하시는 신에게 아침에 더 밝은 피부로 깨어나게 해달라고 기도를 드렸습니다. 아침이 되면 새로워진 피부를 마주하게 될 생각에 들떠서 거울 앞에 서기 전까지 제 피부를 직접 확인하지 않았습니다. 하얘진 얼굴부터 보고 싶었으니까요.

날마다 전날과 다름없이 검은 피부인 것에 늘 실망했습니다.

저는 신과 협상을 시도했습니다. 저는 신에게 제가 원하는 것을 주면 그때부터 밤에 몰래 설탕조각을 먹지 않겠다고 약속했습니다. 저를 조금만 더 밝게 만들어주신다면 엄마 말씀도 잘 듣고 다시는 학교 스웨터도 잃어버리지 않겠다고 약속했습니다. 제 말을 들어주지 않으신 것을 보면 제가 제시한 협상 카드가 별로였었나 봅니다. 10대가 되었을 때는 청소년들이 으레 그렇듯이 자기혐오가 더욱 심해졌지요.

엄마는 당신이 보기에 제가 아름답다고 자주 말씀하셨지만 위로가 되지는 않았어요. 엄마잖아요. 엄마는 당연히 제가 아름답다고 생각하겠죠. 그러다 유명 모델 알렉 웩이 국제무대에 나타났어요. 웩은 밤처럼 검었습니다. 그녀는 런웨이를 활보했고 어느 잡지에나 등장했으며, 모두가 알렉 웩이 아름답다고 이야기했어요. 심지어 오프라 윈프리까지도 그녀가 아름답다고 말해 그것은 기정사실이 되었지요.

사람들이 저와 비슷해 보이는 여자에게 아름답다고 하는 말을 믿을 수 없었습니다. 그동안 저의 얼굴색은 제가 도저히 극복할 수 없는 장애물이었는데, 별안간 오프라가 그것은 사실이 아니라고 말한 것이죠. 혼란스러웠습니다. 제 자신을 부족하게 여기는 데서 오는 쾌락에 빠져들기 시작한 터라 부정하고 싶기도 했습니다. 하지만 제 내면의 꽃은 피어날 수밖에 없었습니다.

알렉을 보았을 때 저는 무심코 거울에 반사된 제 모습, 제가 부정할 수 없는 저의 모습을 보았습니다. 전보다 제가 남에게 더 잘 보이는 것만 같아 걸음에 탄성이 붙었습니다. 저 멀리 있는 아름다움의 문지기가 저를 더 인정해준 것 같았습니다.

하지만 제 주변에서는 밝은 피부에 대한 선호가 지배적이었습니다. 제가 중요하다고 생각하는 사람들의 눈에 저는 여전히 아름답지 않았습니다. 엄마는 "아름다움은 먹는 게 아니야. 그건 널 먹여 살리지 않아"라고 말씀하시곤 했습니다. 저는 엄마 말이 자꾸 생각나고 신경이 쓰였습니다. 그 말이 잘 이해되지 않았습니다. 그러다 문득 아름다움이란 나에게 갑자기 생기거나 내가 소비하는 어떤 것이 아니라는 것을 깨달았습니다. 아름다움이란 내가 되어야 하는 어떤 것이었습니다.

엄마가 아름다움은 먹는 게 아니라고 하셨을 때 그 말은 제 삶을 지탱하기 위해 저의 외모에 기댈 수 없다는 뜻이었습니다. 우리를 정말 살아가게 해주는 것, 그러니까 근본적인 아름다움은 나 자신과 내 주변 사람들에 대한 온정입니다. 그러한 아름다움은 심장을 불타오르게 하고 영혼을 사로잡습니다. 이 때문에 팻시는 자기 주인과 굉장한 어려운 상황에 처하게 됩니다. 하지만 그것은 또한 팻시의 이야기를 오늘날까지 살아 있게 하기도 합니다. 심지어 우리는 그녀의 육체가 사라지고 난 뒤에도 그 정신의 아름다움을 기억합니다.

저는 스크린과 잡지에 비친 저의 모습이 여러분, 어린 소녀들을 비슷한 여정으로 이끌어주기를 희망합니다. 여러분의 외양이 진실로 아름답다는 사실을 확실하게 느끼고 아울러 내면의 아름다움이라는 더 심오한 일을 시작하길 희망합니다.

그러한 아름다움에는 그늘이 없습니다.

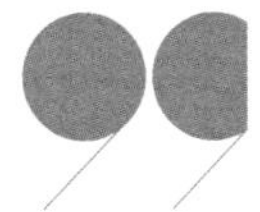

27
HARRIET
HARMAN

해리엇 하먼

‘의회는 모범을 보여야 합니다’

영국 런던

2014년 7월

1992년 나는 노동당 전당대회가 열린 블랙풀에서 해리엇 하먼Harriet Harman을 처음 만났다. 나는 그날 취업 면접이 있어서 해리엇을 윈터가든 밖에서 만나기로 했는데 어느 쪽 입구인지를 몰랐다. 그러다 해리엇이 모퉁이를 돌아 다른 입구 쪽으로 서둘러 가는 것을 발견하고 황급히 소리치며 따라가다 그만 넘어져 스타킹의 올이 풀리고 무릎이 까졌다.

해리엇은 어머니 같았다. 그녀는 나를 마크스앤스펜서로 데리고 가 새 스타킹을 사주었고, 우리는 콘퍼런스센터 구석에서 차를 마시며 면접을 진행했다. 20분이 채 지나지 않아—해리엇은 다른 장소로 이동해야 했다—면접을 끝내며 그녀는 이렇게 말했다. “네, 바로 출근합시다.” 나에게 전혀 선택권이 있을 것 같지 않은 기분이었다.

이날의 첫 만남은 해리엇이라는 사람을 잘 보여준다. 바쁘고, 남을 잘 도와주며, 관습에 얽매이지 않고, 대단히 현실적이고, ‘아니오’라는 대답을 절대 받아들이지 않는다.

1982년 보궐선거에서 당선되었을 때 해리엇은 의회에서 10명에 지나지 않은 노동당 여성의원 중 한 명이었을 뿐만 아니라

만삭의 몸이었다. 또한 그녀는 다른 여성들이 훨씬 쉽게 진출할 수 있도록 먼저 길을 닦아주었을 뿐만 아니라 전국의 여성들이 겪는 실질적인 문제들을 공론화하는 일에서 절대 타협하지 않았다.

해리엇은 아동복지 사안을 두고 의회에서 마거릿 대처와 맞섰다. 또한 노동당이 채택한 '전 여성 추천자 명부All Women Shortlists'제도를 앞장서서 옹호했는데, 이 제도는 여성 하원의원 수를 대폭 늘리는 데 일조했다. 해리엇은 정부에서 가정폭력, 아동복지, 출산휴가 및 수당 등의 안건에서 주도적인 역할을 했고, 2010년 평등법안을 작성했다. 노동당 부대표이자 현재 '하원의원의 어머니Mother of the House of Commons, 최장수 여성 하원의원'인 해리엇은 윗사람으로서 다른 여성들의 성공을 격려하고, 그들이 변화를 위한 운동에 동참하도록 격려해왔다. 해리엇은 현상태에 절대로 만족하지 않고 평등을 위한 투쟁에서 주저하지 않는 강건한 태도 때문에 자주 다른 이들의 심기를 거스르고 적을 만들었다. 그래도 해리엇은 멈추지 않았다.

이 연설은 의장 접견실에서 이루어진 강연으로 평등과 차별에 대한 해리엇의 집중적이고 맹렬한 접근방식을 요약해서 보여준다. 그동안 해리엇이 해왔던 대부분의 일들이 이 접근방식에 근거해왔다. 해리엇은 능력주의를 위해 평등의 원칙을 훼손해도 좋다거나 여성의 수를 늘리면 능력 있는 남성을 잃는다는 식의 사고를 배격했다. 해리엇은 다음과 같이 지적했다.

> 제가 1982년 의회에 입성했을 때 남성의원의 비율이 97퍼센트였고, 여성의원의 비율은 3퍼센트에 지나지 않았던 현실이 어떻게 능력이나 수월성을 우선시한 결과였을 수 있겠습니까?

해리엇은 흑인과 아시아인 하원의원이 늘어나야 한다고, 노동계급 출신 하원의원이 늘어나야 한다고, 장애인 하원의원이 늘어나야 한다고 강력히 주장하는 한편 —“국민들이 텔레비전에서 의회를 볼 때 자기 자신과 닮은 사람들을 보는 것은 중요합니다”— 이들이 서로에게 맞서며 또다른 불평등을 야기하는 위계가 창출되어서도 안 된다고 강력히 주장했다. 그리고 공동의 대의를 위해 다 같이 협력할 것을 촉구했다.

해리엇의 많은 연설 중에서 특별히 이 연설을 선택한 이유는 이 연설이 해리엇의 선구적인 업적들을 완벽하게 개괄해 보여주기 때문이다. 그런데 그동안 해리엇이 전국에서 해왔던 연설에서 내가 수차례 들은 중요한 문구가 빠져 있다. 이것은 자신의 목소리를 내는 모든 여성에게 위안이 될 문구이며, 해리엇을 가장 잘 요약해 보여줄 수 있는 문구이다.

당신이 지금 논쟁하고 있지 않다면 변화를 만들고 있지 않은 것입니다.[29]

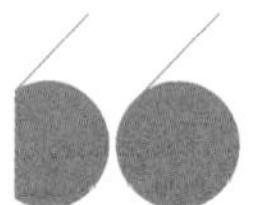

가장 기본적인 원칙을 시작점으로 삼겠습니다. 평등의 원칙, 즉 여성이라는 이유로, 백인이 아니라는 이유로, 동성애자라는 이유로, 장애인이라는 이유로, 노동계급 출신이라는 이유로, 지역구를 대표해 하원의원이 되는 일에서 배제되거나 차별받아서는 안 된다는 원칙입니다. 의회는 모든 국민을 대표해야 하고, 그렇기에 평등을 옹호해야 합니다. 만일 의회가 그 구성에서 불평등의 상징이 된다면 할 수 없는 일입니다.

의회에는 최고의 사람들, 재능 있고 헌신적인 인재들 속에서 선발된 사람들이 있어야 합니다. 만일 그렇지 않다면 그 의회는 배타적이고 차별적인 것입니다. 그러므로 하원의원의 '질'이 낮아진다는 이유로 의회 구성의 평등에 대한 요구가 저항에 부딪힌다면 이것은 자기모순입니다. 하원의원은 능력에 근거해 선출됩니다—우리는 그렇다고 들었습니다—그런데 우리의 주장이 여기에 위협이 된다는 것입니다.

제가 1982년 의회에 입성했을 때 남성의원의 비율이 97퍼센트였고, 여성의원의 비율은 3퍼센트에 지나지 않았던 현실이 어떻게 능력이나 수월성을 우선시한 결과였을 수 있겠습니까? 이 의회는 남성 비율이 압도적으로 높았으며 백 퍼센트 백인으로 구성되어 있었습니다. …… 능력주의를 근거로 평등에 반대하는 것은 너무나 터무니없는 주장인 동시에 모욕적입니다. 여성과 흑인과 장애인과 노동계급 출신들에게 "여러분을 의회에 맞이하고 싶지만 의회의 질을 떨어뜨릴 수 없어서요"라고 말하는 꼴입니다.

중요한 것은 단지 개인의 수월성이 아니라 기관의 전체적 구성입니다. 개인별 수준이 높다고 하더라도 이들이 동질적이면 기관의 전체적인 능력은 부족합니다.

국민들이 텔레비전에서 의회를 볼 때 자기 자신과 닮은 사람들을 보는 것은 중요합니다. 남성의 비율이 압도적으로 높은 의회가 여성의 삶을 이해해줄 것이라고 어느 여성이 믿을 수 있을까요? 수년째 아시아인과 아프리카계 카리브해 공동체 사람들이 총선에서 투표권을 행사함으로써 부지런히 그들의 역할을 다했는데도 백인이 아닌 하원의원이 단 한 명도 없다는 것은 얼마나 부끄러운 일입니까? 버니 그랜트Bernie Grant는 다이앤 애벗Diane Abbott과 함께 1987년 의회에 입성한 아프리카계 카리브해인입니다. 그녀가 아프리카 의복을 완벽하게 차려입고 퀸스 연설장에 나타났을 때 사람들은 비웃었습니다. 하지만 아프리카계 카리브해 공동체 사람들은 녹색 의석에서 하늘거리는 화려한 아프리카 의상을 차려입은 버니 그랜트 하원의원의 모습을 보며 이제는 하원에서 그들의 목소리를 듣는다는 매우 긍정적인 메시지를 받았습니다. 특히 제가 속한 [캠버웰·페캄] 지역구에서 그러했습니다. [……]

데이비드 블렁킷David Blunkett 의원의 당선은 단순히 의회가 훌륭한 정치인을 맞았다는 데에서 그치지 않습니다. 의회가 장애인의 목소리를 들을 것이며, 그들의 능력을 인정할 것이라는 강력한 메시지입니다. 앤 베그Anne Begg 의원이 하원에서 휠체어에 앉아 발언할 때마다 그녀의 발언 자체도 중요하지만 우리 의회가 휠체어 사용자들을 포용한다는 사실 또한 의미를 지닙니다. [……]

불평등과의 싸움을 주도하려면 의회는 모범을 보여야 합니다. 의회 스스로 차별의 상징이 된다면 이 나라의 불평등 문제에서 어떻게 의회가 변화를 주도하기를 바라겠습니까. [……]

다양성은 계층적 출신 배경을 의미하기도 합니다. 노동당은 노동계층의 공동체를 대변하기 위해 설립되었습니다. 하지만 노동당 설립 당시 의회에 진출한 노동당 의원들은 대학 졸업자가 불균형적으로 더 많았습니다. 노동당은 노동조합원들의 이익을 위해 설립되었지만 의회에 진출한 노동당 의원들은 노동조합원들과 매우 달랐던 것입니다. 그러나 수년 동안 노동조합운동은 노동당을 통해 의회에 노동계층 출신의 의원들을 배출했습니다. [……]

다양한 출신 배경의 후보자들을 선발하는 것은 우리 당의 도전과제입니다. 노동조합원의 50퍼센트 이상이 여성인 현실을 감안할 때 노동당의 후보자에는 노동계층 출신의 여성들이 포함되어야 합니다. [……]

정치적 의제는 의회에 있는 사람들에 의해 설정됩니다. 아동복지와 가정폭력 같은 안건들은 조 리처드슨Jo Richardson과 같은 선구자들이 있었음에도 1997년 여성 하원의원들이 선출되기 전까지는 정치적으로 의제화되지 못했습니다. 돈 프리마롤로Dawn Primarolo 의원이 생리대의 부가가치세를 면제하는 2000년 재정 법안 수정안을 제출하면서 정치적으로 의제화되기 시작했습니다. 당시 의회에 있는 그 누구도 생리에 대해 언급할 엄두조차 내지 못했습니다. [……]

제가 의원으로 당선된 것은 여성의원이 부족한 현실을 바로잡으라는 여성운동의 요구 때문이었습니다. 하지만 저는 당선되자마자 남자처럼 행동해야 한다는 압력을 받았습니다. 의원 수가 총 600명이 넘는 의회에서 노동당 소속 여성의원 수는 겨우 10명이었습니다. 그중 한 명인 저는 물 밖의 물고기 같았고, 그런 저에게 사람들은 저의 부족함을 어떻게 보완할지에 관해 선의의 조언을 건넸습니다.

몇 년 동안은 고개를 푹 숙이고 일을 배워라. 실수라도 하게 되면 창피를 사니 그럴 일은 피해라. 눈길을 끌 일은 모두의 심기를 거스를 뿐이니 하지 마라. 여성 문제로 '큰소리 내지' 마라. 그랬다가는 선입견에 사로잡힐 테니 주류의 사안에 집중해라. 바에서 시간을 자주 보내 '사교적인' 사람이란 것을 보여주어라.

하지만 저를 지지하고 의회에 진출시킨 여성운동은 제가 선구자 역할을 해주기를 바랐습니다. 제가 고개를 숙이고 다녔다면 저에게 크게 실망했을 것입니다. …… 산달이 가까운 무거운 몸으로 의회에 진출했으니 남들 눈에 띄지 않기란 불가능한 일이었습니다. 임신으로 몸이 아프거나 아기를 재우러 서둘러 집에 가야 했으므로 바에서 어슬렁거릴 수도 없었습니다.

저는 관습에 순응하지 않았고, 남들과 다르다는 이유로 받아야 하는 벌은 종종 가혹했습니다. 첫 아이를 낳고 복귀했을 때 누군가는 제가 아기를 재킷 안에 숨겨서 표결 장소까지 데려왔다며 규정 위반으로 저를 의회 경위에게 고발하기도 했습니다. 물론 저는 그런 행동을 하지 않았습니다. 임신한 상태여서 여전히 뚱뚱했을 뿐이지요. 한번은 제가 원내 의장에게 젖몸살로 몸이 아파서 표결에 참여할 수 없다고 하자 그 이유를 서류에 적더군요.

제가 여성 하원의원 수를 늘리자고 캠페인을 벌이자 남성 하원의원들은 몹시 분개했습니다. 남성 하원의원은 여성 유권자들을 대변할 능력이 없다는 뜻이냐며 제가 그들을 공격했다면서 저를 비난했습니다. [……]

여성 하원의원 수를 늘리자는 캠페인은 성공을 거두었습니다. '전 여성 추천자 명부' 제도를 통해서만이 가능했지요. …… 우리는 논쟁에서 이겨 변화를 꾀하려고 노력했습니다. 우리는 여성 후보를 더 많이 선정하자고 주장했습니다. 우리는 모든 추천자 명부에 여성을 올리려고 노력했습니다. 성비를 50대 50으로 맞추려고 했지요. 하지만 결국 이것은 과격한 조치를 통해서만이 가능했습니다. 우리 당의 승리가 예상되는 50퍼센트 의석에서 남성을 아예 배제하는 조치였습니다.

전 여성 추천자 명부는 큰 변화를 불러왔습니다. 1997년에 노동당 소속 여성 후보가 100석 이상을 휩쓸었습니다. 이 일로 의회의 얼굴뿐만 아니라 정치의 의제도 바뀌었습니다.

우리는 '국가아동보육전략', 가정폭력 관련 신규 법안, '평등법' 등을 도입했고, 출산수당 및 휴가일 수를 2배로 늘렸으며, 탄력근무제를 요구할 권리를 신설했습니다. 우리나라 여성들에게 매우 중요한 문제였습니다. [……]

그런데 심지어 노동당 소속 여성 하원의원의 수가 임계점에 도달한 지금도 이들은 여전히 어려움에 직면해 있습니다. 특히 아동 문제에서 그러합니다. 여성 하원의원은 혼인 여부와 출산 경력으로 정의됩니다. 남성에게는 생각할 수 없는 방식입니다. …… 쿠키를 구우면 진짜 여자가 되지만 지도자가 될 수는 없습니다. 쿠키를 굽지 못하면 지도자가 될 수 있지만 진짜 여자가 되지는 못합니다. [……]

자녀를 둔 여성 하원의원은 헌신적인 어머니이기는 해도 하원의원으로서는 부족하거나, 활동적이고 야심만만한 하원의원이면 어머니로서는 부족하거나 둘 중의 하나입니다. 하원의원인 아버지가 자녀의 오픈 이브닝*에 참석하면 영웅으로 치켜세워지고 선망의 대상이 됩니다. 하지만 여성 하원의원이 그런 일을 언급했다가는 자기 일에 헌신적이지 않은 사람으로 보이기 십상입니다. 실제로 대부분의 가정에서 어린 자녀와 고령의 가족을 매일 책임지는 사람은 여전히 어머니인 것이 현실이고 문화적 기대이기 때문입니다. [……]

정치적 구조 꼭대기까지 올라가도 평등이 보장되지 않는 것이

* 자녀가 진학을 고려하는 상급학교에 방문할 수 있는 날(옮긴이).

실상입니다. 선거에서 힘들게 싸워서 존 프레스콧John Prescott의 차기 노동당 부대표 자리를 이어받았지만, 부총리의 자리는 이어받을 수 없다는 사실을 알았을 때 제가 얼마나 놀랐겠습니까!

만일 남성이 부대표 자리를 이어받았다고 해도 이런 일이 벌어졌을까요? 그런 일을 묵과했을까요? 저는 그 대답에 회의적입니다. [……]

의회는 민족적으로 더 다양해야 하고, 장애인의 대표성이 강화되어야 하며, 노동계층의 출신을 늘려야 합니다. 누군가는 진보를 향한 추구에서 인종차별이 여성차별보다 훨씬 더 사악하고 끈질기다고 주장합니다. 전 여성 추천자 명부는 흑인 남성에 대한 차별이었다고 말합니다. 누군가는 신분계층의 배경이 무엇보다 중요하다고 주장합니다. 중산층 여성이 노동계층 남성을 밀어낸다고 말합니다.

우리는 한 가지 불평등이 다른 종류의 불평등을 심화할 위험에 빠지지 않도록 주의해야 합니다. 우리 사이에서 불평등의 위계를 만들어내며 싸우는 것은 자멸적 행위입니다. 이슈는 다르지만 하나같이 중요합니다.

우리는 공동의 대의를 위해 협력해야 합니다. 분열과 지배에 굴복해서는 안 됩니다.

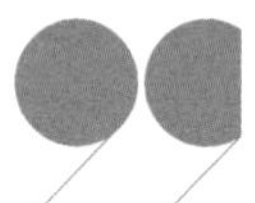

28
EMMA
WATSON

에마 왓슨

'히포쉬, 그녀를 위한 그'

미국 뉴욕주,
유엔

2014년 9월

에마 왓슨Emma Watson은 〈해리 포터Harry Potter〉 시리즈의 여주인공 헤르미온느 그레인저를 연기하며 자랐다. 2014년 반기문 사무총장은 유엔에서 에마 왓슨을 소개하며 이렇게 말했다. "출연하신 영화에서 마법 지팡이를 휘두르셨지요. …… 이제 그 마법의 지팡이를 여성폭력 근절에 사용해주시길 바랍니다." 왓슨은 지팡이가 없었으므로 자신의 언어를 사용했다.

왓슨의 이날 연설은 남성들에게 페미니즘의 대의에 협력해 달라고 요청하는 유엔의 #히포쉬#HeForSHe 캠페인의 시작을 축하하는 연설이었다. 유튜브에서 500만 회 이상 시청된 이 연설은 아마도 처음에는 왓슨의 명성이 특히 젊은층에서 많은 시청자들의 관심을 끌었을 것으로 보인다. 하지만 이 연설 자체는 명확한 메시지로 인해 악명을 얻었다.

젠더 평등은 여러분의 문제이기도 합니다.

왓슨은 자로 잰 듯 정확하고 진지하게 연설을 하며 청중의 견해에 대해 어떠한 짐작도 하지 않는다. 왓슨은 자신과 뜻을 같이하는 사람들을 상대로 이야기하는 것이 아니라 반대편을 설득하고자 한다.

왓슨은 나중에 이야기하기를 주변 사람들로부터 '페미니스트'라는 단어를 연설에서 사용하지 말라고 조언받았다고 한다. 하지만 정확히 바로 이 점이 문제라는 사실을 깨달은 왓슨은 이 연설에서 왜 스스로를 페미니스트라고 부르는지, 그리고 이 말이 무엇을 의미하는지를 신중히 공들여 설명한다.[30] 왓슨은 여덟 살에는 대장처럼 군다는 말을 들었고, 열네 살에는 언론에 의해 성적 대상화되는 등 자신이 젠더의 고정관념을 문제시하게 된 개인적인 경험들을 조심스럽게 열거한다.

이 연설은 대단한 영향을 끼쳤다. 우리 아이들과 마찬가지로 많은 사람이 〈해리 포터〉 영화를 통해 왓슨을 지켜봤고 왓슨과 함께 성장했다. 그리하여 전 세계 젊은 여성이 이 연설을 시청하고 페미니스트라는 단어를 사용할 수 있는 힘을 얻었으며, 이 말을 긍정적이고 효과적인 표현으로 받아들이게 되었다. 심지어 수년째 공개적으로 여아 교육운동을 전개해온 말랄라 유사프자이조차도 나중에 왓슨에게 그녀의 연설을 보기 전에는 스스로 '페미니스트'라는 단어를 어렵게 생각했다고 이야기했다. "내가 페미니스트인지 아닌지 언급하기를 망설였습니다. 그런데 당신의 연설을 듣고 알게 되었습니다. …… 나 자신을 페미니스트라고 불러도 아무 문제가 없다는 것을요."[31]

젊은 배우나 예술가가 정치적 무대에 설 때는 대중의 반발을 겪는 경우가 흔하다. 이들의 명성 때문에 대중의 반대가 그들의 목소리를 쉽게 침묵시키지는 못하지만, 그럼에도 목소리를 내기로 결심하기란 그들에게도 쉽지 않은 일이다. 이런 일에는 으레 독설이 뒤따르게 마련인데 그들의 사회적 지위가 그들을 완벽하게 보호해주지는 않기 때문이다. 왓슨은 이 연설로 "살면서 한 번도 경험해보지 못한 수준의 비판과 일련의 협박"을 경험했다고 말했다.[32]

하지만 이 연설에서 말하고 있듯이 왓슨은 스스로에게 물었다. 이 책에 등장하는 대다수의 여성도 한번쯤 또는 줄곧 스스로에게 물어왔을 질문이다.

내가 아니면 누가 하겠어? 지금이 아니면 언제 하겠어?

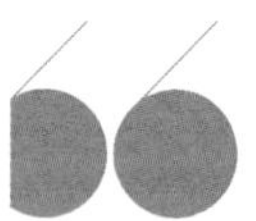

오늘 우리는 '히포쉬'라는 캠페인을 시작합니다.

저는 여러분의 도움을 청하기 위해 손을 내밉니다. 우리는 젠더 불평등을 끝내고 싶습니다. 이를 위해서는 모두의 참여가 필요합니다.

유엔에서 이러한 종류의 캠페인을 추진하기는 이번이 처음입니다. 우리는 가능한 한 많은 남성들과 소년들에게 활력을 불어넣어 그들이 젠더 평등의 옹호자가 될 수 있도록 노력하고자 합니다. 단순히 말로 그치는 것이 아니라 구체적인 현실을 만들어내고 싶습니다.

저는 6개월 전 유엔 여성 친선대사로 임명되고 페미니즘에 관해 이야기하면서 점점 더 확실히 깨달은 사실이 있습니다. 여성의 권리를 위한 싸움이 자주 남성 혐오와 동의어가 된다는 것입니다. 제가 한 가지 확실히 아는 것은 이러한 일들이 없어져야 한다는 것입니다.

확실히 하자면 페미니즘의 정의는 '남성과 여성에게 동등한 권리와 기회가 주어져야 한다는 신념. 양성의 정치적·경제적·사회적 평등에 관한 이론'입니다.

저는 여덟 살 때 부모님들에게 보여줄 연극을 준비하면서 남자아이들과 달리 제가 감독을 맡고 싶어하자 누군가 저에게 "대장처럼 군다"고 말하는 것을 듣고 어리둥절해진 뒤로 젠더에 근거한 가정에 의문을 갖기 시작했습니다.

제가 열네 살 때는 일부 언론에 의해 성적 대상화가 되기 시작했습니다.

열다섯 살 때 제 여자친구들은 '근육질'로 보이기 싫다면서 운동팀에서 빠지기 시작했습니다.

열여덟 살 때 제 남자친구들은 자신의 감정을 잘 표현하지 못했습니다.

저는 제가 페미니스트라고 결론을 지었고, 이것은 저에게 그렇게 어려운 일이 아니었습니다. 하지만 최근 조사에 따르면 페미니즘은 인기 없는 단어가 되었습니다. 저는 표현이 너무 강하고 공격적이며 고립적이고 남성 혐오적이며 매력 없는 여자로 통합니다.

이 단어가 왜 이토록 불편한 말이 되었을까요?

저는 영국 출신이고, 여성인 제가 남성과 동등하게 보수를 받는 것이 옳다고 생각합니다. 제 신체에 관한 결정을 제 스스로 내리는 것이 옳다고 생각합니다. 내 나라의 정책과 의사결정에서 나를 대표할 때 거기에 여성이 포함되는 것이 옳다고 생각합니다. 저는 사회적으로 남성과 같은 존중을 받는 것이 옳다고 생각합니다. 하지만 슬프게도 모든 여성이 이러한 권리를 누릴 수 있는 나라는 세계에 단 한 곳도 없다고 단언합니다.

세계 그 어느 나라도 젠더 평등을 이루었다고 말할 수 없습니다.

저는 이 권리들을 인권이라고 생각하지만 그나마 저는 운이 좋은 편입니다. 저의 삶은 그 자체로 특혜받은 삶입니다. 저의 부모님은 제가 딸로 태어났다는 이유만으로 저를 덜 사랑하지 않으셨습니다. 제가 다닌 학교는 제가 여학생이라는 이유만으로 저를 구속하지 않았습니다. 저에게 멘토가 되어준 분들은 제가 언젠가 아이를 낳을 수도 있으니 지나치게 성공해서는 안 된다고 하지 않았습니다.
저에게 영향을 준 이 모든 분들이 오늘의 저를 있게 한 젠더 평등 친선대사들입니다. 그분 자신들은 잘 모를 수도 있지만 그분들은 의도하지 않은 페미니스트로서 오늘날 세계를 변화시키고 있습니다.

우리에게는 이런 분들이 더 많이 필요합니다.

여러분이 만약 페미니스트라는 단어를 여전히 싫어하더라도 중요한 것은 단어가 아니라 그 뒤에 자리한 생각과 포부입니다. 모든 여성이 저와 같은 권리를 누리지 못했습니다. 사실 통계적으로 볼 때 저와 같은 사람은 소수에 지나지 않습니다.

1995년 힐러리 클린턴은 베이징에서 여성의 권리에 관한 유명한 연설을 했습니다. 슬프게도 힐러리 클린턴이 변화시키고자 했던 많은 것이 오늘날에도 여전히 그대로입니다.

하지만 제가 주목한 것은 그 연설을 듣는 청중의 30퍼센트 정도만이 남성이었다는 사실입니다. 고작 세계의 절반만 그 대화에 참여하도록 초대받거나 환영받는다고 느낀다면 우리는 어떻게 세상을 변화시킬 수 있을까요?

남성 여러분, 저는 이번 연설을 통해 여러분을 정식으로 초대하고자 합니다. 젠더 평등은 여러분의 문제이기도 합니다.

왜냐하면 저는 이제까지 부모로서의 아버지 역할이 사회에서 덜 소중하게 여겨지는 것을 보아왔기 때문입니다. 하지만 어린 시절 저에게 아버지는 어머니만큼이나 꼭 필요한 존재였습니다. 저는 정신질환을 앓고 있는 많은 젊은 남성이 자신이 남자답게 보이지 않을까봐 두려워 도움을 청하지 못하는 것을 보아왔습니다. 영국에서 자살은 20세에서 49세 남성 사이에서 교통사고, 암, 관상동맥성 심장질환 다음으로 가장 높은 사망 원인입니다. 저는 남자의 성공에 관한 왜곡된 생각 때문에 연약해지고 불안해하는 남성들을 보아왔습니다. 남성들 역시 평등의 혜택을 누리지 못하고 있습니다.

남성이 젠더 고정관념으로부터 구속받는다는 이야기는 자주 하지 않지만 저에게는 그렇게 보입니다. 남성이 자유로울 때 자연스럽게 여성들을 위한 세상도 바뀔 것이라고 생각합니다. 남성이 다른 사람들에게 받아들여지기 위해 공격적일 필요가 없다면 여성도 굴종을 강요당하는 느낌을 받지 않을 것입니다. 남성이 지배적으로 굴 필요가 없다면 여성은 지배받을 필요가 없을 것입니다.

남녀 모두 예민할 자유를 누려야 합니다. 남녀 모두 강인할 자유를 누려야 합니다. …… 이제는 우리 모두 젠더를 두 가지 상반된 이상이 아닌 하나의 동일한 스펙트럼에서 인식할 때입니다.

우리가 서로를 우리가 아닌 것으로 규정하는 것을 멈추고 우리 자신을 우리인 것으로 규정하기 시작한다면 그때 우리 모두는 더욱 자유로워질 것입니다. 이것이 히포쉬 캠페인의 목표입니다. 히포쉬 캠페인의 목표는 자유입니다.

저는 남성이 이 역할을 맡아주기를 바랍니다. 그리하여 남성의 딸들이, 누이들이, 어머니들이 편견으로부터 자유로워지고, 그리하여 남성의 아들들 역시 연약해지고 인간적이 될 수 있기를 바랍니다. 그동안 남성이 포기해온 그들 자신의 일부를 되찾고, 그 과정에서 더 진실하고 완전한 그들 자신이 되기를 바랍니다.

어쩌면 여러분은 '저 〈해리 포터〉 여자애가 뭔데. 왜 저 여자애가 유엔에서 연설을 해?'라고 생각하실지도 모르겠습니다. 좋은 질문입니다. 이 말을 믿으셔도 좋습니다. 왜냐하면 저 역시 스스로에게 같은 질문을 해왔거든요. 제가 이 자리에 설 자격이 있는지 저도 잘 모르겠습니다. 제가 아는 것은 제가 이 문제를 중요하게 생각하고 있고 또 지금의 상황을 개선하고 싶어한다는 것입니다.

제가 지금까지 보아온 것—그리고 저에게 주어진 기회들—을 돌아볼 때 저는 무언가 이야기해야 한다는 책임감을 느꼈습니다. 영국의 정치가 에드먼드 버크Edmund Burke는 이렇게 말했습니다. "악의 세력이 승리하기 위해서는 충분히 많은 수의 훌륭한 남성과 여성이 아무것도 하지 않는 것이다."

이 연설을 준비하며 긴장이 될 때마다 그리고 의심이 들 때마다 저는 스스로에게 확고하게 말했습니다. "내가 아니면 누가 하겠어? 지금이 아니면 언제 하겠어?" 여러분에게 기회가 주어졌을 때 혹시 비슷한 의심에 휩싸인다면 이 말이 여러분에게도 도움이 되길 희망합니다.

왜냐하면 만일 우리가 아무것도 하지 않으면 여성이 남성과 동일노동에 동일임금을 받기까지 75년이, 또 저의 경우에는 거의 100년이 걸릴 것이기 때문입니다. 앞으로 16년 동안 1550만 명의 소녀들이 조혼을 하게 됩니다. 지금의 추세대로라면 2086년이 되어서야 아프리카의 시골 소녀들이 중등교육을 받을 수 있을 것입니다.

여러분이 평등을 믿는다면 여러분이 제가 앞에서 이야기한 의도하지 않은 페미니스트가 되어주십시오.

저는 여러분에게 박수갈채를 보내겠습니다.

연대의 단어를 찾아 애쓰는 우리에게 반가운 소식이 있습니다. 우리에게는 연대의 운동이 있습니다. 그 운동의 이름은 히포쉬입니다. 저는 여러분에게 한걸음 앞으로 나와 모습을 드러내고 목소리를 내달라고, ‘그녀’를 위한 ‘그’가 되어달라고 요청합니다. 그리고 여러분 자신에게 질문하십시오. “내가 아니면 누가 하겠어? 지금이 아니면 언제 하겠어?”

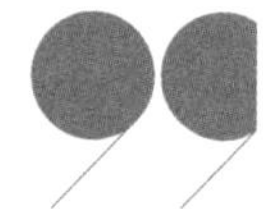

29
JO
COX

조
콕스

‘우리는 공통점이
더 많습니다’

영국 하원

2015년 6월

조 콕스Jo Cox는 삶을 사랑했다. 조는 삶을 움켜쥐었고 삶을 부둥켜안았으며 삶에 대해 고민했고, 그녀를 아는 이들에게 기쁨을 주었다. 조는 나의 친구였고, 세상을 떠나기 전 12개월 동안은 조의 고향인 배틀리 지역구의 웨스트요크셔 소속 노동당 하원의원이었던 나의 동료였다. 이번 글은 작성하기가 힘겹다.

열정적이고 창의적이며 힘차고 재미있는 사람이었던 조는 무엇이든 적당히 끝내는 법이 없었다. 온몸을 던져 복잡한 문제를 풀었고 친구를 사귀었으며, 사람들을 한자리에 모았고 어려운 대의를 용기 있게 받아들였다. 조는 의회에 머문 짧은 기간 동안 국제 원조 활동가로 일했던 경력을 살려 시리아에 인도적 지원을 제공하도록 정부에 압력을 가하고, 고독에 대한 문제를 해결하기 위한 초당파적 노력을 이끌어내는 등 의회에 커다란 영향을 주었다.

내가 가장 많이 기억하는 것은 조의 웃음이다. 조의 웃음 그리고 자신의 가족과 어린 두 자녀에 대한 그녀의 뜨거운 사랑이 기억에 남는다. 조는 파티를 열어 사람들을 한자리에 불러

모으거나 새로운 친구를 사귀는 것을 굉장히 좋아했다.

의회에서 조의 첫 연설은 하나의 모범이었다. 전임자에 대한 헌사, 자신이 속한 지역구에 대한 찬사, 약간의 역사적·개인적·정치적인 이야기 등 조는 폭시스Fox's 비스킷에서 피시 앤드 칩스와 카레로 이어지는 여행길로 우리를 인도했다.

그러나 연설의 틀을 이루는 것은 조의 핵심 철학을 반영하는 중요한 생각 중 하나이며, 이것은 아프게도 선견지명이 있었다. 조는 배틀리·스펜 지역구를 구성하는 다양한 공동체를 설명하면서 "우리는 차이점보다 공통점이 훨씬 더 많으며 훨씬 더 단합되어 있다"고 말했다.

2016년 6월 16일 브렉시트운동이 한창일 때 조는 자기 지역구의 진료소로 가는 길에 극우 극단주의자에게 피살되었다.

우리는 조를 너무나 일찍 잃었다. 그날 밤 친구와 이웃과 지역구민을 비롯한 많은 사람이 그녀를 애도하기 위해 버스톨에 있는 세인트피터스 교회에 모였다. 조는 옳았다. 조와 조의 가족에 대해 우리가 가진 애정, 그리고 그날 벌어진 일에 대한 우리의 경악과 비탄, 상실로 인한 깊은 슬픔을 나누기 위해 다양한 공동체에서 사람들이 모여들었다.

조가 세상을 떠난 뒤 몇 년 동안 조의 친구들과 가족들은 조의 이름으로 훌륭한 재단을 설립했다. 조가 살아생전 중시했던 대의와 가치를 드높이기 위해 설립한 이 재단은 동반자나 친구가 필요한 이들을 돕기 위해 정부의 지원을 받아 고독위원회를 꾸리고, 시리아에서 인명을 구조하는 단체 '화이트 헬멧White Helmets'을 지원한다.

그러나 조를 가장 짙게 추모할 수 있는 행사는 '그레이트 겟투게더Great Get Together'일 것이다. 주말에 전국에서 모인 공동체들이 조를 죽음으로 내몬 혐오와 싸우고 우리의 공통된 것을 기억하는 자리이다.

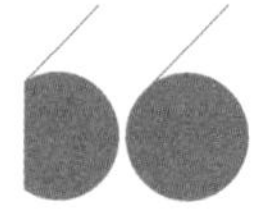

감사합니다, 의장님. 이 가장 중요한 토론장에서 첫 연설을 하게 되어 대단히 영광스럽습니다. 오늘 첫 연설을 훌륭하게 마친 다른 많은 분들에게도 축하를 전합니다.

존경하는 의원님들 중 여러 의원님께서 본인의 지역구는 두 구역 이상으로 나뉘어 있다고 말씀하실 겁니다. 그런 점에서 저도 마찬가지입니다. 배틀리와 스펜도 그런 종류의 지역구입니다. 다양성이 있는 공동체를 대표하게 된 것은 저에게 기쁜 일입니다.

배틀리와 스펜에는 독립적이고 상식적이며 자부심이 강한 요크셔 소도시와 마을이 모여 있습니다. 우리 지역구의 공동체들은 이민자들로 인해 크게 발전했습니다. 이러한 이민자로는 우리 지역구

전역에 퍼져 있는 아일랜드 출신의 가톨릭교도, 인도의 구자라트 출신, 파키스탄의 경우 주로 카슈미르 출신인 이슬람교도가 있습니다.

우리는 이렇게 우리의 다양성을 칭송하지만, 제가 우리 지역구를 돌아볼 때마다 매번 놀라는 이유는 우리는 차이점보다 공통점이 훨씬 더 많으며, 훨씬 더 하나 되어 있음을 보기 때문입니다.

제 지역구는 폭시스 비스킷과 라이언 컨펙셔너리의 고향이기도 합니다. 그러니 의장님, 제가 배틀리와 스펜을 풍요롭고 유쾌한 요크셔의—지리적·역사적·문화적—풍경에 둘러싸인 산업의 심장부로 묘사해도 이를 지나친 표현으로 여기지 않으리라 확신합니다.

웨스트요크셔의 제 지역구에서 비합치성nonconformity의 정신은 저의 두 전임자 마이크 우드Mike Wood와 엘리자베스 피콕Elizabeth Peacock의 시기와 비교할 때 더욱 일반적인 것이 되었습니다. 두 분은 각자 자기만의 방식으로 독립적이고 비합치주의적으로 공직을 수행했다고 알려져 있습니다. 두 방식이 판이하게 달랐지만요. 이 잘 수립된 전통을 저 역시 저만의 독특한 방식으로 지켜나가려고 합니다.

그렇습니다. 배틀리는 지난 100년 동안 대부분 노동당 소속 하원의원을 의회로 보낸 도시입니다. 그중 브로턴Broughton 박사는 네, 그는 정부를 실각시킨 공적으로 유명하지요. 그래서 맞은편 앞쪽 간부석에 앉아 계신 존경하는 의원님들께 공손히 예고합니다.

스펜 벨리의 정치사는 더욱 파란만장합니다. 20세기의 상당 기간 동안 이곳 웨스트민스터 의회에 노동당 소속 의원과 보수당 소속 의원을 거의 번갈아 보냈습니다. 5월 8일 노동당이 전보다 더 많은 의석을 얻어 다수를 차지하는 지금의 의회에 합류하게 된 것에 그 무엇에도 비길 수 없는 자부심을 느낍니다. 이렇게 해서 우리 지역에서는 비합치성이 우리가 가장 잘하는 일임을 다시 한번 입증했습니다.

앞에서 시사했듯이 배틀리와 스펜에서 우리는 물건을 만듭니다. 역사적으로 그래왔고 지금도 그렇습니다. 배틀리와 스펜은 제조업에 종사하는 이들의 비율이 높으며, 고숙련 정밀공업을 비롯한 다양한 산업을 두루 갖추고 있음을 자랑합니다. 우리는 침대부터 비스킷, 카펫에서 선반旋盤*까지 거의 모든 종류의 제품을 제조합니다. 또한 우리나라에서 최고로 손꼽히는 피시 앤드 칩스와 카레를 만듭니다.

하지만 우리 지역구의 기업체들은 지금 확신이 부족합니다. 확장에 대한 확신, 대출에 대한 확신, 성장에 대한 확신, 괜찮은 일자리를 제공하고 괜찮은 보수를 지급하고 기술 격차를 좁혀 모두에게 이익을 줄 수 있는 진정한 경제 회복을 일굴 가능성에 대한 확신이 부족합니다.

이 상황을 변화시킬 열쇠는 지역경제 재생에 대한 근본적인 태도 변화에 있습니다. 도시와 자치주의 성장 도모에 필요한 권한과 자원을 그들에게 제공해야 합니다. 저는 북부에 경제발전의 원동력을 마련하는 데 진정으로 헌신하는 모든 이와 기쁘게 협력하겠습니다.

---

* 절삭공구의 일종(옮긴이).

이 어젠다의 중심에는 우리 같은 지역구에 자리한 도시와 마을들을 번화한 거점 도시와 연결하겠다는 약속이 있어야 합니다. 그리고 이같이 가치 있는 목표에 진정한 성공의 기회를 부여하기 위해 곧 있을 7월 예산에서 재정 지원을 해주겠다는 약속이 있어야 합니다.

요크셔 사람들은 바보가 아닙니다. 한쪽에서는 도시와 지방에 권한을 이전하겠다면서 다른 쪽에서는 그들로부터 자원을 박탈하고 커클리스 같은 북부지역 의회에 가장 혹독한 감축을 가하는 것은 북부지역에서 성장과 번영을 이끌 경제발전의 원동력을 마련하겠다는 훌륭한 약속과 양립할 수 없습니다.

우리 지역구의 기업체들은 지역 수준에서의 숙련 불일치 문제를 해결하는 데 도움받을 수 있기를 원합니다. 이 문제로 인해 고용주들은 직원이 부족하고 청년들은 일자리가 부족합니다. 그들은 지역 은행망을 비롯한 신뢰할 만한 자금원에 접근할 수 있기를 원합니다.

우리 지역구의 기업체들은 이용할 만한 지역 인프라를 원합니다. 철도 요금이 126퍼센트 이상 증가하고 맨체스터-리즈 구간 전철화사업 같은 주요 교통시설 개발사업이 한없이 연기되는 것을 원하지 않습니다.

요크셔의 많은 기업체는 영국이 유럽연합에 계속 머무름으로써 안전과 안정을 확보하기를 바랍니다. 제가 이 의회와 또다른 장소에서 열렬히 옹호하는 대의입니다.

핵심 질문은 '정부의 조치가 북부에 경제발전의 원동력을 마련한다는 약속에 부응할까요?'라는 것입니다. 시금석이 될 것은 단지 고속철도HS2사업뿐만이 아닙니다. 더 큰 두 가지의 도전과제가 있습니다. 첫째, 정부는 모든 의사결정 권한을 지역 수준으로 이전할까요? 저는 이것을 시험대로 삼겠습니다. 만일 국가 수준에서 의사결정을 내려야 하는 강력한 이유가 있다면 그래야겠지요. 하지만 꼭 그렇지 않다면 정부는 권한을 이전해야 합니다.

둘째, 정부는 교통시설, 연구·개발, 사업 계획, 교육과 기술에 관한 모든 의사결정을 정말로 경제의 균형을 재조정하고 북부를 성장시킬 수 있는 방식으로 내릴까요?

저는 배틀리·스펜 지역구에서 태어나고 자랐습니다. 이 사실이 더할 나위 없이 자랑스럽습니다.

저는 제가 요크셔에서 자랐다는 사실이 자랑스럽습니다. 우리가 요크셔에서 생산하는 제품이 자랑스럽습니다. 영국 역시 자랑스러워해야 마땅합니다.

저는 배틀리와 스펜의 위대한 지역구민의 대표자로 일할 향후 5년을 고대하고 있습니다.

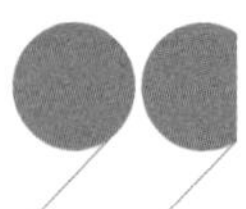

30
YVETTE
COOPER

이베트
쿠퍼

'영국은 제 역할을
다해야 합니다'

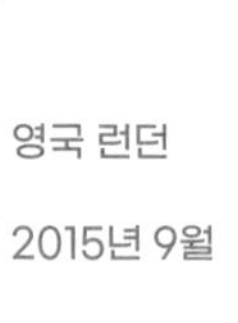

영국 런던

2015년 9월

2015년 여름 나는 연설을 하면서 보냈다. 하지만 이 연설은 다른 연설들과 조금 달랐다.

우리는 노동당 대표 경선을 준비하고 있었다. 4명의 후보자 중 한 명이었던 나는 전국을 돌며 끊임없이 유세하고 매체와 인터뷰하거나 집회와 공동체 행사에 참석해 불평등, 아동복지, 공공서비스, 그리고 우리 당의 미래에 관한 주제로 연설을 했다. 숨 돌릴 틈 없는 나날이었다. 우리의 선거운동과 연설에는 대부분 보수당 정부에 대한 공격이나 노동당의 미래에 관한 생각, 후보자 간의 정책 차이에 관한 내용이 포함되어 있었다.

그러다 8월 27일 대단히 충격적인 사건이 언론에 보도되었다. 오스트리아 경찰이 고속도로 갓길에 며칠 동안 세워져 있던 대형 트럭의 문을 열었는데 트럭 안에서 질식사한 시리아, 이라크, 아프가니스탄 출신 71명—그중에는 유아 1명과 7세 아동 1명도 있었다—이 발견되었다. 박해와 분쟁을 피해 더 나은 삶을 찾아 필사적으로 탈출한 이들의 간절함을 돈벌이 기회로 이용한 밀입국업자들에 의해 트럭 안에 갇혔던 것이다.

그해 내내 시리아 난민 위기가 고조되고 있었다. 이미 800만 명이 어쩔 수 없이 고향 땅을 떠난 터였다. 레바논은 100만 명 넘게 난민을 받아들이다 결국 국경을 봉쇄했다. 터키와 요르단의 난민촌은 포화상태에 이르고 있었다. 밀입국업자와 밀수업자 조직들은 불행을 이용해 돈을 벌었다. 상황은 갈수록 더 불안정해졌고 사람들의 목숨은 위태로웠다. 난민들은 작은 배—검은색 얇은 고무보트—를 타고 지중해를 건너기도 했다. 하지만 영국 정부를 비롯한 유럽 정부들은 대응책을 찾지 못하고 있었다. 나는 그 전해에는 이 사안과 관련한 많은 일을 했지만 그해 여름 이 오스트리아 화물차사건이 보도되기 전까지 나의 관심은 다른 곳에 쏠려 있었다.

밀폐된 컨테이너에 빽빽이 실려 숨도 쉬지 못하고 고통스러워하는 가족들 생각이 내 머릿속을 떠나지 않았다. 그리고 사람들이 죽어가고 있는데도 그 사실을 전혀 알지 못한 채 그 옆을 그냥 지나쳤을 출퇴근 차량과 휴가객들, 상인들에 대해 생각했다. 나는 무슨 말이라도 해야 할 것 같았다. 우리는 영국 정부와 유럽 정부에 행동하라고 압박을 가해야 했다.

그때쯤 당대표 선거운동은 막바지를 향하고 있었다. 제러미 코빈Jeremy Corbyn이 독보적인 1위를 달렸지만, 경선에 참여하는 우리 모두에게는 여전히 대중의 관심과 연설 기회가 주어지고 있었기 때문에 우리에게는 목소리를 낼 수 있는 기회가 아직 남아 있었다. 그래서 나는 원래 계획한 선거운동 일정을 취소하고 이 연설문을 쓰기 시작했다. 기존에 해온 평범한 연설과 달라야 했다. 정부를 공격하고 다른 후보자에게 이의를 제기하기보다는 우리가 필요한 행동을 취하기 위한 합의를 끌어내 영국이 제 역할을 할 수 있게 해야 했다. 쉬운 일일 것이라고 생각하지는 않았다. 토론에서는 이민과 망명 이슈가 뒤섞이기 일쑤였다. 취업 및 유학생과 관련한 다양한 이민 규정에 대한 이의제기는 타당했다. 하지만 이 이슈가 박해를 피해 도망치는 난민들에 대한 원조 문제를 퇴색시키는 것은 원치 않았다.

이 연설문은 내가 그때까지 써온 다른 연설문들과 달리 글이 저절로 풀리는 기분이 들었다. 나는 내가 하고 싶은 말이 무엇인지, 누구를 설득하고 싶은지 알고 있었다. 나는 당을 불문하고 모두에게 도움의 손길을 건네달라고, 모두 함께 공동의 노력을 기울이자고 호소하고 싶었다. 이것이 정치적 논쟁거리가 된다면 불가능한 일임을 잘 알고 있었다. 이 사안에서 우리는 합의가 필요했다. 나는 전 세계의 국가가 협력하려면 필수적이라고 생각하는 정책 — 밀입국업자의 조직에 대한 대응 조치부터 중동의 난민촌 원조까지 — 을 긴 목록으로 정리했다. 나는 이것이 합리적이고 실행 가능한 조치로 보이게 만들고 싶었고, 우리나라가 이전에도 이러한 조치를 취한 적이 있음을 보여주고 싶었다. 그리고 무엇보다도 우리의 가장 좋은 모습에, 영국의 가장 좋은 모습에 호소하고 싶었다.

나는 사람들을 일깨우려면 가장 어려운 이슈를 회피해서는 안 된다는 사실을 알고 있었다. 영국이 수용할 수 있는 정착 난민의 수를 알아야 했다. 나는 여러 위원회에 연락해 수치를 제안해달라고 부탁했고 마침내 연간 10만 명이라는 숫자를 제안했다. 전국의 모든 도시 또는 자치주에서 10가구를 돕는다면 우리가 정착시킬 수 있는 총 난민의 수였다. 나는 반발을 예상했고, 당연히 온라인에서도 반발이 있었다. 하지만 대체로 전국에서 그리고 정치적 스펙트럼을 초월해 사람들이 보내온 커다란 지지에 가슴 깊이 감동했다.

이튿날인 2015년 8월 3일 충격적인 사진이 공개되었다. 터키 해안가에 휩쓸려온 어린아이의 시신이었다. 이제 고작 네 살이었던 아일란 쿠르디Aylan Kurdi는 어머니와 타고 있던 고무보트가 가라앉으면서 익사했다. 반바지에 스니커즈를 신은 어린 소년이 숨이 멎은 채 해변에 엎드려 누워 있는 사진을 본 우리들 사이에서 행동하라는 부르짖음이 거세게 일었다.

정부는 처음에 영국은 난민을 더이상 받아들일 수 없다는 입장을 밝혔지만 대중과 정치계의 압력이 점점 커졌고 스코틀랜드 정부, 웨일스 정부, 여러 지역의 위원회에서 초당파적으로 도움의 손길을 건넸다. 자선단체와 종교단체도 마찬가지였다. 생각할 수 없었던 일이 가능해졌다. 나흘 뒤 데이비드 캐머런David Cameron 총리는 영국은 향후 몇 년 동안 시리아 난민 2만 명을 받아들이겠다고 발표했다. 이후 나는 영국 전역에서 삶을 재건하는 시리아 가족들을 만났다. 그들은 지역공동체의 환대를 받으며 자녀를 다시 학교에 보내고 영어를 배우며 일을 시작하고 있었다. 다른 나라와 비교하면 영국의 난민 정착 계획은 여전히 제한적이었지만 도움이 간절한 가족들에게 미래를 다시 찾아주었다.

지난 20여 년간 나는 주요 사안에 관한 많은 연설을 해왔다. 노동당 전당대회에서 대규모 청중을 대상으로 주택 문제나 정책 결정에 관한 연설을 했고, 페이비언협회Fabian Society*에서 노동당의 미래나 우리 도시가 겪는 어려움에 관해 연설했으며, 정부 각료들을 상대로 아동 빈곤을 근절할 수 있는 법안이나 '슈어 스타트Sure Start'** 관련 법안을 발표했고, 의회 토론장에서는 평등한 혼인권, 이민자 문제, 브렉시트에 관해 발언했다. 이 모든 연설문을 뒤로하고 이 책에 실린 연설문을 선택한 이유는 이것이 가장 잘 쓰인 연설문이어서가 아니다. 정부 각료를 대상으로 한 연설과 비교해 가장 많은 사람의 목숨에 영향

* 노동조합운동과 의회제 민주주의를 통한 점진적 사회개혁 달성을 목표로 삼는 단체. 사상적 기반이 계급투쟁 사관이 아닌 사회진화론이며 흔히 영국 사회주의운동의 주류로 일컬어진다(옮긴이).

** 영국 정부의 아동복지사업(옮긴이).

을 주었기 때문도 아니다. 내가 이 연설문을 선택한 이유는 이 연설문이 하나의 전환점으로 작용했기 때문이다. 이 연설문이 의미심장했던 것은 나의 웅변술이 아니라 타이밍 때문이었다. 이튿날 모두를 충격으로 몰아넣은 아일란 쿠르디의 비극적인 사진 때문이었다. 하지만 나는 이 연설이 국가적 대응을 모색하게 하는 데 일조하고, 우리 정부가 올바른 행동을 할 수 있도록 일조했기를 바란다. 언어의 힘이 사진의 힘을 더욱 강화시키는 데 일조했기를 바란다.

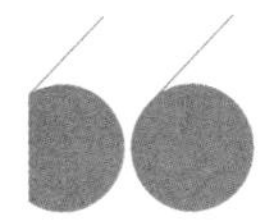

오스트리아 도롯가에 대형 트럭이 서 있습니다. 측면에 로고가 쓰여 있습니다. '원조 슬로베니아 상품'을 운송하는 트럭으로 햄이나 닭고기를 싣습니다. 밀폐 냉동고입니다. 그 안에 시신 71구가 있습니다.

71명의 사람들입니다. 시리아 사람들 같습니다. 가족. 자녀. 겨우 두 돌이 된 어린 소녀. 터키나 그리스, 발칸반도, 헝가리를 통과해온 것이 틀림없었습니다. 도로에서 숱한 나날을 보냈을 것입니다.

어쩌면 그들은 겨우 몇 주 전 200여 명의 무고한 성인 남녀와 어린이들이 이라크-레반트 이슬람국가ISIL*에게 납치된 시리아의 홈스에서 왔을지도 모릅니다. 어쩌면 수천 명이 수돗물이나 제대로 된 학교와 의료시설도 없이 생활하는 사막 난민 텐트촌에서 왔는지도 모릅니다.

이들을 화물 트럭에 태우고 냉동고 문을 잠근 채 차를 몰아 질식사하게 한 밀입국업자들이 그들에게 돈을 얼마나 받았는지 아무도 모릅니다. 참으로 끔찍한 이야기입니다. 그런데 이 일을 더욱 끔찍하게 만드는 것은 이 사건이 이례적인 것이 아니라는 사실입니다.

겨우 이틀 전 3명의 어린이가 비좁은 미니밴 뒷좌석에서 탈수로 인해 생명이 위태로운 상태로 발견되었습니다. 52명이 배에서 시신으로 발견되었습니다. 밀입국업자들에게 두들겨맞고 공기가 통하지 않는 좁은 공간에 갇힌 것입니다. 나와서 숨을 쉬려면 돈을 내야 했습니다. 돈을 내지 못한 사람들은 질식사했습니다. 100명이 전복된 보트에 갇혀 익사했습니다.

심지어 우리와 아주 가까운 곳에서도 이러한 일이 발생했습니다. 지난 석 달 동안 9명이 프랑스 칼레에서 영국 도버로 건너오다 사망했습니다. 대형 트럭의 휠 아치에 끼고, 빠르게 달리는 열차에 뛰어들다 부딪히고, 송전선에 감전되었습니다. 끔찍한 비극과 고문과 절망의 이야기입니다.

하지만 죽음은 비극적인 이야기의 전부가 아닙니다. 수백만 명

---

* 이슬람 급진 수니파 무장단체로 2014년 6월 29일 이슬람국가(Islam State, IS)로 명칭을 변경했다(옮긴이).

이상이 집을 잃었고 삶을 재건할 수 있는 피난처나 안정을 간절하게 찾고 있습니다. 기진맥진한 어머니가 아기의 머리를 수면 위로 겨우 들어올립니다. 어린이들이 수개월째 학교 교육을 받지 못하고 있습니다. 한때 교사였고 사무실 노동자였으며 가게 주인이었고 사업가였던 사람들이 이제 난민이 되어 버스 정류장에서 잠을 자고, 그들을 밤에 수송해줄 조직들에게 돈을 줍니다.

제2차세계대전 이후 유래를 찾아볼 수 없는 규모의 인도주의적 위기입니다. 그런데도 우리는 마치 몸이 마비된 사람들처럼 반응이 없습니다. 우리는 지금 이민자 문제라는 까다로운 정치 논쟁에 갇혀 있습니다만 이것은 망명에 관한 문제입니다. 우리는 지금 이민자 문제와 망명 문제를 같은 사안으로 취급하는데, 이 두 경우는 완전히 다른 문제이며 우리는 이 두 문제를 다르게 다루어야 합니다. 우리는 유학생 비자나 불법노동자, 유럽의 파견 근로자 문제에 집중하지만 이는 난민들과 무관한 사안입니다. 우리는 '이민자' 논쟁에 갇혀 있지만 아버지들, 아들들, 자매들, 형제들, 딸들, 어머니들을 생각해야 합니다. 우리는 영국의 유권자들이 이민자 문제에 대해 불편하게 생각한다고 짐작합니다. 난민에게 피난처를 제공하자고 주장하는 정치인을 영국의 유권자들이 용서하지 않을 것이라고 여기는 정치적 비겁함에 갇혀 있습니다. 하지만 우리나라는 지난 수세기 동안 박해받는 사람들에게 안식처를 제공해주었습니다. ⋯⋯

비단 우리뿐만이 아닙니다. 전 유럽이 적절히 대응하기 위해 애쓰고 있습니다. 계속 이런 식이어서는 안 됩니다. 이것은 비도덕적입니다. 비겁합니다. 영국의 방식이 아닙니다. 수십만 명의 난민들이 새로운 전체주의로부터 도망치고 있습니다. 유럽은 수세대 전에 그랬던 것처럼 이들을 도와야 합니다. 우리는 난관에 맞설 수 있을 만큼 충분히 강하고 충분히 끈질깁니다. 등을 돌려서는 안 됩니다. 이것은 우리가 다 같이 협력해야만 가능합니다.

저는 오늘 그림자 내각의 내무장관으로서 또는 노동당 대표 후보자로서 정부를 비판하고 노동당이 제시하는 대안을 설명하는 보통의 정치 연설을 하지 않을 작정입니다. 저는 이 문제로 다른 사람들을 공격하고 싶지 않습니다. 저는 모든 분을 설득하고 싶습니다.

저는 이 연설이 당파 싸움이 되길 바라지 않습니다. 우리 영국 정부가 이제 리더십을 보여주기를 바라기 때문입니다. 노동당을 비롯한 모든 정당, 전국의 도시와 공동체가 그러한 정부를 지지하기를 바라기 때문입니다. …… 우리는 우리 정부가 올바른 일을 하게 만들 수 있습니다. 그렇게 하기 위해서는 우리의 목소리를 내야 합니다. [……]

유엔에 따르면 지난 8개월 동안 100만 명의 3분의 1에 해당하는 사람들이 지중해 횡단을 시도했습니다. …… 그 과정에서 최소 2600명이 익사나 질식사로 사망했습니다. …… 유엔은 지중해를 건너는 난민의 절반 이상이 시리아 출신이라고 추정합니다. …… 다수가 우리 시대의 새로운 전체주의를 피해 도망치고 있습니다. 이라크-레반트 이슬람국가와 이슬람 극단주의자들로부터, 이데올로기라는 이름으로 끔찍한 폭력을 부추기는 교리로부터 도망치고 있습니다. …… 우리에게는 생존을 위해 도망치는 사람들을 돕기 위해 각자의 몫을 다할 도덕적 책임이 있습니다.

또한 우리는 우리 유럽대륙에서 인권 유린을 막을 책임이 있습니다. 범죄 조직들을 막아야 합니다. 유럽에서 활동하는 현대판 노예 무역상인인 그들은 수많은 사람을 필사적인 이동과 끔찍한 환경, 학대, 죽음으로 내몰고 있습니다. …… 이것은 우리가 전쟁을 치르면서 지키고자 했던 기본적인 인권에 대한 잔인한 침해입니다. 우리 국경과 망명 시스템에서 안전과 안보와 질서를 확보할 책임이 있습니다. 그렇지 않으면 국민의 신뢰를 유지할 수 없습니다. 계속 이런 식이어서는 안 됩니다. 공포와 비난의 정치가 우리를 마비시키도록 지금의 인도주의적 위기가 계속되게 방치해서는 안 됩니다. 이제는 행동할 때입니다. [……]

첫째, 우리는 유럽연합의 원조를 더욱 영리하게 조직화하고 배치해 대규모 이동과 밀입국을 미연에 방지해야 합니다. 현지인을 지원해 최종적으로는 고향으로 돌아갈 수 있도록 해야 합니다. [……]

둘째, 우리는 사악한 인신매매사업 퇴치를 위해 더욱 강력하고 효과적인 조치를 취해야 합니다. 위험에 처한 사람들을 구출하고 범죄 조직들을 막아야 합니다. [……] 안전 및 보안 검문이 강화되어야 합니다. [……]

셋째, 우리는 해외와 유럽 국경에 센터를 설치하는 등 망명자 및 이민자 선정과 관련해 상당한 투자를 해야 합니다.

넷째, 아마도 이것이 가장 어려운 일일 텐데, 모든 유럽 국가가 피난처나 망명이 필요하다는 동의를 얻은 이들을 자국에 받아들이는 것을 약속하는 협정을 맺어야 합니다. …… 각국이 긴급히 나서서 자국에서 지원 가능한 규모를 추산해야 합니다. 영국도 우리의 역할을 해야 합니다. [……]

영국은 도움이 필요한 이들에게 원조를 제공한 자랑스러운 오랜 역사가 있습니다. 1680년대에 위그노 5만여 명이 프랑스의 박해를 피해 프랑스 라로셸에서 [영국행] 보트에 올라탔습니다. 200여 년 뒤 14만 명이 넘는 난민들이 러시아 황제의 압제를 피해 영국으로 건너왔습니다. 1930년대 우리는 경기 침체와 시련에도 불구하고 유대인과 유럽 난민을 8만 명 이상 받아들였습니다. 1990년대에는 보스니아 난민들을 받아들였습니다.

올해는 니컬러스 윈턴Nicholas Winton 경을 기념하는 해입니다. …… 그는 킨더트랜스포트Kindertransport협정을 성사시켜 독일과 나치 점령 영토에서 유대인 아동들을 받아들일 수 있게 도왔습니다. …… 9개월이 넘는 기간 동안 독일, 오스트리아, 체코슬로바키아, 폴란드에서 1만 명 이상의 아동이 영국으로 왔습니다. 1만 명입니다.

지금 우리는 어떻게 하고 있습니까?

우리나라는 지중해에서 온 난민들의 수용을 거부했습니다. 유엔 프로그램의 일환으로 난민촌에서 직접 건너오는 취약한 시리아 난민 200여 명 이상을 거부해 240명만 받아들였습니다. 심지어 이 시리아 난민들을 이미 더 많은 난민을 받아들인 다른 유럽 국가들로 돌려보냈습니다. 그 나라들을 통과해서 왔다는 단순한 이유에서였습니다. …… 우리 세대가 이들을 외면한다면 우리는 어떻게 분쟁을 피해 도망친 이들을 도와주었던 우리의 역사를 자랑스럽게 여길 수 있을까요?

그러므로 이제는 도시, 마을, 공동체에 우리가 서로를 얼마나 도울 수 있는지 물을 때입니다. 모든 도시에서 난민 가족 10가구를 받아들이면, 모든 런던 자치구에서 10가구를 받아들이면, 모든 자치주에서 10가구를 받아들이면, 스코틀랜드·웨일스·영국의 전 지역이 제 역할을 해주면 한 달 안에 위험을 피해 안전한 장소를 찾아 도망쳐온 취약한 난민들을 위해 1만 자리 이상을 확보할 수 있습니다. 200이 아닌 1만입니다. [……]

우리 조부모의 눈을 마주보고 당신들이 과거에 그러했듯이 우리도 우리 시대의 도전과 책임에 소임을 다했다고 말할 수 있어야 합니다. 우리 손자 손녀의 눈을 마주보고 우리는 등을 돌리지 않았다고 말할 수 있어야 합니다. …… 1930년대 경기 불황 시기에 영국은 킨더트랜스포트의 어린이 1만 명에게 마음뿐만 아니라 우리의 집까지 활짝 열어주었습니다. 그것이 영국을 위대하게 만드는 온정의 힘입니다.

따라서 오늘 내무성에 정책 수정을 요청합니다. 총리께서 리더십을 발휘해주기를 요청하고 총리께 지지를 약속합니다. 의회에 총리를 지지해줄 것을 요청합니다. 스코틀랜드와 웨일스에 동의를 요청합니다. 지역의회에 난민들을 위한 자리를 마련해줄 것을 요청합니다. 각종 위원회에 지원을 요청합니다. 종교단체와 자선단체에서 길을 보여줄 것을 요청합니다. 운동단체들이 지지를 동원해줄 것을 요청합니다. 모두가 크든 작든 자기 역할을 다해줄 것을 요청합니다.

사실 저는 많은 것을 요청하고 있지 않습니다. 우리가 전에도 해왔던 것을 다시 한번 할 수 있도록 요청하고 있습니다. 우리는 다시 그렇게 할 것입니다. 우리를 필요로 하는 사람들을 도울 것입니다.

저는 영국이 영국다워질 것을 요청하고 있습니다.

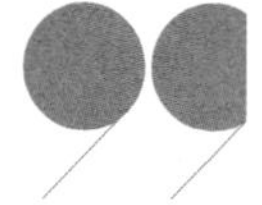

31
MICHELLE
OBAMA

미셸 오바마

'저들이 낮아질수록
우리는 높아집시다'

미국 필라델피아주,
민주당 전당대회

2016년 7월

버락 오바마Barack Obama의 대통령 임기는 유려하고 진실한 웅변으로 기억될 것이다. 대부분의 연설은 대통령이 직접 했지만 가끔은 퍼스트레이디인 미셸 오바마Michelle Obama의 연설이 더 강렬했다.

미셸의 연설은 언제나 대단히 개인적이고 자연스러웠다. 기품과 온정과 권위가 경이로운 조화를 이루는데 마치 사적인 담소를 나누거나 친구나 가족과 대화하듯이 편안하다. 독특하게도 미셸은 매우 다정한 인상을 주면서도 동시에 늘 놀라울 정도로 냉철하다. 그리고 이 모든 것은 미셸의 연설에서도 드러난다.

인용한 글에서 미셸은 2016년 미국 대통령 선거 유세 연설에서 오바마 대통령의 임기가 시작된 때를 회상한다. 오바마 부부의 딸들에 관한 이야기는 이내 만인의 딸과 아들에 관한 이야기가 된다. 미셸은 이렇게 개인적인 것과 정치적인 것 사이를 자연스레 오간다. 서사의 중간에 '자기'와 가족의 이야기가 '우리'와 국가의 이야기로 바뀌는 순간이 있는데 이 순간은 놀라우리 만치 강렬하다.

> 이것이 이 나라의 이야기입니다. 오늘밤 저를 이 단상으로 이끈 이야기. 속박의 채찍을, 노예의 수치를, 분리정책의 독침을 체감했으나 계속 분투하고, 소망하고, 할일을 한 세대들의 이야기. 그리하여 오늘날 저는 노예의 손으로 지은 집에서 매일 아침 눈을 뜹니다. 그리고 아름답고 지적인 흑인 아가씨가 된 저의 두 딸이 백악관 잔디밭에서 개와 함께 뛰어노는 것을 바라봅니다.

오바마 연설문의 작가들은 백악관에서 머무는 내내 이처럼 개인적인 동시에 정치적인 이야기를 발굴하려고 애썼다. 이 경우 이 이야기를 이토록 감동적으로 만든 것은 미셸 오바마의 아주 개인적이고도 진심어린 전달방식이었다.

하지만 오바마 가족에게 이것이 쉬웠을 리 없다. 정치에서 사생활이 훨씬 덜 노출되는 우리도 자녀를 보호할 방법에 관해 오래 열심히 생각해야 한다. 에드와 나는 우리 아이들이 사진에 찍히지 않게 하려고 늘 조심하며, 아이들 이야기를 하는 것이 훨씬 더 인간적이고 자연스럽게 느껴질 때조차도 이런 이야기를 피한다. 하지만 미합중국 대통령의 가족에게는 그런 사생활이나 선택권이 있을 수 없다. 그러므로 오바마 부부는 아슬아슬한 곡예를 한 셈이다. 강렬한 이야기의 소재로 자기 가족의 경험을 다루면서도 기품과 위엄을 잃지 않았고, 앞으로 성장해나갈 딸들을 위한 사적인 공간을 남겨두었다.

이렇듯 미셸 오바마 연설의 내용과 전달력에서 두드러지는 위엄은 분열 일변도였으며, 독설과 악의로 가득했던 2016년 힐러리 클린턴과 도널드 트럼프의 대권 경쟁 분위기와 극명한 대조를 이루었다. 트위터에서의 천박한 입씨름과 인신공격으로 정치 토론이 채워지는 와중에 나온 이 연설은 참으로 시의적절한 응수였다.

미셸 오바마는 연설에서 힐러리 클린턴을 확실하고 강력하게 지지했다. 그녀는 트럼프의 이름을 한 번도 직접 거명하지 않으면서 트럼프의 대통령직에 관해 명료하고 신랄하게 비판한다. 이 시기 트럼프 선거운동 유세장에 모인 군중은 힐러리 클린턴을 감옥에 가두라거나 교사시키라고 외쳤고, 충격적인 여성 혐오 행태를 보였다.

이 연설은 천박한 정치계에 대한 강력한 도덕적 대응이자 민주주의의 품위에 대한 폭넓은 요청이었다. 그리고 이 요청은 2016년 대통령 선거운동이 끝난 지금도 여전히 유효하다. 여러 국가와 온라인에서 정치가 양극화되고 독설과 폭언이 난무하는 이 시기에 미셸 오바마가 한 말들은 우리가 어떻게 우리 정치에서 품위와 기품을 되찾을지에 관한 교훈을 준다.

가장 기억에 남는 이 구호에서처럼 말이다.

저들이 낮아질수록 우리는 높아집시다.

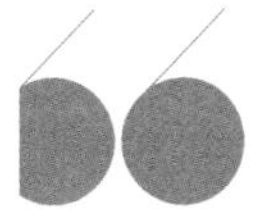

여러분에게 제 남편이 대통령이 되어야 한다고 생각하는 이유를 설명하기 위해 처음 이 전당대회를 찾은 것이 벌써 8년이나 되었다는 사실이 좀처럼 믿기지 않습니다. 남편의 인간됨과 신념에 대해 제가 한 말을 기억하시는지요? 품위와 기품에 관해서요. 남편이 우리나라를 위해 백악관에서 일하는 동안 우리가 날마다 본 성품이지요.

아울러 저는 우리 딸들에 관해서, 그 아이들이 어떻게 우리 두 사람의 마음속 심장이자 세계의 중심인지를 이야기했고, 우리는 백악관에서 지내는 동안 이 아이들이 쾌활한 어린 소녀에서 차분한 젊은 여성으로 성장하는 모습을 지켜보는 기쁨을 누렸습니다. 그러한 우리의 여정은 워싱턴에 도착해 아이들이 새 학교에 첫 등교를 하며 시작되었습니다.

겨우 일곱 살과 열 살이 된 우리 딸들이 총을 든 거구의 남성들에 에워싸인 검은색 SUV에 올라타는 모습을 지켜보던 그 겨울의 아침을 잊지 못할 것입니다. 작은 얼굴을 창문에 바짝 대고 있는 모습을 보며 저는 '우리가 무슨 짓을 하고 있는 거지?'라는 생각밖에 들지 않았습니다.

그 순간 저는 우리가 백악관에서 보낼 시간이 이 아이들이 앞으로 성장할 모습의 토대를 이룰 것이라는 사실을 깨달았습니다. 우리가 이 경험을 어떻게 만드느냐에 따라 아이들이 성장할 수도, 망가질 수도 있었습니다. 이것이 바로 스포트라이트를 받으며 살아가는 이 특별한 삶이 주는 도전들로부터 우리 딸들을 지키고 보호하려고 노력하면서 버락과 제가 매일 생각하는 것입니다.

우리는 아이들에게 아버지의 시민권이나 신념에 관해 질문하는 사람들을 무시하라고 설득하고,

공적인 인물들이 텔레비전에서 증오에 찬 말을 내뱉을 때 그 모습이 이 나라의 진정한 정신을 대표하는 것은 아니라고 강하게 이야기합니다.

누군가 잔인하게 굴거나 약자를 괴롭힐 때 우리가 그들과 똑같이 행동하면 같이 저급해지는 것이라고 설명합니다.

우리의 좌우명은 이렇습니다. 저들이 낮아질수록 우리는 높아지자.

우리가 하는 말, 우리가 하는 행동을 우리 아이들이 보고 있습니다. 부모로서 우리는 아이들에게 가장 중요한 롤모델입니다.

버락과 저는 대통령과 퍼스트레이디라는 역할에서도 똑같은 접근방식을 취했습니다. 우리의 말과 행동은 우리 딸들뿐만 아니라 전국의 모든 어린이에게 중요하다는 사실을 알기 때문입니다.

"텔레비전에서 당신을 봤어요", "학교에서 당신에 관해 글짓기를 했어요"라고 말하는 어린이들.

희망에 찬 커다란 눈망울로 남편을 올려다보며 "나랑 머릿결이 같아요?"라고 궁금해하는 흑인 남자 어린이.

오해 없길 바랍니다. 오는 11월 투표소에 갈 때 결정할 것은 그런 것입니다. 민주당이냐 공화당이냐, 좌파냐 우파냐가 아닙니다. 이번 선거에서 그리고 모든 선거에서 중요한 것은 이 아이들의 향후 4년 또는 8년 동안 이 아이들을 성장시킬 권력을 누가 가질 것인가 하는 점입니다.

오늘밤 제가 이 자리에 선 이유는 그런 책임을 지는 일에서 제가 신뢰하는 유일한 후보, 미합중국의 대통령이 될 진정한 자격을 갖춘 사람이라고 제가 믿는 유일한 후보가 이 자리에 있기 때문입니다. 바로 우리의 벗 힐러리 클린턴입니다.

저는 힐러리가 이 나라를 잘 이끌 것이라고 믿습니다. 우리나라의 어린이들을 위해 평생 헌신하는 모습을 보았기 때문입니다. 완벽에 가깝게 키운 자신의 딸뿐만 아니라 대변자가 필요한 모든 어린이, 폭력배를 피해 먼 등굣길을 택하는 어린이들에게요. 대학 학비가 버거운 아이들, 부모가 영어를 한 마디도 못 하지만 지금보다 나은 삶을 꿈꾸는 아이들, 미래의 자기 모습을 그리며 우리에게 기대를 거는 아이들에게요.

힐러리는 이러한 아이들의 삶에서 실질적인 변화를 일구어내기 위해 수십 년 동안 끈질긴 노력을 기울였습니다. 젊은 변호사일 때는 장애아동들을 위해 변호했고, 퍼스트레이디일 때는 어린이 의료서비스를 위해 싸웠고, 상원의원을 지낼 때는 질 높은 아동복지를 위해 싸웠습니다.

8년 전 대선 후보 경선에서 졌을 때 힐러리는 분노나 환멸을 품지 않았습니다. 짐을 싸서 집으로 가버리지 않았습니다. 진정한 공직자로서 자신의 실망감보다 훨씬 더 중요한 일이 있음을 알았기 때문입니다.

힐러리는 위풍당당하게 국무장관으로서 우리나라를 위해 봉사하고자 다시 한번 나섰고, 우리 아이들을 안전하게 보호하기 위해 전 세계를 돌았습니다. 이 일이 지나치게 고되다고 판단할 법한 순간들이 있었습니다. 공직을 수행하기 위해 치르는 대가가 지나치게 크다고 여길 법한 순간들이, 자신의 외양, 말투, 심지어 웃음까지 조목조목 따지고 드는 사람들 때문에 지칠 법한 순간들이 있었습니다.

하지만 저는 이 말을 하고 싶습니다. 제가 힐러리에게 감탄하는 점은 힐러리는 아무리 강한 압력에도 절대 굴하지 않는 사람이라는 것입니다. 절대 쉬운 길을 찾지 않습니다. 힐러리 클린턴은 살면서 무엇이든 중도에 포기한 적이 없습니다.

제 딸들과 우리의 모든 아이를 위해 어떤 대통령이 좋을까 생각할 때 떠올리는 사람은 바로 그런 사람입니다. 저는 버티는 힘이 증명된 사람을 원합니다. 대통령직을 잘 알고 이 일을 진지하게 여기는 사람. 우리나라가 당면한 문제는 흑백논리로 풀 수 없고 140자 이내로 요약되지 않는다는 사실을 이해하는 사람. 손끝에 원자력 코드가 있고 국군통수권을 가진 사람은 절대 즉흥적인 결정을 내려서는 안 되기 때문입니다. 비판에 예민하거나 남을 닦아세우는 사람이어서는 안 됩니다. 차분하고 신중하고 정세에 정통해야 합니다.

저는 공직 경험이 있는 대통령을 원합니다. 우리 아이들에게 우리는 자기 자신을 위해 부와 명예를 좇지 않는다는 것을, 만인에게 성공의 기회를 주기 위해 분투한다는 것을 삶이라는 작품으로 보여주는 사람을 원합니다. 힘들 때 어딘가에는 우리보다 더 힘든 사람이 있다는 것을 알기에 내 것을 내어주는 사람을 원합니다. 신의 은총이 아니라면 누구라도 그 자리에 처할 수 있습니다.

저는 우리 아이들에게 이 나라의 모든 사람이 중요하다고 가르칠 수 있는 대통령을 원합니다. 오래전 우리나라의 건국자들이 천명한 것을 진심으로 믿는 대통령, 우리는 모두 평등한 존재이고 위대한 미국의 이야기에서 각자 일부분을 차지한다는 것을 믿는 대통령을 원합니다. 우리는 위기가 닥쳤을 때 서로에게 등돌리지 않고 귀를 기울입니다. 우리는 서로에게 기댑니다. 우리는 언제나 함께일 때 더 강합니다.

오늘밤 이 자리에 선 이유는 힐러리 클린턴이 바로 그러한 대통령이 될 것이라는 사실을 알기 때문입니다. 그래서 이번 선거에서 힐러리 클린턴을 지지합니다.

여러분도 아시다시피 힐러리는 대통령직에서 중요한 것은 하나, 오로지 하나뿐임을 이해하고 있습니다. 그것은 우리 아이들을 위해 무언가 더 나은 것을 남기는 것입니다. 이것이 우리가 언제나 이 나라를 전진시켜온 방식입니다. 우리는 우리 아이들을 위해 언제나 힘을 모았습니다. 자원해서 팀 코치가 되고, 주말 학교 교사가 되기도 합니다. 아이들을 키우는 데는 온 마을이 필요하다는 것을 알기 때문입니다.

인종과 종교를 불문하고 제복 입은 영웅들은 목숨을 걸고 자유의 축복을 전해줍니다. 댈러스의 경찰과 시위자들은 우리 아이들을 안전하게 지키기 위해 필사적으로 노력했습니다. 올랜도에서 사람들은 클럽에 있던 청년들이 내 아들이나 딸일 수도 있었으므로 헌혈하겠다고 줄을 섰습니다. [……]

힐러리 클린턴 같은 지도자들은 계속해서 다시 돌아와 가장 높고 단단한 유리천장에 금을 내고 마침내 구멍을 뚫어 우리 모두를 함께 데리고 올라갈 뚝심과 품위를 가지고 있습니다.

이것이 이 나라의 이야기입니다. 오늘밤 저를 이 단상으로 이끈 이야기. 속박의 채찍을, 노예의 수치를, 분리정책의 독침을 체감했으나 계속 분투하고, 소망하고, 할일을 한 세대들의 이야기. 그리하여 오늘날 저는 노예의 손으로 지은 집에서 매일 아침 눈을 뜹니다. 그리고 아름답고 지적인 흑인 아가씨가 된 저의 두 딸이 백악관 잔디밭에서 개와 함께 뛰어노는 것을 바라봅니다.

힐러리 클린턴 덕분에 저의 딸들과 우리의 모든 아들딸은 이제 여성이 미합중국 대통령이 될 수 있다는 것을 당연하게 여기게 되었습니다.

그러므로 그 누구라도 이 나라가 위대하지 않다고 말하게 내버려두지 맙시다. 이 나라가 다시 위대해져야 한다고 말하게 내버려두지 맙시다. 왜냐하면 이 나라는 바로 이 순간 지구상에서 가장 위대하기 때문입니다.

제 딸들이 세상에 나아가는 이때 저는 그러한 진실에 걸맞은 지도자, 제 딸들과 우리 모든 아이들의 장래를 맡길 만한 지도자를 원합니다.

우리가 아이들을 보며 품는 사랑과 희망, 불가능할 정도의 원대한 꿈으로 날마다 인도할 지도자를 원합니다.

이번 선거에서 우리는 다 잘될 것이라는 희망만 품고 물러앉아 있어서는 안 됩니다. 지치거나 절망하거나 냉소적으로 행동할 여유가 없습니다.

제 말에 귀 기울여주십시오. 지금부터 11월까지 우리가 8년 전에 한 일 그리고 4년 전에 한 일을 해야 합니다. 모든 문을 두드리고, 모든 표를 끌어내고, 마지막 열정까지 온전히 쏟아부어 힐러리 클린턴을 미합중국 대통령으로 당선시켜야 합니다. 어서 시작합시다.

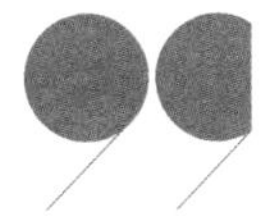

32
DONNA
STRICKLAND

도나
스트리클런드

'물리학은
재미있습니다'

스웨덴 스톡홀름,
노벨상 수상식

2018년 12월

도나 스트리클런드Donna Strickland가 실험물리학에서 느끼는 흥분감은 전염성이 있다. 대학원 재학중 레이저 출력 기술에서 돌파구를 찾은 뒤 30년이 지나 스트리클런드와 연구팀은 노벨물리학상을 받았다. 여성이 노벨물리학상을 받은 것은 이번이 세번째이고, 55년 만에 처음이었다.

그래서 스트리클런드는 노벨상으로 세상의 이목이 집중된 순간을 멋지게 활용했다. 이 연설은 활력과 열정이 넘친다. 레이저의 경이로움, 퍼즐을 풀고 새로운 장난감을 만드는 재미, 과학적 발견이라는 순수한 마법까지. 물리학의 재미를 알리고 다른 사람들도 그 길을 가도록 자극을 주려는 사려 깊고 효과적인 시도였다.

스트리클런드는 세상에 지대한 영향을 미친 자신의 업적이나 레이저 안과 수술 같은 의료 절차를 바꾼 레이저 출력 증폭 기술을 개발한 과정에 대해 이야기하지 않는다. 그 대신 이 여정의 즐거움에 대해 이야기한다. 연구실에 늦게까지 머문 날들, 차근차근 해결한 문제들, 끝없이 만들어낸 기계 부품, 그리고 마침내 완전히 새로운 어떤 것을 창조한 순간. 연설문만 읽어도 그 순간 스트리클런드가 느낀 흥분이 어떠했는지 상상할 수 있다.

스트리클런드는 노벨상을 수상한 뒤 젊은 여성들과 소녀들로부터 스템STEM, 과학·기술·공학·수학 분야에서 과학 학위를 받거나 경력을 쌓고 싶은 자극을 받았다는 이야기를 많이 들었다고 한다.

나는 학창시절 물리학 문제 푸는 것을 굉장히 좋아했다. 그것은 정말이지 이 세계를 하나로 묶는 마법의 힘을 밝혀내기 위해 애쓰는 기분이었다. 하지만 1980년대 종합중등학교와 식스폼sixth form*에서 물리학을 선택한 학생은 남학생이 대부분으로 여학생은 소수에 지나지 않았다. 의기소침해지거나 아웃사이더가 된 느낌이 들기 십상이었다. 30년이 지난 지금 내 딸이 비슷한 상황을 경험하고 있다.

그러므로 전 세계 소녀들에게 스트리클런드가 롤모델이 된 것은 멋진 일이다. 특히 지금은 스템 분야에서 여성 참여율이 낮고, 영국에서 A레벨 과목 중 물리학을 수강하는 여학생은 20퍼센트밖에 되지 않으며,[33] 미국에서 물리학 학부생 중 여학생 비율도 20퍼센트밖에 되지 않는 현실을 감안하면 더욱 그렇다.[34]

---

* 영국 중등교육의 일부로 대학 입학 준비 과정(옮긴이).

놀랍게도 지금까지 과학 부문 노벨상 수상자의 97퍼센트가 남성이었다.[35] 도나 스트리클런드의 선구자적 업적과 열정이 이 흐름을 바꾸어 다른 사람들도 물리학의 재미를 느낄 수 있게 되기를 소망한다.

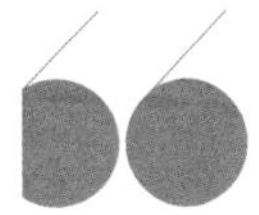

2018년 노벨상을 수상하게 되고 오늘 이 상을 함께 받은 존경하는 아서 애슈킨Arthur Ashkin과 제라르 무루Gérard Mourou를 대신해 발언하게 된 것을 영광으로 생각합니다. [……]

앞에서 말씀하셨듯이 저는 마리 퀴리Marie Curie, 마리아 거트루드 메이어Maria Goeppert Mayer와 더불어 여성으로서는 드물게 노벨물리학상 수상자가 되었습니다. 마리 퀴리는 최초의 여성 수상자로 독보적인 존재가 되었고, 오늘날까지도 서로 다른 2개의 과학 분야에서 노벨상을 받은 유일한 인물입니다. 놀라운 과학자이지요.

이론물리학 박사 마리아 거트루드 메이어는 다광자 물리학이라는 개념을 창안했습니다. 원자가 2개 이상의 광자를 동시에 흡수한다는 뜻입니다. 메이어는 이 예측을 실험적 증명 없이 해냈는데 이 현상이 실제로 관측되기까지 30년이 걸렸습니다. 그로부터 50년도 더 지나 저는 메이어의 이론을 박사 논문에 인용했습니다.

그리고 저의 경우에는 제라르와 저에게 상을 안겨준 바로 그 프로젝트를 대학원에서 진행할 무렵 신디 로퍼가 〈걸스 저스트 원트 투 해브 펀Girls Just Want to Have Fun, 여자들은 재미있고 싶을 뿐이야〉이라는 노래로 대히트를 쳤습니다. 그들은 일과를 마쳐야 비로소 재미를 찾을 수 있었지만 저는 재미있게 일하고 싶거든요. 요즘은 누구나 물리학이 재미있다고 생각하지는 않지만 저는 재미있습니다. 특히 실험물리학이 재미있는데, 그 이유는 우주나 이곳 지구에 대한 퍼즐을 풀기 때문만은 아닙니다. 연구실에는 정말 멋진 장난감들이 있기 때문입니다. 저는 마법을 부리는 고강도 레이저를 가지고 노는데 레이저 빛의 한 가지 색을 무지개 색으로 바꿀 수도 있습니다. 우리 레이저 연구실에서 볼 수 있는 경이로운 장면들 중 하나에 불과하지요.

제 박사 논문을 지도한 제라르 무루는 가족 스키 여행에서 레이저 강도를 등급별로 증가시킬 수 있을까라는 아이디어를 떠올렸습니다. 적어도 레이저에 관해 생각할 때는 아니었지요. 스스로도 어쩔 수 없었을 것입니다. 저의 일은 제라르의 아름다운 아이디어를 현실로 만드는 것이었습니다. 처음에는 펄스 스트레처를 만들고, 다음에는 레이저 증폭기를, 마지막에는 펄스 압축기를 만들었습니다. 그 과정에서 광섬유를 가르는 방법, 기계로 부품을 만드는 방법을 배워야 했고, 배관 작업도 해야 했습니다. 그 재미가 느껴지시나요? 이어 펄스 지속시간과 주파수 스펙트럼을 측정해야 했습니다. 측정치가 예상한 대로만 나오지는 않았죠. 그러면 우리는 문제점과 우회로를 파악해야 했습니다. 이 부분이 재미있었죠.

여기까지 1년이 걸렸습니다. 이제는 압축 증폭된 펄스의 지속시간을 측정할 차례였는데 어떻게 측정해야 할지를 몰랐어요. 저의 동료 스티브 윌리엄슨Steve Williamson이 방법을 찾아냈습니다. 어느 날 밤 스티브가 스트리크 카메라를 연구실로 실어왔고, 우리는 함께 증폭된 펄스의 압축 펄스폭을 측정했습니다. 그날 밤을 절대 잊지 못할 것입니다. 아직 아무도 만들지 못한 것을 만들어냈을 때, 게다가 그것이 실제로 작동했을 때의 기분이란 그야말로 짜릿하지요.

그렇게 신나는 기분은 어디에도 없을 것입니다. ⋯⋯ 스웨덴왕립과학한림원[과 노벨재단]도 그 순간이 레이저 물리학 분야에서 굉장히 신나는 순간이었다고 생각하기 때문입니다. 다만 새벽 5시에 잠에서 깨야 하는 것을 제외하면요.

스웨덴왕립과학한림원과 노벨재단에서 이 노벨상으로 저희와 레이저 물리학을 영예롭게 해주셔서 저와 그리고 아서 애슈킨과 제라르 무루를 대신해 감사드립니다.

33
ALEXANDRIA
OCASIO-CORTEZ

알렉산드리아 오카시오코르테스

'오늘 제가 이 자리에 오른 것은'

미국 의회

2019년 1월

2018년 11월 미국 중간선거에서는 그 어느 때보다 많은 여성 후보들이 출마했다. 그중 한 명이 알렉산드리아 오카시오코르테스Alexandria Ocasio-Cortez였다.

1년 전 AOC—오카시오코르테스는 이 약칭으로 불린다—는 동네의 멕시코 식당에서 18시간 교대로 근무했으나 지금은 미국 의회 최연소 의원이다.

AOC는 이미 미국 정계를 뒤흔들었다. 열악한 조건에서도 예비선거에서 승리를 거두어 민주당 후보가 된 이래 차근차근 관습에 저항하고 전통을 흔들었다. AOC는 인스타그램 팔로워들을 모아 미국 의회에서 출발해 자신이 가꾸는 텃밭을 방문한 뒤 다시 자신의 아파트로 안내해 정치적인 질문에 답하며 저녁을 준비하는 모습을 실시간으로 방송했다. 한번은 우파 정적들이 AOC가 고등학생 시절 춤추는 모습이 담긴 영상을 공개하며 그녀를 깎아내리려고 하자 그녀는 자신의 의회 사무실에서 춤추는 모습을 찍은 영상을 올리기도 했다.

AOC의 연설과 위원회에서의 모습은 강렬하다. 그녀는 듣는 이의 가슴을 후련하게 만드는 탁월한 이야기꾼이다. 그녀의 입을 거치면 문제가 생생하게 다가오고 불의는 아프게 다가온다. 의회 위원회 회기에서 그녀는 창의적이고 영리하다.

이 책에 실린 연설은 AOC가 당선되고 의회에서 한 첫 의정 연설이다. 2019년 새해를 맞을 즈음 트럼프 대통령과 의회가 멕시코 국경 장벽 설치 문제를 놓고 대치해 연방정부가 셧다운*된 때이다.

AOC는 연설을 대치 상황이나 장벽, 정치공세, 헌법상 갈등 따위에 관한 이야기로 시작하지 않는다. 그보다는 자신의 지역구 주민인 오베드씨가 몇 주째 급료를 받지 못했지만 비행기들이 상공에서 안전하게 날 수 있도록 계속 일하고 있다는 이야기를 들려준다. 항공교통관제사에 관한 소박한 이야기만으로 정부의 셧다운으로 인해 얼마나 많은 것이 위태로워지는지 또 이것이 얼마나 충격적이고 무책임한 사태인지를 절실히 느끼게 해준다.

그런 다음 "정상적인 상황이 아닙니다"라는 문구를 반복적으로 사용해 대통령의 책무와 관련한 자신의 주장을 펼친다. 직원들의 임금 지급을 중단하는 것은, 항공교통관제사를 이렇게 대우하는 것은, 오베드씨를 이렇게 대우하는 것은 "정상적인 상황이 아닙니다"라고 이야기한다. 명료한 메시지가 강력

* 새해 예산안 통과 시한까지 정당 간 예산안 합의가 이루어지지 않아 정부기관이 잠정 폐쇄된 상태(옮긴이).

하게 전달된다.

하지만 아마도 가장 의미심장한 문장은 첫 문장일 것이다. AOC는 약체 후보로 손꼽히며 선거운동을 했고, 서른 살이 채 되지 않은 나이로, 브롱크스 출신으로, 자신의 대담한 선거운동을 보고 기대에 차 힘을 얻은 수백만 명이 자신에게 거는 기대감으로 어깨가 무거웠다. 그런 그녀에게 이것은 세계에서 가장 강력한 입법부에서 자기 목소리를 낼 수 있는 첫번째 기회였다.

앞으로 더 많은 것을 예고하며 AOC는 시작한다. "오늘 제가 이 자리에 오른 것은Today, I rise."

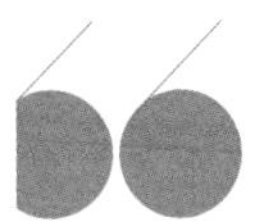

오늘 제가 이 자리에 오른 것은 저의 지역구 주민 야히 오베드씨에 관해 이야기하기 위해서입니다. 오베드씨는 예멘에서 태어났고, 여덟 살에 미국에 왔습니다. 어릴 적 꿈이 조종사였던 그는 미국에서는 무엇이든 가능하다고, 자신의 꿈이 이루어질 것이라고 생각했습니다.

오베드씨는 꿈을 이루었습니다. 14년째 연방정부 소속 직원으로 일하며 두 자녀를 두었고, 브롱크스의 모리스파크에 대출을 받아 집을 마련했습니다. 열심히 일했고, 조종사 면허를 땄으며, 지금은 뉴욕시

존에프케네디 국제공항의 항공교통관제 감독관입니다. 저는 오늘 오베드씨와 통화했는데, 오베드씨와 전국의 다른 항공교통관제사들은 지난주에 올해 첫 급료를 받지 못했다고 합니다.

오베드씨는 자신의 일이 얼마나 스트레스가 많은지 설명했습니다. 날마다 수천 명의 목숨이 항공교통관제사들의 손에 달려 있습니다. 기상변화, 운행 지연, 스태프 배치 문제, 그 외에도 무수히 많은 다른 이슈로 인해 그들의 하루는 결코 계획대로 흐르지 않습니다. 오베드씨가 하는 일은 해결책을 찾고, 분석하고, 실시간으로 상황을 판단해 미국을 비롯한 전 세계에서 가장 분주한 상공으로 손꼽히는 곳에서 사람들의 안전을 지키는 것입니다.

현재 미국의 거의 모든 항공교통관제사가 다음 급료 지급일이 언제일지 몰라 업무에 제대로 집중할 수 없다는 것을 생각하면 참으로 무섭습니다.

연방정부 직원들은 업무만으로도 스트레스가 충분합니다. 뉴욕시의 생활비 증가만으로도 스트레스가 충분합니다. 이슬람교도의 미국 입국 금지령 때문에 오베드씨 가족이 재회하지 못할 수 있다는 걱정만으로도 스트레스가 충분합니다. 매달 수천 달러에 이르는 주택담보대출금만으로도 스트레스가 충분합니다. 이번 행정부의 반反이민자 정서만으로도 스트레스가 충분합니다.

이번 연방정부 셧다운의 진실은 그것이 실제로 장벽에 관한 문제도, 국경에 관한 문제도, 모든 미국인의 안녕에 관한 문제도 분명 아니라는 점입니다. 사실 이번 셧다운은 미국 민주주의의 붕괴,

정부의 가장 기본적인 규준의 붕괴에 관한 것입니다.

80만 직원의 급료를 볼모로 삼는 것은 정상적인 상황이 아닙니다.

우리가 원하는 것을 얻지 못한다고 정부를 셧다운시키는 것은 정상적인 상황이 아닙니다.

공직자들이 자신이 섬기는 대중으로부터 도망치고 숨는 것은 정상적인 상황이 아닙니다.

미국 국민 사이에서 인기도 없는 제안을 관철시키겠다고 우리가 섬기는 국민을 굶기는 것은 분명 정상적인 상황이 아닙니다.

이 의회체의 모든 구성원은 이 나라에 대해, 그리고 미합중국의 모든 사람에 대해, 우리에게 표를 준 여부와 상관없이 모든 사람에 대해 져야 할 책무가 있습니다. 아울러 이번 정권의 대통령 역시 그 책무를 함께 져야 합니다. 이는 대통령도 저의 지역구민 오베드씨에 대해 책무가 있다는 뜻입니다.

트럼프 대통령은 모든 항공교통관제사, 식품의약국 조사관, 교통보안청 직원들에 대한 책무가 있습니다. 미국 정부의 기본적인 기능을 유지할 책무가 있습니다.

대단히 감사합니다. 의장님, 이만 마치겠습니다.

34
JACINDA
ARDERN

저신다 아던

‘그 이야기들은
우리입니다’

뉴질랜드 크라이스트처치

2019년 3월

크라이스트처치에서 일어난 끔찍한 테러 공격에 대한 저신다 아던Jacinda Ardern 총리의 대응은 온정적이고 단호한 리더십에 관한 가르침을 주었다.

2019년 3월 15일 뉴질랜드 남섬 크라이스트처치의 두 이슬람사원에서 51명이 피살되었다. 이 참혹한 사건은 테러리스트에 의해 페이스북에 생중계되었고, 쉽사리 잊히지 않을 이미지들이 전 세계 소셜미디어와 뉴스 사이트를 도배했다.

테러리스트의 의도는 뉴질랜드의 이슬람 공동체에 공포와 증오를 퍼뜨리려는 것이었지만, 돌아온 반응은 이슬람교도들을 향해 쏟아진 애정과 연대였다. 테러 공격에 맞닥뜨린 저신다 아던이 보인 이례적인 공감과 즉각적인 리더십이 분위기에 큰 영향을 미쳤기 때문이다. 전국의 비이슬람교도 여성들이 머릿수건을 쓰고 나와 그들에게 존중을 표했고, 국영 텔레비전 방송에서는 이슬람교 기도 시간을 알리는 소리를 송출했으며, 학생들은 단체로 하카춤을 추어 연대감을 표현했고, 뉴질랜드 국민 수만 명이 전국에서 촛불집회를 열었다.

나머지 우리들은 이 나라가 이루 말할 수 없는 폭력과 상실에 직면해 보여준 단합된 모습을 지켜보며 감동했다.

2주 후 아던 총리가 추모식에서 한 이 연설은 슬픔에 빠진 나라를 마주한, 그리고 나라를 분열시키려는 목적으로 자행된 폭력으로 인해 국가를 재단결시켜야 하는 모든 정치 지도자에게 하나의 본보기가 되었다.

테러 당일로부터 2주가 지난 이날에 이르기까지 아던의 메시지는 분명했다. 희생자들과 그들이 속한 공동체는 우리이다. 테러리스트 ― 그의 관점과 그가 자행한 폭력 ― 는 우리가 아니다. 아던은 테러 공격 이후 의회 연설에서 "저는 그의 이름을 말하지 않겠습니다"라고 결연히 말했다. 아던은 그 누구에게도 ― 언론이나 다른 어느 누구에게도 ― 이 규칙을 따르라고 지시하지 않았지만 자신의 도덕적 입장을 분명히 함으로써 다른 사람들이 그 규칙을 따르도록 인도했다.

아던은 이 연설에서 스스로 겪고 있는 고통을 설명할 수 있는 적절한 표현을 갖지 못한 한 나라에 관해 이야기하지만, 이내 가장 큰 슬픔에 빠진 이들을 위로할 말을 찾는다. 그것은 '앗살람 알라이쿰', 당신에게 평화가 깃들기를.

마오리족 전통 망토를 걸친 아던은 아랍어와 영어로 마오리족 토착민의 인사말을 전했다. 아던은 이렇게 세 언어를 ― 한 언어에서 다른 언어로 자연스럽게 옮겨가며 ― 동시에 사용하는 것만으로도 뉴질랜드를 하나로 단결시켰다. 나는 그녀가 뉴질랜드를 치유하고 있었다고 생각한다.

아던은 그 모든 괴로운 순간을 이슬람 공동체와 함께 나누고, 이슬람교의 언어를 사용하고, 이슬람교의 복식을 존중함으로써 이슬람교도들이 겪는 고통과 뉴질랜드 전체가 겪는 고통을 다르게 구분하지 않았다. 이는 연설 막바지에서 강렬하게 드러난다. 처음에는 마오리족 언어로 '코 타투 타투(우리는 하나입니다)'라고 말하고, 이어 아랍어로 '앗살람 알라이쿰'을 말한다.

총격이 일어난 알누르 이슬람사원의 이맘종교 지도자 가말 포우다Gamal Fouda는 연설을 마친 아던에게 감사의 인사를 전했다.

> 당신의 리더십에 감사드립니다. 당신의 리더십은 세계의 지도자들에게 귀감이 되었습니다. 당신이 한 말과 온정어린 눈물에 감사드립니다. 우리와 하나가 되어주어 감사합니다.

아던의 대응은 단지 온정적이기만 한 것이 아니었다. 신속하고 단호했다. 극단주의자들의 독을 확산시키는 소셜미디어 기업들을 비판했고, 즉시 과감하게 총기 소유법을 개혁했다.

아던은 크라이스트처치 테러가 발생한 지 일주일 만에 돌격소총, 군대식 반자동 총기, 대용량 탄창, 반자동 총기로 변환시키는 데 쓰이는 모든 부품에 대해 전면적인 금지령을 내렸다.

아던은 이 조치를 발표하면서 "한마디로 금요일 테러 공격에서 사용된 모든 반자동 총기가 이 나라에서 사용 금지됩니다"라고 말했다.

저신다 아던이 크라이스트처치 사태에 대응한 방식의 중요성을 과소평가하지 말아야 한다. 이 같은 극악무도한 공격이 벌어졌을 때 공동체는 흔히 분노하고 분열되며, 서로에게 적대적이 되고 음모이론에 쉽게 설득되며 불안정한 정서에 휩싸이게 된다. 테러리스트들이 원하는 것이 바로 이러한 것이다. 부족한 지도자들은 이 점을 이해하지 못하며, 최악의 경우 오히려 이를 더 부추기고 이용한다. 아던은 연설과 실제 대처에서 뉴질랜드와 세계 모두에게 진정한 리더십을 보여주었다.

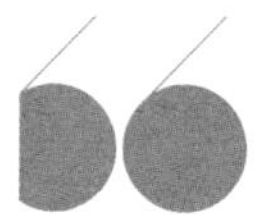

에 라우 라나티라 마, 이 나 라오, 이 나 마나, 테나 쿠투 카토아.

(오늘 우리와 함께 해주신 훌륭한 지도자분들과 연사분들, 그리고 관련 당국에서 오신 여러분께 감사드립니다.)

나이 타후 화누이, 테나 쿠투.

(나이 타후의 모든 분들에게 인사드립니다.)

에 파파키 투 아나 나 타이 오 마우마하라 키 루나 오 오토타히.

(오늘 추도의 물결이 크라이스트처치에 흐르고 있습니다.)

하리 마이 타투 미 티 아로하, 미 티 라니마리, 키 티 화나누 나이, 이 오라 마리레 아이 아노 라토, 이 오라 마리레 아이 아노, 타투 카토아.

(그러므로 이 가족을 위해 평화 안에서 사랑으로 모입시다. 그리하여 그들이 다시 진정한 삶을 살 수 있도록, 그리하여 우리가 다시 진정한 삶을 살 수 있도록 합시다.)

우리는 이 자리에 모였습니다. 우리가 겪은 암흑의 시간으로부터 14일이 지났습니다. 3월 15일 테러 공격이 벌어진 뒤 우리는 그동안 종종 아무 말도 할 수 없었습니다.

우리가 잃은 50명의 성인 남녀와 어린이, 그리고 부상을 당한 수많은 사람의 고통과 괴로움을 적절히 표현할 수 있는 말이 있을까요? 증오와 폭력의 목표물이 된 우리 이슬람 공동체의 괴로움을 담아낼 수 있는 말이 있을까요? 그토록 큰 고통을 알아버린 도시의 슬픔을 표현할 수 있는 말이 과연 있을까요?

저는 없다고 생각했습니다. 그런데 이 자리에 와서 이 간단한 인사말을 들었습니다. '앗살람 알라이쿰'. 당신에게 평화가 깃들기를.

친구와 사랑하는 사람들의 상실을 목도한 공동체 지도자들이 건넨 간단한 말이었습니다.

병원 침상에 누운 부상자들이 속삭인 소박한 말이었습니다.

사별한 사람들 그리고 이 공격으로 피해를 입은 모든 사람이 건넨 간단한 말이었습니다.

'앗살람 알라이쿰'. 당신에게 평화가 깃들기를.

증오와 폭력에 직면한 그들은 분노를 표현할 권리가 충분하지만, 오히려 우리 모두에게 문을 활짝 열고 그들과 더불어 슬퍼할 수 있게 해주었습니다. 그리하여 우리는 가장 많은 것을 잃은 사람들에게 이야기합니다. 말로 다 표현하지 못할 때도 있습니다. 그럴 때는 대신 꽃을 남기거나, 하카를 공연하거나, 노래를 부르거나, 그저 포옹을 합니다. 차마 말로 표현하지 못하더라도 우리는 여전히 여러분의 말을 들을 수 있습니다. 그들은 우리를 겸허하게 해주었고, 우리가 단결하도록 해주었습니다.

지난 2주 동안 우리는 이번 테러 공격에서 피해를 입은 사람들의 이야기를 들었습니다. 용감한 이야기였습니다. 이곳에서 태어나고 자랐거나 뉴질랜드를 자신의 고향으로 만든 사람들—피난처를 찾아 떠나왔거나 그들 자신 또는 가족의 더 나은 삶을 찾아 이곳에 온 사람들—의 이야기였습니다.

그 이야기들은 이제 우리의 집단적 기억의 일부를 형성합니다. 그 이야기들은 영원히 우리와 머물 것입니다. 그 이야기들은 우리입니다.

하지만 그 기억에는 의무가 따릅니다. 살고 싶은 장소가 될 의무. 다양성이 존중받고 서로 환대하며 친절하고 온정적인 장소. 이러한 가치들은 우리의 가장 좋은 모습을 대표합니다.

하지만 가장 흉측한 바이러스들이 환대받지 않는 장소에 존재할 수 있습니다. 인종주의가 존재하지만 여기서 환대받지 못합니다. 자신의 신념이나 종교를 따르는 자유에 대한 공격은 여기서 환대받지 못합니다. 폭력과 모든 형태의 극단주의는 여기서 환대받지 못합니다. 여러분은 이것을 지난 2주에 걸쳐 여러분의 행동으로 보여주었습니다.

수천 명이 촛불집회에 동참했습니다. 타인의 상처와 고통을 지켜보는 슬픔으로 잠을 이루지 못해서 버스를 3번이나 갈아타고 집회장을 찾은 95세의 노인이 있었습니다. 이제 우리에게 주어진 도전과제는 우리의 가장 좋은 모습을 매일의 현실로 만드는 것입니다. 우리는 증오의 바이러스, 공포의 바이러스, 그 어떤 바이러스에도 면역이 없으니까요. 우리에게는 그런 면역이 없습니다. 하지만 우리는 치료법을 발견하는 나라가 될 수 있습니다.

그러므로 우리가 여기서 흩어질 때 각자 할일이 있겠지만 증오와 싸우는 일을 정부에게만 맡기지 말아주십시오. 우리의 말에, 우리의 행동에, 매일의 친절한 행위에는 힘이 있습니다. 이것을 3월 15일의 유산으로 만듭시다. 우리가 우리의 진짜 모습이라고 생각하는 나라가 됩시다.

뉴질랜드와 우리의 이슬람 공동체를 껴안기 위해 기꺼이 손을 내밀어준 오늘 우리와 함께하는 세계 공동체에, 오늘 우리와 함께 모인 모든 분에게 감사의 말씀을 전합니다.

아울러 폭력과 테러에 대한 규탄이 집단적 대응으로 변화하기를 기대합니다. 세계는 극단주의가 극단주의를 낳는 악순환에 빠져 있습니다. 이 악순환은 끝나야 합니다.

우리는 이러한 문제에 단독으로 맞설 수 없습니다. 아무도 그럴 수 없습니다. 이 문제에 대한 해답은 국경선으로 규정지어지지 않는 단순한 개념에서 찾을 수 있습니다. 이 개념은 민족이나 권력 기반 또는 정부 형태에 근거하지 않습니다. 그것은 우리의 인류애에 있습니다.

하지만 지금 우리는 이곳을 떠나신 분들을 기억해야 합니다. 우리는 다른 사람을 구하기 위해 자신의 많은 것을 내어준 최초의 대응자들을 기억할 것입니다. 우리는 우리나라의 눈물을, 우리가 다진 새로운 결의를 기억할 것입니다.

우리는 우리나라가 스스로 완벽하다고 주장하는 나라가 아니라는 사실을, 그리고 스스로 완벽하다고 주장할 수 있는 나라도 아니라는 사실을 기억합니다. 하지만 우리는 애국가 가사와 같이 진실한 삶을 살기 위해 노력할 수 있습니다.

"종교와 인종의 구분 없이 만인이
여기 당신의 얼굴 아래 모입니다.
당신께 이 장소의 축복을 청하니

하느님은 우리의 자유로운 땅을 지켜주십니다.
불화와 질투와 증오와

부패로부터 우리 국가를 지켜주십시오.
우리나라를 훌륭하고 위대하게 만들어주십시오.
하느님, 뉴질랜드를 지켜주십시오.”

코 타투 타투.
앗살람 알라이쿰.

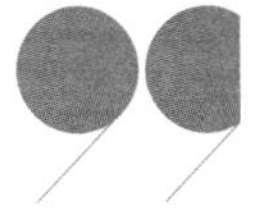

35
DIANE
ABBOTT

다이앤 애벗

'우리는 쉬지 않겠습니다'

영국 하원

2019년 4월

1987년 다이앤 애벗Diane Abbott이 영국 하원의원에 당선되었을 때 그녀는 최초의—그뒤로도 10년간 유일한—흑인 여성 하원의원이었으며 그해 버니 그랜트, 폴 보텡Paul Boateng과 함께 하원의원에 당선된 최초의 흑인이었다.

다이앤은 개척자이며, 공직에 몸담은 30년간 열정적인 운동가로서 정부가 국민에게 품위와 존중을 보이지 않을 때마다 당파에 상관없이 정부에 도전했다.

다이앤은 30여 년 전에 했던 첫 하원 연설에서 자신의 자메이카인 부모처럼 1950년대 영국연방 전역에서 더 나은 삶을 찾아 영국으로 건너온 이민자들에 대해 이야기했다. 다이앤은 다음과 같이 이야기했다.

> 흑인과 소수민족 이민자로 구성된 한 세대 전체가 영국에 왔습니다. 이들은 남의 문화에 빌붙거나 파멸시키거나 보수당 의원들의 조롱거리가 되려고 온 것이 아닙니다. 일을 하러 왔습니다. 자식들의 더 나은 삶을 위해 왔습니다. 더욱이 영국연방 시민으로서 자랑스럽게 왔습니다. 그 시민권을 믿었습니다.

이어 다이앤은 그날 의회에서 논의된 보수당 정부의 새 이민법에 강력히 반대하고 영국에서 증가하고 있는 반이민자 정서에 대한 경각심을 일깨웠다.

이 연설에서 다이앤이 감동적으로 설명하는 이민자 세대는 흔히 윈드러시Windrush 세대로 불린다. 전후 영국의 경제와 국가 재건을 돕기 위해 수많은 가족이 카리브해 연안에서 타고 온 배의 이름이 윈드러시였다. 다이앤이 30여 년 전 윈드러시 세대의 자긍심과 근면성, 시민권에 대해 한 말은 메아리가 되어 이 책에 수록된 2019년 봄 연설에 다시 등장한다. 다이앤은 이 연설에서 윈드러시 스캔들을 다루었는데, 윈드러시 스캔들이란 영국 내무성이 윈드러시 세대 수백 명을 부당하게 억류하고 강제 추방한 사실이 드러난 사건이다.

이 연설은 정부가 하원에서 입장을 발표한 것에 대한 반응이었다. 그래서 길이가 짧고 내무장관을 대상으로 한 질문이 자주 등장한다. 하지만 이 연설은 연설가로서의 다이앤의 기량을 잘 보여준다. 다이앤의 말들은 윈드러시 세대가 겪은 불공정의 깊이를, 그 뿌리가 지난 수년간 영국 정부의 정책에 있었음을 압축적으로 드러낸다.

더욱이 다이앤은 역사상 어느 하원의원보다 훨씬 더 끈질기고 굳건해야 했다. 소셜미디어, 이메일, 서한, 공공행사 등을 통해 다른 어느 하원의원이 겪었던 것보다 더 심한 언어폭력과 협박이 다이앤에게 가해졌다. 차마 입에 담지 못할 수준의 인종차별과 여성 혐오였다. 국제사면위원회는 2017년 총선 준비 기간에 다이앤은 전체 여성 하원의원에게 쏟아진 폭력적인 트윗의 절반 정도를 혼자서 받았고, 다른 어느 하원의원이 혼자서 받은 폭력적인 트윗의 수보다 10배나 많은 트윗을 받았다고 밝혔다.[36] 이것은 민주주의를 잠식하는 고의적이고 조직화된 인종차별이자 여성 혐오이다. 어느 누구도 이러한 일을 당해서는 안 된다.

협박과 폭력을 경험하는 수많은 다른 여성 하원의원들과 마찬가지로 다이앤도 수년간 이 문제에 대처했고 계속 많은 시간을 보냈다. 다이앤은 이 빗발치는 폭력을 막기 위해 소셜미디어 기업들이 행동해야 한다고 다음과 같이 목소리를 높이기도 했다.

> 온라인에서 여성과 흑인을 학대하는 사람들, 그들이 원하는 것은 우리를 공적 공간에서 몰아내고 궁극적으로 우리의 인간성을 파괴하는 것입니다.[37]

다이앤은 결코 자신이 받는 학대 때문에 물러서거나 침묵하지 않았다. 30년 넘게 해크니 노스와 스토크 뉴잉턴 지역구 의원으로서, 그림자 내각 각료로서, 지금은 그림자 내각 내무장

관으로서 멈추지 않고 다른 사람들을 용감하게 대변해왔다. 하지만 다이앤이 올바르게 경고했듯이,

> 이것은 단지 정치인에 관한 문제가 아닙니다. 심지어 여성 정치인에 관한 문제도 아닙니다. 공적 공간에서 여성은 누구나 이런 유형의 학대를 경험할 수 있습니다. …… 이것은 공적 담론의 타락에 관한 문제입니다.[38]

우리의 공적 생활에서 독설이 가득한 폭력적 언어를 몰아내야 할 의무는 우리 모두에게 있다. 다이앤이 분명히 했듯이 이것은 민주주의 수호 그 자체에 관한 문제이다.

우리는 이 의회에서 윈드러시 세대가 자신이 영국인이라는 사실에 얼마나 큰 자부심을 느꼈는지 기억해야 합니다. 자신이 진정한 영국인임을 보여주는 여권을 굳게 믿고 이곳에 왔다는 사실을 기억해야 합니다. 이들이 윈드러시 스캔들로 겪은 숱한 실질적인 문제가 있지만, 그 무엇보다도 그 수많은 사람이 영국 정부로부터 자신들이 영국인이 아니라는 말을 듣는 것은, 그들이 훌륭하지 않고

자격이 부족하며 지난 수년간 돈을 지불한 공공서비스를 이제는 이용할 수 없다는 말을 듣는 것은 그들에게 크나큰 모욕이었습니다.

사실 이러한 스캔들은 결코 일어나서는 안 됩니다. 이 스캔들에 대한 정부의 초기 대응은 너무 느렸습니다. 일부 의원들은 불법 이주를 들먹이며 고의적으로 쟁점을 흐렸습니다. 사실 윈드러시 피해자들은 정의상 아무도 불법 이주자가 아닌데도 말입니다. 정부가 이 적대적인 환경을 타파하지 않는 한 이 스캔들은 끝나지 않습니다.

[테레사 메이-옮긴이] 총리는 우리에게 '화급한 불의'와 싸우겠다고 말했습니다. 자, 윈드러시 스캔들이야말로 화급한 불의였으며, 이 스캔들은 처음에는 내무장관이었고 지금은 총리인 그녀의 재임중에 발생했습니다. 후임 내무장관[앰버 러드Amber Rudd]은 강제 추방 목표 수치 같은 것은 없다고 사실과 다르게 말해 자리에서 물러나야 했습니다. 이후 우리는 존경하는 헤이스팅스와 라이 지역구 소속 의원님[앰버 러드]께서 총리에게 보낸 서한에서 강제 추방을 10퍼센트 늘리겠다고 약속한 사실을 알게 되었지요. 또한 우리는 의원님이 내무장관을 지낸 시기에 강제 추방의 수는 주요 성과지표였으며, 내무성 직원들이 강제 추방 수와 관련해 상여금을 받았다는 사실도 알고 있습니다.

정부가 윈드러시 세대에게 보인 배려의 부족이 이러한 목표 수치, 성과지표, 상여금으로부터 영향을 받은 것이 아니라고 상상하기는 어렵습니다. 현 내무장관은 작년 4월 의회에서 "이 문제를 시정하기 위해 최선을 다하겠다"고 말했습니다. "정부는 1973년 이래 영국에

거주한 영국연방 시민은 법적으로 영국 시민권을 받을 자격이 있음을 분명히 해왔다"고도 말했습니다.

그런데 이런 스캔들이 벌어진 것입니다.

우리는 1973년부터 영국연방에서 온 수많은 시민이 여전히 영국 시민권을 받지 못했으며, 여전히 영국 시민으로 대우받지 못하고 있음을 알고 있습니다. [……]

우리는 이것이 카리브해 연안 출신 사람들에게만 국한된 문제가 아님을 내무장관이 인정했다는 사실을 환영합니다. 윈드러시 세대라는 명칭은 '엠파이어 윈드러시Empire Windrush'라는 상징적인 이름에서 유래했지만, 사실 윈드러시 세대는 1948년에서 1972년 사이 영국연방에서 온 모든 사람을 포괄하는 말입니다. 이 스캔들을 정말로 해결하고자 한다면 훨씬 더 많은 사람이 나서야 한다고 생각합니다.

내무장관께서는 윈드러시 세대가 직면한 시급한 문제들을 다루기 위해…… 마련된 재난지원금에 대해 잠시 설명해주겠습니까? …… 지원금을 받은 사람이 지금까지 단 2명이라는 것이 사실입니까? …… 내무장관께서는 휴가나 장례식 때문에 카리브해 해안 등 영국연방 지역에 방문했다가 영국으로 돌아오는 비행 편에 탑승이 허락되지 않은 이들에 대한 보상이 지원 계획에 포함되어 있지 않다는 사실에 관해 설명해주시겠습니까? 이 문서에는 "영국으로 복귀할 수 없는 것을 손실"로 보기는 어렵다고 쓰여 있군요.

당연히 손실입니다. 이런 말을 한다는 것이 정말 이상합니다. 우리는 사람들이 자기 집으로 돌아가는 것을 부당하게 방해받고 있다는 사실을 알고 있습니다. 재무장관은 그 사실을 인정합니다. 자신의 법적 지위를 증명하는 문서를 제출할 수 없다는 것이 그 이유 중 하나였지요. 지금 재무장관은 그들을 보상자 대상에서 제외하자고 합니다. 이 사람들은 영국 시민인데도 자기 집으로 돌아올 수 없었고, 일부의 경우에는 가족과 헤어져 지내야 했습니다. 이것은 스캔들을 끝내는 것이 아닙니다. 스캔들을 지속하는 것입니다. [……]

마지막으로 이곳 하원에는 윈드러시 세대의 자녀가 있다는 사실을 이야기하고 싶습니다. 앞자리에 앉든 뒷자리에 앉든, 야당 소속이든 여당 소속이든, 윈드러시 세대, 가장 용감했던 세대로 손꼽히는 윈드러시 세대가 누려 마땅한 정의를 손에 넣을 때까지 우리는 쉬지 않겠습니다.

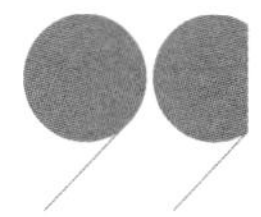

36
LILIT
MARTIROSYAN

리릿 마르티로샨

‘오늘 우리는
역사를 만들고
있습니다’

아르메니아 국회

2019년 4월

전 세계에서 트랜스젠더 여성의 연설을 들은 국회는 거의 없다. 2019년 4월 리릿 마르티로샨Lilit Martirosyan이 아르메니아 국회에서 연설했을 때 그녀는 아르메니아뿐만 아니라 전 세계를 통틀어 용감한 개척자였고, 어디서나 폭력과 범죄와 차별을 경험하는 트랜스젠더들에게 한줄기 빛을 비춰주었다. 그래서 마르티로샨에게 돌아온 격렬한 반응은 그만큼 더 충격적으로 다가온다.

마르티로샨의 연설은 짧고 꾸밈이 없었다. 그녀는 아르메니아 국회의원들에게 많은 것을 부탁하지 않았다. 단지 젠더 평등과 인권 전반을 아우르는 법안 마련에 동참해달라고 이야기했을 뿐이다. 하지만 연설의 요점과 목표는 상세히 설명했는데, 이는 권력 앞에서 자신을 비롯한 아르메니아의 트렌스젠더들이 경험하는 끔찍한 폭력과 범죄에 관한 진실을 이야기하기 위해서였다.

저와 같은 사람들은 고문, 강간, 납치, 신체적 폭력을 당하고, 불에 태워지고, 제물로 바쳐지고, 칼에 찔리고, 살해 대상이 되며,

강제 이주와 강탈을 당하고, 사회적·의료적·법적·경제적 영역에서 그리고 존엄이 있는 삶의 모든 관점에서 낙인과 차별을 경험합니다.

마르티로샨은 아르메니아의 트랜스젠더 인권단체 '라이트 사이드Right Side'의 설립사이자 아르메니아에서 국가에 등록된 첫 트랜스젠더 여성으로 뛰어난 활동가로 활약해왔다. 하지만 그녀는 아르메니아를 위해서만 발언하지 않았다. 성소수자 인권운동의 역사가 장구한 나라에서조차도 트랜스포비아가 만연하고 끔찍한 폭력사건이 발생한다. 2014년 배우이자 성소수자 인권운동 옹호자인 러번 콕스Laverne Cox는 미국에서 개최된 크리에이팅 체인지Creating Change대회에서 이렇게 이야기한 바 있다. "어느 날 나는 잠에서 깨어 또다른 트랜스젠더 자매가 폭행, 강간, 살해를 당했다는 소식을 접합니다. …… 정의는 없습니다."[39] 2018년 이곳 영국에서 트랜스젠더 공동체를 대상으로 자행된 증오범죄는 81퍼센트나 증가했다.[40]

너무 안타깝게도 마르티로샨의 연설에 사람들이 보인 반응은 그녀의 현재 위치를 최악의 방식으로 증명했다. 한 국회의원은 마르티로샨을 산 채로 불태워야 한다고 말했다. 국회 건물 밖에서는 성소수자 반대 시위대가 모여 마르티로샨이 발언할 권리를 반대했다. 시위자 중 한 명은 칼을 가져와 그녀를 죽이고 싶다고 말했다.[41] 마르티로샨의 집주소가 온라인에서 유출되었고, 라이트 사이드에 소속된 동료들과 가족의 주소도 유출되었다. 마르티로샨은 이후 몇 주간 피신해 지내야 했다.[42]

2003년 아르메니아에서 동성애적 관계는 범죄로 규정되었다. 많은 사람이 2018년의 평화혁명이 앞으로 다가올 관용적인 정치의 여명이 될 것이라고 생각했다.[43] 하지만 마르티로샨은 단지 남들 앞에 모습을 드러냈다는 이유로, 단지 자신과 같은 사람들이 경험한 폭력을 묘사했다는 이유로 보다 심한 폭력과 증오와 학대의 대상이 되었다.

리릿 마르티로샨은 그저 스스로에게 진실한 삶을 살아가고 있을 뿐인 트랜스젠더 여성과 트랜스젠더 남성의 큰 용기를 밖으로 드러내 보여주었다. 또한 자기 목소리를 내고 지금껏 목소리가 없었던 이들에게 목소리를 돌려줌으로써 그녀 자신의 용기 또한 보여주었다. 그리고 나머지 우리들에게 전 세계의 트랜스포비아와 호모포비아에 맞서 연대하고 목소리를 내는 것이 얼마나 중요한 일인가를 보여주었다.

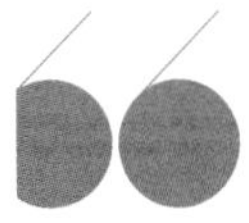

친애하는 국회의원 그리고 동료, 귀빈 여러분. 오늘 우리는 역사를

만들고 있습니다.

불과 몇 달 전만 하더라도 평화혁명을 치른 아르메니아의 오늘 이 현실은 상상하기 힘든 것이었습니다. 저는 아르메니아 국회 단상에서 트랜스젠더 여성으로서 여러분에게 연설하고 있습니다.

저를 부디 집단을 대표하는 사람으로 봐주시길 부탁드립니다. 저는 아르메니아 트랜스젠더 공동체의 구성원이자 비영리 인권단체 '라이트 사이드'의 회장입니다. 저와 같은 사람들은 고문, 강간, 납치, 신체적 폭력을 당하고, 불에 태워지고, 제물로 바쳐지고, 칼에 찔리고, 살해 대상이 되며, 강제 이주와 강탈을 당하고, 사회적·의료적·법적·경제적 영역에서 그리고 존엄이 있는 삶의 모든 관점에서 낙인과 차별을 경험하며, 실업과 빈곤을 겪고 도덕적으로 버림받습니다.

2018년까지 우리는 트랜스젠더들을 상대로 자행된 283건의 범죄를 접수했습니다. 무엇이 더 무서운 일인지 모르겠습니다. 이 숫자가 무서운 것인지 아니면 이중 소수만 경찰서나 다른 유력 단체에 접수되었다는 사실이 더 무서운 것인지 잘 모르겠습니다. 여러분이 이 '283'이라는 숫자를 아르메니아에서 자신의 권리를 침해당한 트랜스젠더의 숫자라고 받아들인다면, 이는 역으로 아르메니아에는 저나 여러분 가까이 283명의 범죄자가 살고 있다는 뜻이 됩니다. 누가 알겠습니까? 284번째 범죄자가 당장 내일이라도 범죄를 저지를지 모릅니다.

또 하나 걱정스러운 점은 트랜스젠더들을 보호하는 사람들도 신체적

폭력과 박해에 노출된다는 것입니다.

한 달 동안 어떤 사람들은 어느 트랜스젠더의 목을 베었고, 또다른 트랜스젠더를 그의 집에서 잔인하게 폭행한 뒤 자신들의 개인 물품을 그곳에 둔 채 아파트 건물을 전소시켰습니다.

신사 여러분, 생각해보십시오. 저는 트랜스젠더들의 대표자들을 포함해 여러분에게 부탁드립니다. 부디 젠더 평등 및 인권 전반과 관련된 정책과 사법 개혁의 시행에 동참해주십시오.

우리는 우리 고국에서 민주주의의 확립에 협력할 준비가 되어 있습니다.

감사합니다.

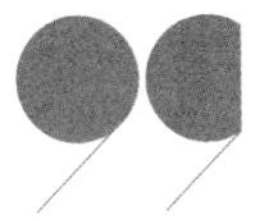

37
GRETA
THUNBERG

그레타 툰베리

'이제 행동합시다'

오스트리아 빈,
R20 오스트리아
세계 정상회의

2019년 5월

어느 누구도 미래에 관해 그레타 툰베리Greta Thunberg보다 명료하고 절박하게 이야기하는 사람은 없다.

양 갈래로 땋은 머리가 상징적인 열여섯 살의 이 스웨덴 소녀는 2018년 8월 등교를 거부하고 스웨덴 의회 밖에서 기후 비상사태에 관한 항의 시위를 벌이면서 전 세계적으로 주목을 받았다. 그레타 툰베리는 기후 위기 문제에서 청년 행동주의라는 거대한 흐름의 물꼬를 텄으며, 이 흐름은 2019년 전 세계에서 1만여 명 이상의 학생들이 등교 거부에 동참하면서 정점에 달했다.

그레타 툰베리는 이들의 대변자가 되었다. 새 세대의 목소리였다.

어떤 면에서 그레타는 상징적 인물에 전혀 어울리지 않아 보인다. 스웨덴 출신의 10대이고 영어가 제2언어이며, 공개적으로 일종의 자폐증인 아스퍼거증후군을 앓고 있다고 용기 있게 밝힌 바 있다. 하지만 이러한 것들은 그녀에게 장애가 되지 않았다. 그레타는 자신이 오히려 자폐증을 앓고 있기 때문에 자신의 행동주의가 성공적일 수 있다고 말한다. 그레타는 BBC와의 인터뷰에서 "남들과 다르다는 것은 선물입니다. …… 사물을 상자 밖에서 볼 수 있게 되지요. 저는 거짓말에 잘 속지 않으며 사물을 꿰뚫어볼 수 있습니다"라고 말했다.[44]

이것은 그레타의 연설에서 분명하게 드러난다. 그레타의 연설은 속이 시원해질 정도로 직설적이다.

2019년 4월 영국 의회에서 하원의원들에게 연설하기 위해 방문했을 때 그레타는 이렇게 물었다.

"마이크가 정말 켜져 있나요?"

"네."

"제 말이 들렸나요?"

"네."

"제 영어가 괜찮은가요?"

"네."

"아무리 생각해도 이상해서요."[45]

그레타가 의회를 방문한 뒤 기후변화에 저항하는 국제적 운동단체인 '멸종 반란Extinction Rebellion'의 과격한 시위가 수차례 파도처럼 일어났고, 일주일이 지나지 않아 영국 하원의원들은 최초로 기후 비상사태를 선언했다.[46]

이것은 우연이 아니었다.

그레타의 연설이 효과적인 이유는 행동하지 않는 권력자들을 부끄럽게 만들기 때문이다. 그레타는 한 공간에 있는 어른들에게 호통을 치고, 이들의 무모함과 무책임함을 폭로한다. 이 책에 실린 오스트리아 빈에 모인 귀빈들을 대상으로 한 그레타의 연설은 분노와 경고로 가득하다. 정치인이나 최고경영자가 의례적으로 하는 예의바르고 기분좋은 말만 듣고 가벼운 마음으로 자리를 떠나는 것은 그레타의 청중에게 있을 수 없는 일이다. 심지어 몇 달 뒤 유엔에서 한 연설은 더 적나라했다.

그레타의 연설은 항상 경고의 종소리 같다. 도저히 듣지 않을 수 없고 도저히 행동하지 않을 수 없다. 그레타의 말들은 지도자들에게는 도전장이지만 다른 사람들에게는 동참하라는 열렬한 호소이다.

> …… 여러분이 이 사태를 방관하도록 더는 내버려두지 않겠습니다.

그레타의 운동이 일으킨 영향과 직설적이고 절박한 화법은 참으로 놀랄 만하다. 수십 년 동안 목소리를 내왔던 기후학자들은 이 10대 청소년이 등장하고 나서야 비로소 사람들이 이 문제에 귀를 기울이기 시작했다고 말한다. 그레타 툰베리는 다른 사람들에게 요구하는 리더십을 그녀 스스로 보여주고 있다. 그레타 툰베리는 이 책에 실린 모든 여성들 그리고 전 세계 수백만 명의 여성들과 마찬가지로 자신의 목소리를 이용해 행동을 촉구하고 궁극적으로 미래에 대한 희망을 불어넣고 있다.

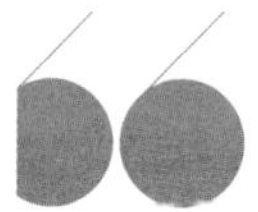

초대해주셔서 감사합니다. 이 자리에 불러주셔서 감사하고, 여기 오신 모든 분에게 감사드립니다.

제 이름은 그레타 툰베리입니다. 스웨덴에서 온 기후 활동가입니다. 9개월 전부터 금요일마다 스웨덴 의회 앞에서 기후를 위해 등교 거부운동을 벌여왔습니다.

우리는 기후 위기를 대하는 방식을 바꾸어야 합니다. 기후 위기에 관해 이야기하는 방식을 바꾸어야 합니다. 기후 위기를 정확한 이름으로 불러야 합니다. 기후 위기는 '비상사태'입니다.

저는 오늘 이 자리에 모인 분들은 대체로 이 상황을 알고 있다고 확신합니다. 하지만 지난 9개월 동안 제가 가장 많이 경험한 것은 사람들이 전반적으로 이 상황에 대해 전혀 모른다는 것입니다. 많은 사람이 무언가 잘못되었다는 것을, 온실가스 증가로 지구가 더워지고 있다는 것을 알고 있지만 이 사태의 정확한 귀결은 알지 못합니다. 대다수의 사람들이 우리가 생각하는 것보다 훨씬 더 많이 알지 못합니다. 하지만 이것은 전혀 놀라운 일이 아닙니다.

[지구 평균온도 상승-옮긴이] 제한선 1.5도 이하로 머물려면 이산화탄소 배출을 얼마나 줄여야 하는지 알려주는 그래프를 우리는 한 번도 보지 못했습니다. 파리협약에서 형평성은 어떤 의미를 띠며 그것이 왜 중요한지 한 번도 설명을 들은 적이 없습니다. 피드백 회로, 티핑 포인트, 온실효과 폭주에 관해 한 번도 설명을 듣지 못했습니다. 우리들 대부분은 이런 기본적인 사실을 거의 알지 못합니다.

어떻게 그럴 수 있을까요? 우리는 설명을 듣지 못했습니다. 아니 더 중요하게는 우리는 올바른 사람들이 하는 설명을 한 번도 듣지 못했습니다.

우리는 동물계 포유강 영장목 사람과 호모사피엔스 사피엔스종입니다. 우리는 자연의 일부입니다. 우리는 사회적 동물입니다. 우리는 자연스럽게 우리의 지도자에게 이끌립니다.

지난 몇 달 동안 수백만 명의 어린이가 기후 위기 대책을 요구하는 등교 거부에 동참했고, 이 문제에 큰 관심을 불러일으켰습니다. 하지만 우리 어린이들은 안타깝게도 지도자가 아닙니다. 과학자도 아닙니다.

그러나 오늘 이 자리에 계신 여러분은 다릅니다. 대통령이고 유명인사이며 정치가이고 최고경영자이며 언론인입니다. 사람들은 여러분이 하는 말에 귀를 기울입니다. 여러분으로부터 영향을 받습니다. 그러므로 여러분에게는 막중한 책임이 있습니다. 그런데 솔직히 여러분 대부분은 그 책임을 방기해왔습니다.

사람들이 행간을 읽을 수 있거나 스스로 정보를 찾을 것이라고 기대해서는 안 됩니다. 최근 IPCC* 보고서를 통독하거나 킬링 곡선의 추이를 확인하거나 세계적으로 탄소 예산이 급감하고 있다는 사실을 확신하고 있기를 기대해서는 안 됩니다. 여러분이 반복적으로 설명해주어야 합니다. 그것이 아무리 불편하고 소득 없는 일일지라도요. 그리고 네, 달라진 세계에는 많은 새로운 혜택이 있을 것입니다. 하지만 여러분은 지금이 일차적으로 새로운 녹색 일자리나 새로운 사업, 녹색 경제성장을 창출할 수 있는 기회가 아니라는 점을 이해해야 합니다. 지금은 무엇보다 비상사태입니다. 그냥 평범한 비상사태가 아닙니다. 인류에게 닥친 가장 큰 위기입니다. 페이스북에서 그저 '좋아요'를 누르고 말 어떤 것이 아닙니다.

저는 기후와 생태적 붕괴에 관해 처음 이야기를 들었을 때 이런 일이 가능하다는 것이 도무지 믿기지 않았습니다. 어떻게 그럴 수 있을까요? 우리 자신의 생존을 위협하는 실존적 위기를 겪고 있는데 그것이 우리의 최우선 순위가 아니라니요. 정말로 이렇게 큰 위기가 있다면 우리는 지금 다른 이야기를 하고 있을 수 없잖아요. 텔레비전을 켜면 거의 모든 방송이 이 위기에 관한 내용이어야 할 것입니다. 뉴스 헤드라인, 라디오, 신문 등 어디서든 다른 이야기는 거의 듣지도 읽지도 못할 것입니다. 정치인들은 지금쯤이면 할일을 다했어야 합니다. 아닌가요? 지속적으로 위기 대응 회의를 열고, 어디서나 기후 비상사태가 선포되고, 깨어 있는 모든 시간을 이 상황에 대처하며 보내고, 과연 앞으로 어떻게 될지 사람들에게 알려야

* 유엔 산하 기후변화에 관한 정부간 협의체(옮긴이).

할 것입니다.

하지만 현실은 전혀 그렇지 않았습니다. 기후 위기는 그저 다른 이슈와 똑같이 다루어지거나 심지어 그보다 적게 다루어졌습니다. 정치인이 기후에 관해 이야기하는 것을 들으면 매번 전혀 다급해 보이지 않았습니다. 언제나 수없이 많은 신기술과 간단한 해결책이 있으니 그것들을 활용하면 모든 문제가 풀릴 것이라고 했습니다. 정치인들은 어떤 때는 "기후변화는 매우 중요합니다, 가장 중요한 주제입니다, 기후변화를 막기 위해 모든 노력을 기울이겠습니다"라고 말하면서 돌아서면 바로 공항을 늘리고 싶다, 화력발전소를 짓고 고속도로를 건설하고 싶다고 했습니다. 그러고는 전용기를 타고 세계 반대편 회의에 참석하러 날아갔습니다. 이것은 위기에 처한 사람의 행동이 아닙니다.

인간은 사회적 동물입니다. 우리는 그 사실로부터 벗어날 수 없습니다. 지도자 여러분이 무엇이든 괜찮은 것처럼 행동하는 한, 그리고 통치를 이어가는 한 우리는 스스로가 비상사태에 처해 있다는 사실을 이해하지 못할 것입니다.

개별적이고 특정한 문제에 대해 개별적이고 특정한 해결책을 이야기하는 것만으로는 부족합니다. 전체 그림을 보아야 합니다. 일부 세금을 높이거나 낮춰서, 10년 내지 15년간 석탄 사용을 단계적으로 줄여나가서, 새로 짓는 건물에 태양전지판을 설치하거나 신종 전기차를 제조하는 것만으로 우리가 이 위기를 해결할 수 있다고 말한다면, 여러분이 계속 그렇게 말한다면 사람들은 진짜 노력을 기울이지 않고도 이 위기를 해결할 수 있다고 생각하게 될 것입니다.

이것이 매우 위험한 이유는 이제 더이상 개별적이고 특정한 해결책으로는 충분하지 않기 때문입니다. 여러분은 이 사실을 알고 있습니다. 이제는 실질적으로 모든 것을 바꾸어야 합니다. 이제는 완전히 새로운 사고방식이 필요합니다.

여러분이 필사적으로 희망과 해결책을 찾고 있다는 것을 알고 있습니다. 하지만 희망의 가장 큰 원천이자 가장 쉬운 해결책은 바로 여러분 앞에 놓여 있습니다. 언제나 그래왔습니다. 그것은 바로 우리, 사람들이고 우리가 모르는 사실이 바로 이것입니다. 우리 인간들은 어리석지 않습니다. 우리가 사악해서 모든 종의 미래의 생활환경과 생물권biosphere을 훼손하고 있는 것이 아닙니다. 우리는 단지 모르고 있을 뿐입니다. 우리가 일단 이해하면, 현상황을 깨달으면 우리는 행동합니다. 우리는 변화합니다. 인간은 적응력이 뛰어납니다.

그러므로 우리 대부분이 알지도 못하는 문제의 해결책을 찾는 데 골몰하지 말고 우리에게 문제의 실상을 알리는 데 더 집중해야 합니다. 우리가 지금 모든 해결책을 가지고 있지 않다는 사실을 인정해야 합니다. 우리가 상황을 제대로 통제하지 못하고 있다는 사실을 인정해야 합니다. 우리가 이 싸움에서 지고 있다는 사실을 인정해야 합니다. 말과 숫자 놀음을 멈추어야 합니다. 이제 더는 그럴 시간이 없으니까요. 작가 앨릭스 스테픈Alex Steffen의 말처럼 기후 위기 문제에서 "느린 승리는 패배와 같습니다."

오래 기다리면 기다릴수록 방향 전환이 더 어려워집니다. 그러므로 더는 기다리지 맙시다. 이제 행동합시다. 권력자들은 너무나 오랫동안 기후와 생태계 붕괴를 막기 위한 노력을 기본적으로 전혀 하지 않았습니다. 이들은 우리의 미래를 훔치고 미래를 팔아 돈을 벌었습니다.

하지만 우리 청년들이 깨어나고 있습니다. 우리는 이제 여러분이 그렇게 하도록 더이상 내버려두지 않겠다고 약속합니다.

감사합니다.

38
MEGAN
RAPINOE

메건 러피노

'더 나은 사람,
더 큰 사람이
됩시다'

미국 뉴욕

2019년 7월

훌륭한 코치나 주장은 연설을 어떻게 하는지 알고 있다. 시합 전이나 하프타임에 하는 격려의 말을 '연설'로 생각하는 사람은 거의 없겠지만, 사실 이 격려사야말로 팀에 투지를 불어넣는 중요한 언어이며 경기장 안팎에서 그들의 리더십을 여실히 보여주는 것이다. 미국 여자축구팀 공동 주장 메건 러피노 Megan Rapinoe는 팀 격려사를 새로운 차원으로 끌어올렸다.

러피노는 2019년 여자 월드컵에서 국제적인 인물로 부상했다. 6골을 넣어 미국이 4강에 합류하는 데 주도적인 역할을 했으며, 솔직함과 특유의 골 세리머니로 사람들의 이목을 사로잡았다. 러피노가 양팔을 우아하게 뻗어 조각상 같은 제스처를 취하면 팀원들이 그녀에게 달려들곤 했다. 나이키에 따르면 미국 여자팀 홈 유니폼은 웹사이트에서 한 시즌 동안 가장 많이 팔린—남성용이든 여성용이든—축구복 상의였다.[47] 나는 메건 러피노의 인지도와 인기가 여기에 적지 않은 영향을 미쳤을 것이라고 확신한다.

일부 남성 기자들은 러피노를 거만하고 반감을 사는 인물로 낙인찍기도 했지만 나는 러피노가 운동선수 특유의 박력과 균형감의 전형을 보여준다고 생각한다. 그렇게 논평한 기자들 중 우사인 볼트Usain St. Leo Bolt 특유의 번개 세리머니나 크리스티아누 호날두Cristiano Ronaldo의 유명한 공중회전 골 세리머니에 불평하는 사람은 거의 없다.

2019년 월드컵은 여자 축구의 획기적인 순간이었다. 국제축구연맹FIFA은 2019년 월드컵 시청자 수가 사상 최고치인 1억 1200만 명을 기록했다고 밝혔는데, 이는 2015년에 비해 75만 명이 늘어난 수치이다.[48] 지난 몇 년간 기량이 뛰어난 여자 운동선수들이 돌풍을 일으켰고, 이들의 시합을 지켜보는 것은 참으로 멋진 일이었다. 세리나 윌리엄스Serena Williams가 윔블던선수권대회에서 연달아 우승했고, 올림픽에 출전한 육상선수 제시카 에니스힐Jessica Ennis-Hill과 패럴림픽에 출전한 수영선수 엘리 시먼즈Ellie Simmonds가 각각 베이징과 런던에서 금메달을 수상했다. 하지만 인상적인 시합을 펼친 여성들은 종종 이중잣대, 부족한 자금 지원이나 응원, 낮은 보수, 성차별적 발언 등 많은 어려움을 견뎌야 한다.

2019년 이곳 영국에서는 처음으로 여자 월드컵이 불꽃 튀는 분위기를 조성했다. 펍에는 〈세 사자Three Lions〉라는 노래를 부르며 경기를 관람하는 사람들로 가득했고, 전국 방방곡곡에서 가족과 친구가 한데 모여 우리의 암사자들이 준결승전에서 미국에 패하기 전까지 경기를 함께 관람하고 응원을 펼쳤다.

우리 가족은 내가 이 책의 하드커버 초판 작업을 마무리할 무렵 집에서 관람했다. 월드컵이 끝난 직후 뉴욕에서 러피노가 승리를 축하하는 많은 팬들이 모인 자리에서 연설하는 것을 본 나는 그녀의 연설문을 이 책에 실을 수 있기를 바랐다.

나는 러피노가 이 연설에서 자신에게 거만하다고 한 모든 사람을 조롱하는 모습이 너무나 좋았다. 그녀는 지금 너무 바빠서 대권 경쟁에 나설 수 없다고 너스레를 떨었다. 러피노가 트럼프 대통령에게 반감을 드러내고 월드컵 기간에 혹시 백악관에서 초청을 하더라도 자신은 가지 않겠노라고 고집하자, 트럼프 대통령은 화가 나 트위터에서 반발하며 러피노가 나라를 존중하지 않는다고 힐난한 터였다. 러피노가 일부러 의도한 것인지 모르겠지만 연설 뒷부분에서 온정과 공동체와 단결의 메시지를 강조할 때는 지난 몇 년 동안 백악관으로부터 들은 어떤 연설보다 더 대통령다운 연설 같았다.

팀원들에게 둘러싸인 러피노는 자연스러운 차분함과 침착함이 묻어났는데, 그녀의 연설은 열정적일 뿐만 아니라 목적이 뚜렷했다. 그녀는 자신의 소속팀과 보이지 않는 곳에서 팀을 지원해준 이들에게 찬사를 보내고 있지만 러피노가 이 연설에 담은 진정한 메시지는 우리가 누구든, 우리가 무엇을 하든 우리 모두는 우리보다 더 큰 무언가의 일원이라는 것이다. 우리는 공동체의 일원이고, 우리 각자는 우리가 속한 공동체를 더 친절하고 더 포용적인 장소로 만들기 위해 맡아야 할 역할이 있다. 자신을 바라보는 팬들에게 정면으로 도전과제를 던지는 셈이다. 러피노의 연설은 우리를 쓰러뜨리려는 누군가에 맞설 저항의 감각을 키운다. 우리를 동료애로 들끓게 만든다. 우리에게 지금보다 더 나은 우리가 되라고 촉구한다. 러피노는 자신의 팀원들뿐만 아니라 우리 모두를 격려한다.

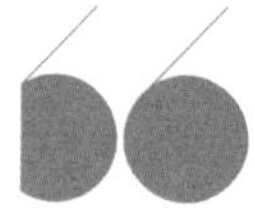

갑시다! 뉴욕시티! ……

말도 안 돼요. 완전히 제정신이 아니에요. 할말을 못 찾겠어요. 아니, 곧 찾을 테니까, 걱정하지 마세요. ……

무엇보다 우리 팀원들. 우리 팀원들한테 소리 한 번 질러주세요. …… 이 팀은 아주 끈질기고 아주 강인하며, 유머 감각이 뛰어나고 그냥 아주 거칩니다. 그러니까 이 팀은 어떤 일에도—**어떤 일에도**—주눅이 들지 않아요. 우리는 무시무시합니다. 우리는 차를 마십니다. 우리는 세리머니를 합니다.* 분홍색 머리도 있고 보라색 머리도 있죠. 문신한 사람도 있고, 레게머리를 한 사람도 있습니다. 백인부터 흑인까지

---

* 여자 월드컵에서 영국팀을 상대로 골을 넣고 차를 마시는 시늉을 한 세리머니가 무례하다는 논란이 있었다(옮긴이).

다양합니다. 이성애자도 있고 동성애자도 있지요.

제가 칼리, 알렉스와 함께 이 팀의 공동 주장이라는 사실이 이루 말할 수 없이 자랑스럽습니다. 필드에서 이 팀을 이끄는 것은 저에게 굉장한 영광입니다. 다른 곳에는 전혀 있고 싶지 않습니다. 심지어 대통령 선거라도요. 바빠서요, 미안합니다.

다음은 스태프, 즉 코치 스태프, 기술 스태프, 의료 스태프, 지원 스태프, 마사지 치료사, 영상 촬영팀, 요리사, 보안팀, 홍보팀까지 모든 분들께 정말 감사드립니다. 여러분들이 있어서 우리 일이 수월했습니다. 여러분 덕분에 우리는 다른 데 신경쓰지 않고 오로지 경기에만 집중할 수 있었습니다. 감사합니다. [……]

뉴욕시 경찰청, 이 지역 소방대, 또 오늘 이 행사가 열릴 수 있도록 도움을 주신 모든 분에게 깊이 감사드립니다. 여러분 모두가 없었다면 오늘 이 행사는 불가능했을 것입니다. 행사를 위해 세계에서 제일 크고 제일 훌륭한 이 도시를 봉쇄하는 데 들인 그 모든 노고에 진심으로 감사드립니다. 세계에서 제일 크고 제일 훌륭한 이 팀을 위해서 말이지요. 고맙습니다. 우리에게는 세상을 얻은 것이나 다름없습니다.

오늘의 이야기를 이 말로 마칠까 합니다. 여러분 모두에게 드리는 부탁입니다. 우리는 더 나은 사람이 되어야 합니다. 더 사랑하고 덜 미워합시다. 많이 듣고 적게 말합시다. 이것은 모두의 의무입니다. 여기 있는 모든 사람의 의무이고, 또 여기 있지 않은 모든 사람의 의무이며, 또 여기 있고 싶지 않은 모든 사람의 의무이고, 동의하는 모든 사람과 동의하지 않는 모든 사람의 의무입니다. 이 세상을 더 나은 곳으로 만드는 것은 우리 모두의 의무입니다.

저는 우리 팀이 그 의무를 어깨에 짊어지는 놀라운 일을 해냈다고, 이 세상에서 우리가 서 있는 위치, 이 세상에서 우리가 서 있는 기반을 이해하는 놀라운 일을 해냈다고 생각합니다. 네, 우리는 운동을 합니다. 네, 우리는 축구를 합니다. 네, 우리는 여자 운동선수입니다. 그렇지만 우리는 그 이상입니다.

여러분은 그 이상입니다. 여러분은 팬, 그 이상입니다. 여러분은 그저 스포츠를 응원하는 사람, 그 이상입니다. 여러분은 4년마다 경기를 관람하는 사람, 그 이상입니다. 여러분은 날마다 이 거리를 걷는 사람, 그 이상입니다. 여러분은 날마다 여러분의 공동체와 소통합니다.

어떻게 하면 여러분의 공동체를 더 좋게 만들까요? 어떻게 하면 여러분 주변 사람들을 더 좋게 만들까요? 여러분의 가족을? 여러분과 가장 가까운 친구들, 가장 가까운 10명을, 가장 가까운 100명을? 이것은 우리 모두의 의무입니다.

지난 몇 년 동안 다툼이 많았습니다. 저는 그 피해자였습니다. 저는 그 가해자였습니다. 하지만 연맹에는 제가 한 일부 발언에 대해 사과합니다.

모든 발언에 대해서는 아니고요.

하지만 이제는 우리 모두 하나가 될 때입니다. 이 대화는 이제 다음 단계로 넘어가야 합니다. 우리는 협력해야 합니다. 여기에는 모든 사람이 필요합니다. 여러분 모두에게 드리는 부탁은 이것입니다. 각자 할 수 있는 일을 합시다. 각자 해야 하는 일을 합시다. 자기 자신으로부터 한걸음 물러납시다. 더 많은 사람이 됩시다. 더 나은 사람이 됩시다. 지금까지 내가 되어보지 못한 큰사람이 됩시다.

혹시 이 팀이 여러분이 그렇게 하면 어떤 사람이 될 수 있는지 조금이라도 보여주었다면 이 팀을 모범으로 삼으십시오. 이 팀은 대단한 팀입니다. 오늘 이 자리에 서기까지, 오늘 여러분과 이렇게 축하를 나누기까지 우리는 많은 것을 어깨에 짊어졌습니다. 그리고 우리는 그 일을 웃으면서 해냈습니다. 여러분도 우리를 위해 그렇게 해주십시오. 부디. 부탁드립니다.

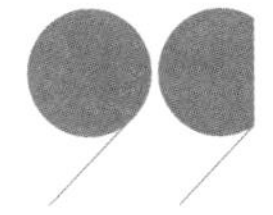

39
ROSIE
DUFFIELD

로지 더필드

'때로는 멍이
남지 않습니다'

영국 하원

2019년 10월

노동당 하원의원 로지 더필드Rosie Duffield가 하원에서 이 연설을 할 때 좌중은 침묵했다. 가정폭력과 강압적 통제의 충격적인 실상에 관한 로지 더필드의 묘사에 이것이 얼마나 중대하고 예민한 사안인지 이해했기 때문이다. 당시 로지와 가까운 자리에 앉아 있었던 나는 이 연설이 그녀 자신에 관한 이야기라는 것을 깨달았을 때 가슴이 찢어질 듯 아팠다. 이 믿기 힘들 만큼 용감한 연설은 내가 살면서 들어본 가장 개인적이고 강렬한 연설이었다.

이 연설은 여러 면에서 중요하다. 나는 강압적 통제가 얼마나 치명적이고 위험할 수 있는지에 관해 이처럼 생생한 이야기를 들어본 적이 없다. 로지는 어떻게 "때로는 멍이 남지 않는지" 설명하면서 어느 여정으로 우리를 안내한다. 이 여정에서 우리는 누군가를 만나고, 로맨틱한 표현과 긍정의 말을 듣고, 만남 초기에 흔히 그렇듯 희망과 꿈을 품는다. 그러다 미묘한 형태의 비난과 통제가 조금씩 모습을 드러내다 마침내 경고음이 울린다. 미묘했던 비난과 통제는 궁극적으로 공공연한 공격과 학대로 바뀐다. 그것들은 정서적일 수도, 경제적일 수도, 신체적일 수도 있다. 로지는 당시 느낀 자기 회의, 혼란, 탈진, 공포 그리고 결국 자신이 위험하다는 자각에 이르게 된 경위를 용기내어 진술한다.

로지는 점차 강도가 높아져가는 괴롭힘과 학대를 당한 힘든 경험을 전국에서 강제적 통제로 고통받는 사람들을 위해 언어로 표현했다. 이러한 괴롭힘과 학대가 한 사람을 얼마나 작아지게 하는지, 얼마나 궁지에 몰리고 고립되고 절망적인 느낌을 주는지에 대해 묘사했다. 로지의 연설은 엄청난 반향을 일으켰다. 수십만 명이 온라인으로 이 연설을 시청했다. 그 다음 주 로지는 비슷한 상황에 처해 있는 사람들로부터 수천 통의 이메일을 받았다.

로지는 자신의 경험을 이야기함으로써 가정폭력은 약자나 빈곤층에서만 벌어지는 일이라는 속설을 깨뜨렸다. 국가의 법을 만드는 하원의원으로 당선된 사람에게 일어난 일이라면 이는 누구에게나 일어날 수 있는 것이다. 연설에서 설명하고 있듯이 로지는 "가정폭력은 수많은 얼굴을 띠며 가정폭력의 생존자 역시 다양한 모습을 띤다"는 사실을 보여주고 싶었다. 가해자들은 상대가 누구인지, 어디 출신인지, 수입이 얼마인지, 어떤 직업을 가졌는지 구분하지 않는다. 자신의 이야기를 공유하기로 한 로지의 결심은 이러한 사실을 보여주는 강력한 증거였다.

로지의 행동 역시 대단히 용감했다. 가정폭력은 이러한 공적인 자리에서는 물론 가까운 친구에게조차 털어놓기 어려운 이야기이다. 다른 여성 정치인들처럼 로지도 공개적인 혐오의 대상이 된 고통스러운 경험이 있고, 사소한 일에도 격렬한 비난을 받곤 했다. 대중의 눈에 노출되는 데 따르기 마련인 취약함은 종종 정치인들이 사생활의 벽을 더욱 높이 쌓게 만든다. 로지는 다른 사람들을 돕기 위해 이 벽을 허물었다.

로지는 나중에 나에게 이 결정이 얼마나 버거웠는지 고백했다. 마지막 순간에라도 마음이 변하면 이것이 자신의 이야기가 아니라 자기 지역구의 어떤 사람이나 친구의 이야기라고 바꿔 말할 수 있도록 연설문을 작성하기도 했다. 연설 중간에 그를 당 대표에게 소개하는 대목에 이르렀을 때 비로소 자신이 돌아갈 수 없는 강을 건넜음을 알게 되었다. 로지의 마음속에서 벌어진 침묵과 폭로의 팽팽한 줄다리기야말로 이 연설을 강렬하게 만드는 데 한몫했을 것이다.

친구가 이토록 힘든 경험을 고백하는 것을 듣고 있기란 쉽지 않은 일이었지만 노동당 의석에 앉은 우리 모두는 그날 로지가 이루 말할 수 없이 자랑스러웠다. 영상을 보면 마지막에 우리가 눈물을 글썽거리며 로지의 주변을 둘러싸는 모습에서 그 감정을 충분히 느낄 수 있을 것이다. 친구, 가족, 동료에게 지지와 보호, 신뢰를 받는 이 느낌은 로지가 자신의 연설을 들은 모든 사람에게 알려주고 싶은 바로 그 감정이었으리라. 로지는 연설 막바지에 "우리는 거기 있을 것이고, 우리는 당신의 손을 잡을 것"이기에 다른 사람들에게 도움을 청하라고 말한다.

하지만 무엇보다 이것은 격려와 저항의 연설이다. 이것은 학대를 겪은 뒤 놀라운 힘을 보여줌으로써 고통받고 있을지도 모르는 또다른 사람을 따뜻한 말로 안심시키는 한 여성의 언어이다. 로지는 우리에게는 극복할 수 있는 힘이 있다고, 그리고 시련이 끝나고 다시 삶이 시작되면 우리는 느리지만 확실한 안도를 경험하며 서서히 또다시 행복해질 수 있다고 말한다.

로지는 한 인터뷰에서 사람들은 괴롭힘을 당하고 있을 때 정확한 단어를 떠올리지 못한다고 설명했다. "말이 유창하지 못합니다. 말을 잘못하거나 더듬곤 하지요." 학대는 사람을 침묵시킨다. 하지만 로지는 이 연설로 침묵을 깼다. 로지는 자기 자신과 수많은 다른 사람들을 위해 자신의 목소리로 힘을 되찾았다.

"혹시 로지의 연설을 읽은 독자가 이와 비슷한 상황에 처해 있거나 도움이나 지원이 필요하다면 전국 가정폭력 도움의 전화(0808 2000 247)로 연락하십시오. 24시간 열려 있습니다. 당신은 혼자가 아닙니다."*

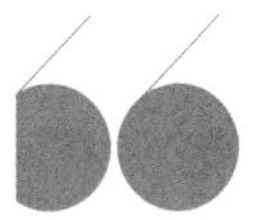

그러면 가정폭력 또는 학대란 무엇일까요? 그리고 이것에 관한 생각을 우리는 어디서 얻을까요? 우리는 흔히 텔레비전에서 동일한 이미지나 고정관념을 볼 수 있습니다. 임대주택 단지, 노동계층 가정, 술집에서 취해 돌아오는 남자, 자식들에게 둘러싸인 여자, 연이은 고성, 이어지는 신체적 폭력이나 폭행. 하지만 대개의 텔레비전 드라마에서는 한두 가지 측면에만 초점을 맞출 뿐입니다. 실제 그림은 훨씬 더 크고 훨씬 더 복잡합니다.

가정폭력은 수많은 얼굴을 띠며 가정폭력의 생존자 역시 다양한 모습을 띱니다. 이 자리에는 650명의 하원의원, 즉 650명의 사람이 있습니다. 통계적으로 볼 때 이 자리에 모인 우리 중 일부는 다른 사람들과 마찬가지로 직접적으로 학대를 경험했을 가능성이 매우 높으며, 역시 다른 사람들과 마찬가지로 폭력적인 가정에서 성장했을 수도 있습니다.

반드시 눈에 보이는 신체적 징후가 있어야만 학대가 아닙니다. 때로는 멍이 남지 않습니다. 학대는 전적으로 통제와 권력의 문제일 때가 많습니다. 학대 가해자는 자기 자신이 중요한 사람인 것처럼 또는 가장 중요한 사람인 것처럼 느껴지는 상황을 만듭니다. 하지만

---

* 한국에서는 여성긴급전화 1366, 다누리콜센터[이주여성] 1577-1366, 한국가정법률상담소 1644-7077, 대한법률구조공단 132를 통해 도움을 받을 수 있다(옮긴이).

처음에는 자신을 그런 식으로 드러내지 않습니다. 그들은 그런 식으로 당신의 마음을 사지 않습니다. 그들은 그런 식으로 당신에게 커피를 마시자거나 공연을 보러 가자거나 저녁에 자기 집에서 같이 껴안고 영화나 보자고 제안하지 않습니다.

그들은 데이트를 신청할 때 분노를 드러내지 않습니다. 강하고 독립적이고 성공한 여자라는 이상은 좋지만 그런 현실은 좋아하지 않는다는 것을 말하지 않습니다. 그들은 위협하거나 비난하거나 통제하거나 고함치거나 점점 더 두려운 방식으로 육체적인 힘을 휘두르지 않습니다. 아직은 아닙니다. 처음에는 아닙니다. 당신이 사랑스럽고 재미있고 멋지다고 생각할 때는 그러지 않습니다. 당신에게 좋은 인상을 주려고 할 때는 그러지 않습니다. 세번째 데이트에 초콜릿을 가져오고 그다음에 보석을 선물할 때는 그러지 않습니다. 당신의 친구들, 당신의 부모님, 당신의 당 대표를 만날 때는 그러지 않습니다. 그때까지는 그런 모습을 보이지 않습니다.

당신의 집 문이 잠기면 그제야 당신은 권력과 통제가 어떤 모습이고, 어떤 느낌인지를 비로소 깨닫습니다. "당신을 늘 지켜볼게", "당신은 날 떠나지 못해", "죽을 때까지 내 거야"라는 말이 협박으로 들릴 수 있음을, 수없이 반복되는 경고가 될 수 있음을 당신은 비로소 깨닫습니다. 가면이 벗겨지고 약속이 점점 더 협박으로 들리게 되는 것은 당신의 손가락에 반지가 끼워지고 나서입니다. 당신은 직장에서 하루 12시간 이상을 보내면서 사랑하는 사람을 너무 보고 싶어하지만 지하철을 타거나 걸어서 귀가하면 그들이 당신에게 단 한 마디 말도 하지 않으려고 할 때입니다.

마침내 집에 돌아오면 그들은 당신이 어떤 특정한 죄를 얼마나 명백하게 저질렀는지 당신에게 알려줄 방법을 찾을 것입니다. 치마가 너무 짧다, 회의실에서 입은 윗옷이 너무 깊게 파였다, 메시지에 곧바로 답을 하지 않았다.

그것은 서서히 시작됩니다. 몇 번의 감정적 비난, 로맨틱한 감정의 토로, 영원한 사랑의 약속이 번갈아 등장합니다. 당신은 휘청이고, 헷갈리고, 어떤 기분과 메시지가 당신을 기다리는지 몰라 앞을 가늠할 수 없는 일상적인 초超각성 상태에서 맴돕니다. 당신은 스스로에게 그렇게 예민하게 굴지 말자고, 그렇게 감정적으로 굴지 말자고, 사소한 일을 하나하나 지나치게 분석하려 들지 말자고 되뇝니다. 그는 계속해서 "너를 열렬히 사랑한다고 말하잖아, 안 그래?"라며 기분을 무시합니다. 모든 게 다시 괜찮은 것처럼 보입니다.

한 주가 지나갑니다. 여름날 저녁 산책을 하고, 이따금 술을 한잔 마시며 한 주가 지나갑니다. 그는 당신이 직장에 있는 동안 깜짝 이벤트로 긴 주말여행을 계획하고 숙소를 예약해둡니다. 약속, 수많은 약속으로 가득찬 여행. 잠시 떠나 스트레스가 없는 곳에서 둘만의 시간을 보내지만 그것은 다시 시작됩니다.

낯선 도시에서 그의 얼굴은 이제 당신이 알아채기 시작한 두려운 표정으로 바뀝니다. 얌전히, 조용히 그리고 조심히 굴라고 말하는 그 표정. 그는 산책을 나갑니다. 당신은 호텔 방에 앉아 기다립니다. 당신은 도시 관광 안내 책자를 펴고 가보고 싶은 장소를 표시하며 즐거운 하루를 머릿속에 그립니다. 하지만 그에게는 다른 계획이 있는 것 같습니다. 그는 당신이 그 방에서 나오는 것을 원하지 않습니다. 비싼 돈을 지불했으니 당신은 온 관심을 오로지 그에게 쏟아야 합니다. 당신은 그의 말대로 해야 합니다. 당신은 이것이 무슨 뜻인지 분명하게 알고 있습니다. 그래서 당신은 정확히 들은 대로 합니다.

이런 패턴이 몇 달 동안 반복됩니다. 보상과 처벌과 이제부터는 행복할 것이란 약속이 극도의 분노와 협박과 침묵과 강압적 통제와 교차해 나타납니다. 경제적 학대와 통제, 연봉이나 수입을 알려달라는 제안에 대한 단도직입적인 거절, 청구서가 쌓여가는 데도 한 푼도 분담하지 않고 당신 집에서 살아도 괜찮다는 속짐작 또는 억지. 그는 당신이 연봉이 높고 공인이라는 이유로 스스로 일하기를 거부합니다. 청구된 대금 몇 개를 스스로 치르겠다는 약속을 지키지 않아 당신은 몇 달 뒤 대금이 여전히 미납 상태임을 확인합니다. 친절과 존중과 애정의 행동은 느리지만 확실하게 사라져갑니다.

당신은 이제 집에 가기가 두려운 지경에 이릅니다. 직장에서 15시간을 보낸 뒤 어머니나 친한 친구와 1시간 동안 통화를 합니다. 떨고 있는 당신은 평상시 자아의 그림자입니다. 당신은 전화를 받습니다. 이루 말할 수 없는 험악함과 분노가 당신에게 집에 가서는 안 된다고 알려줍니다. 기진맥진한 당신은 몸을 덜덜 떨며 가장 친한 친구와 직장에서 나와 칫솔을 삽니다. 내일 평소보다 백배는 더 심한 언어 학대와 침묵의 대화 거부를 당하리란 것을 잘 알고 있습니다.

하루하루 감정적으로 지쳐갑니다. 당신의 일을 사랑하지만 짐짓 씩씩한 표정으로 다 괜찮은 척, 더할 나위 없이 잘 지내는 척 거짓을 가장합니다. 하지만 그러한 가식과 공적인 얼굴도 이제 완전히 무너지기 시작합니다. 그는 이제 창문이 내려진 자동차 안에서 고함을 지르고, 당신이 지역구 일을 보는 와중에도 당신을 지배하려는 행동을 감추지 않습니다. 상시적인 공포와 거듭되는 상처, 그리고 고통에 이제 수치와 당혹이 더해집니다.

자기 가족 앞에서 당신을 얼마나 사랑하는지, 당신을 얼마나 아내로 맞이하고 싶은지 이야기했던 사람이 바로 이 사람과 같은 사람이라는 사실을 도무지 이해할 수 없습니다. 하지만 가면은 완벽하게 벗겨졌고, 당신은 주변으로부터 질문을 받기 시작합니다. 무언가 눈치채고 걱정하는 친구에게, 근심하는 가족과 동료에게 적당히 둘러댑니다. 어느 날 밤, 그가 사용할 새 소파를 사는 데 돈을 조금 보탤 수 있느냐고 했다가 계속되는 언어 학대에 시달리며 울고 난 뒤 당신은 단 하루도, 단 한 주도 더는 이렇게 살 수 없다는, 결코 남은 삶을 이렇게 살아갈 수 없다는 결론에 이릅니다.

그의 아침 샤워 소리를 꼬박 2주에 걸쳐 주의깊게 듣고 각 동작의 소요 시간을 확실히 인지한 당신은 그의 가방에서 현관문 열쇠를 빼돌릴 용기를 냅니다. 당신은 할 수 있는 모든 것을 시도해보았습니다. 당신이 오늘 실행에 옮기지 않으면 그날 밤 무슨 일이 당신을 기다리고 있을지 분명하게 알고 있습니다. 가슴이 방망이질치는 가운데 당신은 열쇠를 잘 숨기고 다시 침대로 돌아가면서 제발 당신이 한 짓을 그가 알아채지 못하길 기도합니다.

만일 그가 알게 된다면 어떤 일이 벌어질지 당신은 잘 알고 있습니다.

당신은 그가 사과하지 않으리라는 것을 압니다. 모든 것이 당신이 한 짓 때문이고, 모든 것이 당신의 잘못이 될 것임을 잘 알고 있습니다. 그는 헬스장에 가면서 당신을 얼마나 열렬히 사랑하는지 이야기합니다. 당신이 언제까지나 그의 것임을 기억하라고 이야기합니다. 마치 지난 몇 달 동안의 언어 학대와 협박, 사고가 없었던 것처럼 다정히 입을 맞춥니다. 그는 당신이 그것들을 결코 폭로하지 않으리라는 것을 알고 있습니다. 그는 돌아올 때 근사한 저녁거리를 사오겠다고 이야기합니다.

당연히 이어지는 며칠, 몇 주는 완전한 지옥입니다. "나를 개 취급하고 집을 걸어 잠갔어", "아무도 날 이렇게 대하지 않았어", "이게 네가 하는 마지막 행동이 될 거야" 등의 문자, 전화, 고함이 빗발칩니다. 당신은 웁니다. 당신의 망가진 꿈을 생각하며 슬퍼합니다. 당신은 치유되기 위해 노력합니다. 결혼 컨설팅회사에서 보내는 이메일을 무시합니다. 이것은 마치 도피 같습니다. 그렇게 6개월이 지나갑니다.

하지만 어느 날 당신은 웃고 있는 자신을 발견합니다. 웃어도 괜찮다는 것을 깨닫습니다. 매일 흐르던 눈물이 일주일 그리고 이주일째 멈추었음을 깨닫습니다. 행복해져도 된다는 사실을 깨닫습니다. 긴장을 풀고 자유를 느끼기 시작합니다. 당신은 그것이 당신 잘못이 아니라는 것을, 이제 그는 자기 자신의 분노, 그리고 나르시시즘과 함께 혼자 남겨졌음을 깨닫습니다. 당신은 누군가와 데이트할 용기를 냅니다. 그리고 당신이 살아남았다는 사실을 깨닫습니다. 하지만 가장 빛나고 소중한 것은 당신이 당신을 믿고 지지하는 친구, 가족, 동료에게 사랑과 신뢰를 받고 있음을 알게 된 사실입니다.

그러므로 저의 연설을 들은 누구라도 친구가 필요하다면 부디 손을 내미십시오. 안전에 위협이 되지 않는다면 부디 누구에게든 이야기하십시오. 우리는 거기 있을 것이고, 당신의 손을 잡을 것이기 때문입니다.

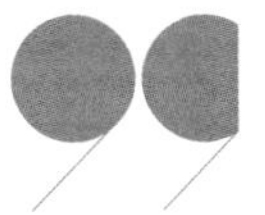

40
QUEEN
ELIZABETH II

엘리자베스 2세 여왕

'우리는 다시
만날 것입니다'

영국 윈저궁, 대국민 연설

2020년 4월

코로나19 위기 동안 텔레비전으로 중계된 영국의 엘리자베스 2세Elizabeth II 여왕의 연설은 역사상 어느 왕이 한 연설과는 달랐다. 유례없는 봉쇄조치가 내려진 나라에 전한 연설이었다. 전쟁중이거나 전투가 벌어져서가 아니다. 현대에 단 한 번도 경험해보지 못한 규모의 보건 비상사태가 발생한 탓이었다. 이 연설은 부디카나 엘리자베스 1세 여왕의 연설처럼 결집을 도모하는 전장의 호소가 아니다. 그보다는 나라의 정신, 굳건한 회복력, 사회적 의무, 조용한 힘에 바치는 감동적이고 온정적인 헌사였다. 흔히 엘리자베스 2세 여왕과 연관지어 떠올리는 자실들이지만, 무엇보다 중요하게는 지금의 난국을 타개하기 위해 우리 각자가 갖추어야 할 자질들이기도 하다.

나는 이 연설을 우리 집 거실에서 시청했다. 이토록 모든 것이 불확실하고 나라가 걱정스러웠던 적은 없었다. 우리는 2주 동안 봉쇄 조치 속에서 지냈다. 벌써 수천 명이 사망했고, 또다른 수천 명이 호흡곤란으로 병원에 급히 실려갔다. 학교가 폐쇄되고 시험이 연기되었다. 상점, 공장, 사무실, 펍, 클럽, 식당은 텅 비었다. 의료 수술이 취소되었다. 법원 운영이 중단되었다. 스포츠 경기가 일절 중단되었다. 교회, 사원, 회당이 문을 닫았다. 결혼식이 연기되고 장례식 참석이 금지되었다. 의회가 폐쇄되었다. 여왕의 연설이 끝나고 몇 시간 뒤 정부는 총리가 코로나19에 감염되어 병원에 입원했다고 발표했다. 이튿날 총리는 집중치료실로 옮겨졌다. 그동안 우리가 당연한 것으로 여겨온 모든 것이, 모든 제도가, 정상의 모든 흔적이 중단되거나 극도로 제한되어 실행되었다.

국가적 위기 한가운데에는 공백이 있었다. 대중은 이번 위기에 강력히 대처했지만—사람들은 국가적 이익 차원에서 자신을 희생하며 집에 머물렀고, 공동체에서 가장 취약한 사람들을 돕기 위해 달려갔다—영국의 의지력과 회복력을 상징하는 누군가 또는 무언가가 필요하다고 느꼈다. 영국은 공동의 위협에 직면해 하나로 뭉쳤다. 국민보건서비스에 대한 압도적인 지지에서, 매주 목요일 저녁 의료계 종사자들에게 박수갈채를 보내고 노래를 부르는 모습에서 우리는 그것을 보았다. 위기의 최전선에서 애쓰는 이들의 용기와 헌신에 감사하고 박수를 보내는 것도 필요하지만, 더불어 대단히 힘든 이 시기에 우리 모두에게서 집단적인 노력을 끌어내줄 국가제도나 상징이 필요하다는 사실을 우리 모두 절실히 느낀 터였다. 정부로부터는 우리를 결집할 목소리가 도통 나오지 않는 시기에 우리는 이것을 그날 저녁 여왕의 연설에서 발견했다.

여왕은 역사의 한순간을, 지금은 서로 거리를 두어야 하는 동시에 그만큼 하나이기를 열망하는 나라를 연설에 정확히 담아냈다. 연설은 미지의 세계에 직면한 우리에게 공동의 목적의식을 불러일으켰다. 여왕은 국민보건서비스와 어린이들의 무지개 그림이 국가의 정신을 구현하는 강력한 상징물이 되었음을 알아보았다. 여왕이 구사한 포용적 언어는 모두를, 즉 모든 종교인과 비종교인, 필수노동자essential worker와 재택근로자 모두를 끌어안았다. 또한 여왕의 연설은 현재 전국에서 벌어지고 있는 일을 잘 반영했다. 우리는 각 공동체에 음식과 의료품을 전달할 거점을 지정했고, 초등학교 어린이들은 요양원의 어르신들에게 편지를 썼으며, 지역의 버버리 제조공장에서는 국민보건서비스 가운을 만들고, 어디서나 사람들은 이웃의 안부를 확인하고 영상통화로 서로를 미소짓게 했다.

연설의 핵심에서 여왕이 환기하는 전시戰時의 정서는 그 단순함과 진정성 때문에 강렬하다. 여왕은 어린 시절 1940년 여동생과 함께 처음으로 라디오 방송에 출연해 구조된 어린이들과 대화를 나누던 때를 회상하면서 가족들이 서로를 안전하게 지키기 위해 지금보다 더 큰 희생을 감내했던 지난 세대를 상기시킨다. 가장 강렬한 부분은 국가 차원에서 공동의 목적의식을 창출한 역사를 이야기할 때이다.

자기 수양, 조용하고 유쾌한 결의, 동료애 같은 특성이 여전히 이 나라를 특징짓는다고 이야기할 것입니다. 우리 스스로에 대한 자부심은 우리의 과거에 속하지 않습니다. 우리의 현재와 미래를 규정합니다.

오로지 엘리자베스 2세 여왕만이 할 수 있는 연설이었다. 우리 역사를 바라보는 유례없는 관점을 가진 96세 여성의 목소리, 우리 삶의 대부분을 함께해온 군주의 목소리, 세상이 거꾸로 뒤집힌 이때 안정과 회복력과 역사를 상징하는 목소리였다.

이 글을 쓰고 있는 지금 겨우 몇 달이 지났을 뿐인데 여왕의 연설도, 위기를 맞아 국가의 통합을 열망하던 그 순간도 벌써 모두 오래전 일 같고 세상은 다시 한번 균열이 생긴 듯한 느낌이다. 우리는 코로나바이러스 위기의 첫번째 국면을 지났지만 앞으로 또 어떤 어려움이 우리를 기다리고 있을지 아직 알지 못한다. 이 기이한 시기에 그날 여왕의 연설을 시청한 사람들 중 일부는 암울했던 4월의 첫번째 주말 여왕의 연설과 언어가 얼마나 큰 울림을 주었는지 잊었을지도 모른다. 하지만 여왕은 강렬하고 어려운 역사적인 순간을 정확히 포착했고, 연설의 마지막을 장식한 말은 감동적으로 마음속에 각인되었다. 여왕은 이제는 전시의 아이콘이 된 노래를 상기시킴으로써 우리 역시 이 위기를 슬기롭게 잘 이겨낼 것이고, 우리가 언제까지나 떨어져 지내지는 않을 것이라고 위로했다. "우리는 다시 만날 것입니다."

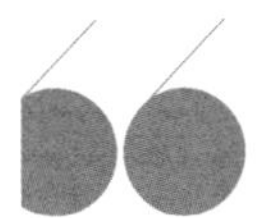

제가 여러분에게 이야기하는 지금은 갈수록 더 힘든 시기입니다. 나라의 생애에서 혼란의 시기입니다. 이 혼란은 어떤 이들에게 슬픔을, 많은 이들에게 경제적 어려움을, 우리 모두의 일상생활에 막대한 변화를 가져왔습니다.

국민보건서비스의 최전선에서 일하는 모든 분에게, 의료계 종사자분들과 필수노동자분들에게 감사를 전하고 싶습니다. 이분들은 우리 모두를 지원하기 위해 집 밖에서 사심 없이 매일의 의무를 지속하고 있습니다. 여러분이 하는 일에 감사함을 느낍니다. 여러분이 매시간 기울이는 노고 덕분에 우리는 평상시에 가깝게 지낼 수 있습니다. 온 나라가 저와 같은 생각일 것이라고 확신합니다.

아울러 저는 집에 머무르며 취약한 이들을 보호하고, 그렇게 함으로써 사랑하는 사람을 잃은 가족들의 고통을 덜어주고자 애쓰는 분들에게도 감사를 전하고 싶습니다. 우리는 이 질병에 함께 잘 대처하고 있습니다. 저는 우리가 이렇듯 단결되고 굳건한 태도를 유지한다면 반드시 이 질병을 극복할 것이라고 확신합니다.

몇 년이 지나서 우리 모두는 우리가 이 위기에 대처한 방식에 자부심을 느낄 수 있기를 바랍니다. 그리고 우리 다음 세대는 이 세대의 영국인들이 그 어느 세대보다 강했다고 이야기할 것입니다. 자기 수양, 조용하고 유쾌한 결의, 동료애 같은 특성이 여전히 이 나라를 특징짓는다고 이야기할 것입니다. 우리 스스로에 대한 자부심은 우리의 과거에 속하지 않습니다. 우리의 현재와 미래를 규정합니다. 영국이 하나가 되어 의료계 종사자들과 필수노동자들에게 박수갈채를 보낸 순간들은 국가정신의 표현으로 기억될 것이며, 어린이들의 무지개 그림이 그 상징이 될 것입니다.

영국연방과 세계 전역에서 우리는 하나가 되어 남을 돕는 가슴 따뜻한 이야기들을 들었습니다. 사람들은 음식과 의료품 꾸러미를 전달하고, 이웃의 안부를 확인하고, 구호 작업에 사용할 사업장을 내어주었습니다. 때로는 자가격리가 힘들기도 하지만 종교인이나 비종교인 모두가 지금의 위기는 우리가 속도를 늦추고 기도나 명상으로 잠시 멈추어 성찰할 수 있는 기회를 주기도 한다는 사실을 깨닫고 있습니다.

1940년 여동생과 함께 처음으로 방송에 출연했던 때가 떠오릅니다. 당시 어린이였던 우리는 안전을 위해 집에서 구조된 어린이들과 이곳 윈저궁에서 대화를 나누었습니다. 오늘 많은 분이 사랑하는 사람과 떨어져 지내는 고통을 겪고 있습니다. 하지만 그때도 그랬듯이 지금 우리는 이렇게 하는 것이 옳다는 사실을 가슴 깊이 잘 알고 있습니다.

위기는 예전에도 있었지만 이번 위기는 다릅니다. 이번에는 전 세계 모든 국가가 공동의 노력을 기울이고 있습니다. 과학의 위대한 발전과 치유하려는 우리의 본능적인 동정심을 발판으로 삼고 있습니다. 우리는 성공할 것입니다. 그리고 그것은 우리 모두의 성공일 것입니다.

우리가 견뎌내야 할 것이 앞으로도 여전히 많을지 모르지만 우리는 더 좋은 날이 돌아올 것이라는 데에서 위안을 찾아야 합니다. 우리는 다시 친구들과 함께할 것입니다. 우리는 다시 가족과 함께할 것입니다. 우리는 다시 만날 것입니다.

하지만 지금으로서는 감사와 가장 따뜻한 축원을 여러분 모두에게 보냅니다.

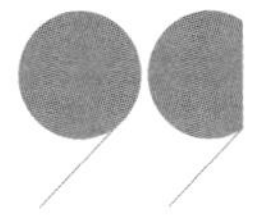

감사의 말

먼저 이 책에 연설문이 수록된 모든 여성들의 말과 생각 그리고 목소리를 낸 용기에 감사드린다. 더 많은 여성이 그들의 뒤를 따르는 데 이 책이 도움이 되길 바란다.

이 책은 3명의 탁월한 여성이 없었다면 만들어질 수 없었다. 그들은 4년 전 나와 이 책에 대한 아이디어를 처음으로 나누었고, 이 일을 시작할 수 있게 독려해준 에이미 리처즈Amy Richards, 이 책에 수록될 첫 연설문들을 제안해준 베스 가드너-스미스Beth Gardiner-Smith, 내가 인물을 조사하고 초안을 작성하고 창의적인 생각을 떠올리는 과정이 순조롭도록 도움을 준 너태샤 콜레트Natasha Collett로 앞으로 그들의 연설을 듣게 될 날을 고대한다. 아울러 여러 친구와 동료 그리고 특히 지난 몇 해 동안 내가 원고를 준비하고 실제로 연설하는 마지막 순간까지 나를 도와준 고생 많은 우리 사무실 팀원들에게도 감사를 전한다.

또한 마이크 하플리Mike Harpley, 캣 아일스Kat Ailes, 애틀랜틱 출판사 팀에게도 크나큰 감사를 전한다. 그들은 내가 실제로 이 일을 해낼 수 있도록 마감을 정해주는 한편, 브렉시트 사태가 터지면서 마감이 자꾸 미뤄지는 상황에서도 한없는 인내심을 가지고 이 프로젝트에 대한 믿음을 보여주었다. 재능이 탁월한 애나 히기Anna Higgie의 아름다운 삽화는 연설문에 생명력을 불어넣었다. 모든 일이 원활히 진행될 수 있도록 도움을 준 C&W의 소피 램버트Sophie Lambert에게도 감사를 전한다.

훌륭한 연설문을 제안해준 분들—특히 노동당 여성 하원의원들—에게 감사드린다. 사실 더 중요한 것은 우리가 목소리를 낸 대가로 위협을 받을 때 그들이 나에게 그리고 서로에게 보여준 우정과 연대이다. 긴장이 고조될 때도 우리가 앞서 아무리 서로에게 반대했어도 당파를 초월해 상대에 대한 존중과 친절을 잊지 않으려고 노력한 동료 정치인들에게 감사를 전한다.

하지만 가족들과 친구들에게 가장 큰 고마움을 느낀다. 어머니와 아버지는 나에게 연설할 수 있는 자신감을 심어주셨고, 실제로 연설하는 동안 우리 가족 전체를 지지해주셨다. 나의 자매 니컬러와 형제 데이비드 그리고 그들의 가족에게, 올해 여름휴가 동안 서문을 쓰는 나를 이해해준 앨리슨과 필 그리고 그들의 가족에게 고마움을 전한다.

에드와 나는 지난 20년간 서로의 연설에 논평하고, 농담을 수정해주고, 함께 연습하고, 다른 사람들의 결혼식이나 연회 축사, 콘퍼런스 연설을 유쾌하게 분석했다. 에드와 함께 있으면 연설(을 포함해 거의 모든 일)이 항상 더 즐겁다.

내 아이들 엘리, 조엘, 매디는 슬링에 안긴 아기로, 내 손을 잡고 걷는 꼬마로, 부산한 일곱 살로, 뒤쪽에 앉은 시큰둥한 10대로 그 긴 세월 동안 끝없이 이어지는 연설을 지켜봐주었다.

그러니 무엇보다 나를 지지해주고, (특히 우리 5명 사이에서) 나를 방어해주고, 내가 아는 단연 최고의 페미니스트가 되어준 에드, 엘리, 조엘, 매디에게 깊은 감사를 전한다.

출처

이 책에 수록된 연설문의 출처는 다음과 같다. 달리 설명이 없다면 모두 연사의 허락을 받은 경우이다. 이 책에 발표된 연설문의 저작권자를 찾기 위해 모든 노력을 기울였다. 혹시 허락이나 적절한 동의를 구하지 않고 수록된 글이 있다면 이 책의 편집자와 출판사는 깊은 사과를 드린다. 부디 우리에게 연락을 취해준다면 필요한 조치를 취할 것을 약속드린다. 다음 목록에 없는 연설문은 저작권이 없는 것이다.

표기방식 관련 참고사항: 대괄호로 묶은 생략 표시는 적어도 한 문단 이상 상당히 많은 분량이 생략되었다는 표시이고, 괄호 없는 생략 표시는 한 단락 이하 또는 한 문장 이내의 적은 분량이 생략되었다는 표시이다.

Diane Abbott, 'We Will Not Rest' (Houses of Parliament, UK, April 2019), by kind permission of Diane Abbott.

Chimamanda Ngozi Adichie, *We Should All Be Feminists*, Copyright © 2012, 2014, Chimamanda Ngozi Adichie, used by permission of The Wylie Agency (UK) Limited.

Maya Angelou, 'On the Pulse of Morning' from *And Still I Rise: A Book of Poems* by Maya Angelou, copyright © 1978 by Maya Angelou. Used by permission of Random House, an imprint and division of Penguin Random House LLC. All rights reserved.

Jacinda Ardern, 'They Are Us' (New Zealand Parliament, March 2019).

Benazir Bhutto, 'The Ethos of Islam is Equality Between the Sexes' speech by Benazir Bhutto. Copyright © 1995, Benazir Bhutto, used by permission of The Wylie Agency (UK) Limited.

Barbara Castle, 'The Red Light Has Gone On' (Labour Party Conference, September 2000) by kind permission of David Higham Associates.

Marie Colvin, 'Someone Has to Go There' (London, November 2010), by kind permission of the Marie Colvin estate.

Jo Cox, 'More in Common' (Houses of Parliament, UK, June 2015).

Rosie Duffield, 'Sometimes There Are No Bruises' (Houses of Parliament, UK, October 2019), by kind permission of Rosie Duffield.

Queen Elizabeth II, 'We Will Meet Again' (Windor Castle, UK, April 2020), Crown Copyright © 2020, used under Open Government Licence.

Ellen DeGeneres, 'I Know Who I Am' (Tulane University, May 2009) by permission of ICM Partners.

Alison Drake, 'Get Up There and Get At It' (Castleford Heritage Trust, September 2010).

Julia Gillard, 'He Needs a Mirror' (Australian Parliament, October 2012).

Harriet Harman, 'Parliament Must Lead by Example' (Houses of Parliament, UK, July 2014) by kind permission of Harriet Harman.

Eva Kor, 'A Message of Hope and Healing' (June 2001) by kind permission of Eva Kor/CANDLES Holocaust Museum and Education Center.

Kavita Krishnan, 'Freedom Without Fear' (All India Progressive Women's

Association Protest, December 2013).

Audre Lorde, 'There Are So Many Silences to Be Broken' from *I Am Your Sister: Collected and Unpublished Writings of Audre Lorde*, ed. Rudolph P. Byrd, Johnnetta B. Cole, and Beverly Guy-Sheftall (Oxford: Oxford UP, 2009) by kind permission of Abner Stein.

Wangari Maathai, 'A World of Beauty and Wonder' (December 2004) © The Nobel Foundation 2004.

Lilit Martirosyan, 'We Are Making History Today' (Armenian National Assembly, April 2019).

Theresa May, 'Modernising the Conservative Party' (Conservative Party Conference, October 2002) by kind permission of the office of Theresa May.

Angela Merkel, 'A Door Suddenly Opened' (US Congress, November 2009), by kind permission of the office of Angela Merkel.

Lupita Nyong'o, 'Being Beautiful Inside', *Essence: Black Women in Hollywood Conference* (California, February 2014) by kind permission of Creative Arts Agency.

Michelle Obama, 'When They Go Low, We Go High' (Democratic National Convention, July 2016).

Alexandria Ocasio-Cortez, 'Today I Rise' (US Congress, January 2019) by kind permission of the Office of Alexandria Ocasio-Cortez.

Joan O'Connell, 'The Promise of a Dream' (TUC Report, 1968) by kind permission of Trades Union Congress (TUC).

Joanne O'Riordan, 'No Limbs No Limits' ('Girls in Technology' Conference, April 2012).

Megan Rapinoe, 'Be Better, Be Bigger' (New York, July 2019), by kind permission of Wasserman Media Group.

Manal al-Sharif, 'Driving for Freedom' (Oslo, May 2012), by kind permission of Manal al-Sharif.

Donna Strickland, 'Physics is Fun' (Nobel Banquet, December 2018) © The Nobel Foundation 2018.

Margaret Thatcher, 'The Lady's Not for Turning' (Conservative Party Conference, 10 October 1980). Copyright estate of Lady Thatcher, extracts reprinted with permission from the text in www.margaretthatcher.org.

Greta Thunberg, 'Let's Start Acting' (R20 Austrian World Summit, May 2019) by kind permission of Daniel Donner on behalf of the Thunberg family.

Emma Watson, 'HeForShe' (UN Headquarters, September 2014) by kind permission of Prosper PR Limited.

Malala Yousafzai, 'Let Us Pick Up Our Books and Our Pens' (UN General Assembly, July 2013) by kind permission of Curtis Brown UK.

Permissions cleared courtesy of Swift Permissions
swiftpermissions@gmail.com

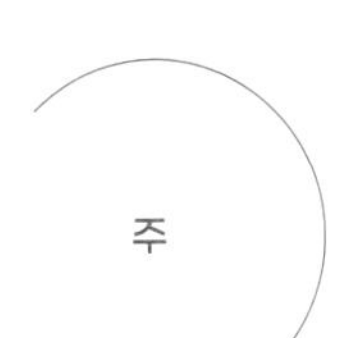

주

1 https://www.thesojournertruthproject.com/

2 https://www.theguardian.com/artanddesign/2006/sep/21/art1

3 http://www.charlottenewson.com/women-like-you/

4 https://www.oxforddnb.com/view/10.1093/ref:odnb/9780198614128.001.0001/odnb-9780198614128-e-35376?rskey=EGHW5f&result=1

5 https://www.oxforddnb.com/view/10.1093/ref:odnb/9780198614128.001.0001/odnb-9780198614128-e-35376?rskey=EGHW5f&result=1

6 https://www.bbc.co.uk/news/business-30112814

7 https://www.poetryfoundation.org/poets/audre-lorde

8 http://s18.middlebury.edu/AMST0325A/Lorde_The_Masters_Tools.pdf

9 https://www.theguardian.com/books/2014/may/28/maya-angelou

10 https://www.latimes.com/archives/la-xpm-1993-01-17-op-1952-story.html

11 https://commonslibrary.parliament.uk/insights/the-history-and-geography-of-women-mps-since-1918-in-numbers/

12 https://candlesholocaustmuseum.org/eva-kor/her-story/her-story.html/title/read-about-eva-and-miriam-after-the-war

13 https://www.gov.uk/government/speeches/statement-from-the-new-prime-minister-theresa-may

14 https://www.bbc.co.uk/news/election-2017-40192060

15 https://www.greenbeltmovement.org/wangari-maathai

16 https://www.un.org/esa/forests/news/2011/09/un-pays-tribute-to-late-

environmentalist-and-nobel-laureate-wangari-maathai/index.html

17 https://www.edition.cnn.com/2019/08/02/middleeast/saudi-women-travel-passport-intl-hnk/index.html

18 https://www.nytimes.com/2017/06/09/opinion/sunday/saudi-arabia-women-driving-ban.html

19 https://time.com/5567330/saudi-arabia-women-rights-drive/

20 https://www.amnesty.org/en/latest/news/2020/03/saudi-arabia-womens-rights-campaigner-loujain-alhathloul-due-in-court/

21 https://www.telegraph.co.uk/travel/destinations/oceania/articles/Julia-Gillards-small-breasts-huge-thighs-on-opposition-partys-fundraiser-menu/

22 https://www.abc.net.au/news/specials/rudd-returns/2013-06-26/julia-gillard-speaks-about-defeat/4783950

23 https://www.ted.com/talks/chimamanda_adichie_the_danger_of_a_single_story

24 https://www.opendemocracy.net/en/5050/women-demand-freedom-not-surveillance/

25 https://www.theguardian.com/politics/2014/feb/09/kavitakrishnan-communist-india-accused-minister-free-sex

26 https://www.indiatoday.in/india/story/five-women-raped-everyday-in-delhi-last-year-police-1427501-2019-01-10

27 https://www.washingtonpost.com/news/arts-and-entertainment/wp/2014/03/02/transcript-lupita-nyongos-emotional-oscars-acceptance-speech/

28 https://www.nytimes.com/2017/10/19/opinion/lupita-nyongo-harvey-weinstein.html

29 Harman, Harriet 2017 *A Woman's Work*. Penguin

30 https://www.independent.co.uk/news/people/emma-watson-was-encouraged-not-to-use-the-word-feminism-during-un-heforshe-speech-a6756796.html

31 https://www.theguardian.com/world/2015/nov/05/malala-yousafzai-tells-emma-watson-im-a-feminist-thanks-to-you

32 https://www.standard.co.uk/showbiz/celebrity-news/emma-watson-received-threats-after-opening-pandora-s-box-with-un-campaign-a3358146.html

33 https://www.iop.org/policy/statistics/uk-a-levels/gender/page_67095.html

34 https://www.aps.org/programs/education/statistics/

35 http://www.bbc.com/future/story/20181008-why-dont-more-women-dont-win-nobel-prizes-in-science

36 https://www.amnesty.org.uk/pressre-leases/diane-abbott-talks-about-sheer-levels-hatred-she-receives-online

37 https://www.amnesty.org.uk/pressre-leases/diane-abbott-talks-about-sheer-levels-hatred-she-receives-online

38 https://www.theyworkforyou.com/whall/?id=2017-07-12a.151.0

39 https://speakola.com/arts/laverne-cox-trans-rights-creating-change-2014

40 https://www.bbc.co.uk/news/uk-48756370

41 https://www.theguardian.com/global-development/2019/apr/26/armenian-mps-call-for-trans-activist-to-be-burned-alive-after-historic-speech-lilit-martirosyan

42 https://www.reuters.com/article/us-armenia-lgbt-politics/armenias-lgbt-community-still-waits-for-change-one-year-after-revolution-idUSKCN1S300H

43 https://www.reuters.com/article/us-armenia-lgbt-politics/armenias-lgbt-community-still-waits-for-change-one-year-after-revolution-idUSKCN1S300H

44 https://www.bbc.co.uk/newsround/47467038

45 https://www.theguardian.com/environment/2019/apr/23/greta-thunberg-full-speech-to-mps-you-did-not-act-in-time

46 https://www.bbc.co.uk/news/uk-politics-48126677

47 https://www.independent.co.uk/life-style/fashion/womens-world-cup-2019-usa-soccer-shirt-bestseller-nike-buy-price-a8986481.html

48 https://www.fifa.com/womensworldcup/news/fifa-womens-world-cup-2019tm-watched-by-mo0re-than-1-billion

옮긴이의 말

여성의 목소리는 어디에나 있다. 하지만 역사책을 자주 들여다보는 사람이 아니더라도 과거로 거슬러올라갈수록 그들의 목소리를 얼마나 찾기 힘든지 알 것이다. 여성으로서 젊은 나이에 정치를 시작한 저자 이베트 쿠퍼는 연설할 기회가 자주 있었고 참고할 만한 좋은 연설문을 찾곤 했지만 여성이 했던 연설은 찾기 어려웠다고 고백한다. 그래서 저자는 여성의 연설문을 모을 생각을 했고 그렇게 해서 이 책이 나왔다. 저자는 마흔 명의 여성을 시대순으로 모으고 인물과 연설문을 소개하는 소박한 감상과 소회를 곁들였다.

그래서 이 책은 역사상 '연설하는 여성'은 어떤 사람들이었는지 알게 해주는 인물사로도 읽힌다. 고대에 연설하는 여성은 연합부족을 전투로 이끄는 전사였고, 근대에는 남성과 동등한 참정권을 요구하는 시위자였다. 이후 등장하는 연사들은 홀로코스트의 피해자, 노벨 평화상 수상자, 텔레비전 토크쇼 진행자, 유력 정치인, 종군기자, 여성의 '운전할 자유'를 요구한 무슬림 유튜브 시위자, 여성 혐오에 맞서는 총리, 흑인 할리우드 배우, 노벨 물리학상 수상자, 대규모 유혈 테러 사태 직후

대국민 연설에 나선 총리, 성 소수자 국회의원, 십대 기후변화 운동가, 월드컵 대표선수, 요즘 흔히 가스라이팅이라고 부르기도 하는 강압적 통제의 피해를 겪은 현역 하원의원, 국왕 등 실로 다양하다.

여성의 목소리를 담은 책이기에, 이제 어쩌면 새삼스럽게 느껴지면서도 어쩌면 지금 가장 절실해 보이는 질문, 페미니스트란 어떤 사람인가에 대한 고민도 빠지지 않는다. 치마만다 응고지 아디치에와 엠마 왓슨은 '평등의 가치'에서 소외된 모든 사람을 아울러야 한다는 근본적인 원칙을 이야기한다. 노골적인 여성 혐오로 고통받는 호주 총리의 목소리에 우리가 귀를 기울여야 하는 것은 단지 그가 여성 피해자이기 때문만은 아니라 누군가가 자신의 정체성으로 인해 부당한 비난의 피해자가 된다는 것은 누구나 저항해야 할 일이기 때문일 것이다. (줄리아 길라드 전 호주 총리의 연설은 저자도 말하듯 영상으로 확인하면 더더욱 신랄하고 통쾌하다. 그 외에도 여러 연설을 인터넷에서 영상으로 접할 수 있으니 찾아보길 권한다.) 뒷부분에 등장하는 영국 하원의원 로지 더필드의 강압적 통제의 피해 사례도 더없이 생생하고 충격적이다. 강압적 통제는 성별과 무관하게 누구나 겪을 수 있다. 더필드 의원은 그 경험을 의회에서 공개한 것은 가장 개인적인 경험이야말로 가장 보편적인 경험이라는 걸 알기에 나온 용기 있는 행동이다. 이렇듯 이것은 여성들의 이야기이지만 여기서 다시 다양한 형태의 소수자와 피해자 이슈가 분기된다. 저자의 연설문도 한 꼭지를 차지하는데 이 연설은 우리나라에서도 예민한 이민자 문제를 정면으로 다룬다. 당시 오스트리아 고속도로 갓길에 세워진 대형 트럭 안에서는 박해와 분쟁을 피해 밀입국을 시도하다 질식사한 수십 구의 시신이 발견되었다.

이처럼 이 책에는 여성과 연설이라는 두 가지 주제가 관통하지만 그 바탕에는 약자들을 향한 저자의 따뜻한 시선과 단호한 실행력이 깔려 있다. 우리는 때로는 더없이 강하지만 때로는 더없이 약하다. 우리는 누구나 적어도 어느 한 가지에서 있어서는 소수자에 속하고 그렇기에 약자다. 그렇기에 약자의 이야기는 언제나 우리 모두의 이야기다. 누구나 약점을 갖고 있고 누구나 어느 날 덧없이 스러질 수 있지만, 그러한 우리가 용기 있게 하루하루를 살아갈 수 있는 이유 중 하나는 내가 어느 날 넘어지더라도 누군가 내게 손을 내밀어주리라는 세상에 대한 믿음이 있기 때문일 것이다. 이 책은 그런 기꺼운 손 내밈에 대한 믿음과 다짐을 증거하는 또하나의 물줄기이다.

여성이 말한다
세계를 바꾼 여성의 연설

1쇄 인쇄 2022년 9월 5일
1쇄 발행 2022년 9월 15일

엮은이 이베트 쿠퍼
옮긴이 홍정인

편집 박민애 김윤하 이희연 | **디자인** 강혜림
마케팅 배희주 김선진 | **브랜딩** 함유지 함근아 김희숙 박민재 박진희 정승민
저작권 박지영 형소진 이영은 김하림 | **제작** 강신은 김동욱 임현식 | **제작처** 천광인쇄사

펴낸곳 (주)교유당 | **펴낸이** 신정민
출판등록 2019년 5월 24일 제406-2019-000052호

주소 10881 경기도 파주시 회동길 210
문의전화 031-955-8891(마케팅) 031-955-3583(편집) 031-955-8855(팩스)
전자우편 gyoyudang@munhak.com

인스타그램 @gyoyu_books | **트위터** @gyoyu_books | **페이스북** @gyoyubooks

ISBN 979-11-92247-38-0 03330